鉄筋コンクリートの
構造設計入門

田中礼治著

目　　次

推薦のことば…………………………………………………… 6

はじめに……………………………………………………… 8

第1章　鉄筋コンクリートの常識を学ぶ章

1.1　鉄筋コンクリート構造を自分で構造設計するためには何を
勉強しなければならないのか？………………………………… 12

1.2　まず簡単な構造計算例を実際にやってみよう……………… 16

1.3　鉄筋コンクリートの常識……………………………………… 19

　　i)　　コンクリートの強さと鉄筋の強さ

　　ii)　　鉄筋をなぜ入れるのか？

　　iii)　鉄筋は曲げモーメント図の出る側に入れよ

　　iv)　せん断力によってもコンクリートに引張力が生ずる

　　v)　　鉄筋はよく定着しておくこと

　　vi)　鉄筋とコンクリートはよく付着していなければならない

1.4　もう一度図1.2.1の構造計算例にもどってみよう………… 34

1.5　もう少し建築物らしい構造計算例をやってみよう………… 35

第2章　鉄筋コンクリート部材の設計方法をマスターする章

2.1　鉄筋コンクリート部材を設計するに当って………………… 48

2.2　まず使用するコンクリート強度と鉄筋強度を決める必要がある……… 50

2.3　「鉄筋量の求め方」に関する基本的な考え方と許容応力度について…… 54

2.4　手始めに，はりの主筋量を求めてみよう…………………… 58

2.5　使用する鉄筋径および鉄筋本数は付着設計をして決める………… 72

　　i)　　まず，付着の必要性を理解しよう

　　ii)　　付着力とは「コンクリートが鉄筋をつかまえている力」である

　　iii)　何故付着強さには限界があるのか

　　iv)　付着強さ（付着強度）を求めてみよう

　　v)　　付着設計の方法

2.6　柱の主筋量の求め方…………………………………………… 99

2.7　はり，柱部材のせん断補強筋量（あばら筋，帯筋）の求め方……… 110

4 目　次

2.8　床スラブおよび小ばりの設計 ……………………………………… 123

 i)　　スラブの種類

 ii)　　床スラブの最小厚さ

 iii)　　スラブに生ずる応力と配筋要領

 iv)　　スラブの設計用曲げモーメントとスラブ筋量の算定

 v)　　スラブの設計例

 vi)　　小ばりの設計

2.9　耐震壁の設計 ………………………………………………………… 138

 i)　　耐震壁の性質

 ii)　　耐震壁の許容水平せん断力と壁筋量の算定

 iii)　　耐震壁の最小必要規定

 iv)　　無開口耐震壁の設計例

2.10 基礎の設計 …………………………………………………………… 147

 i)　　基礎の種類

 ii)　　基礎の設計に関する基本的な考え方

 iii)　　独立基礎の設計

第3章　2次設計をマスターするための章

3.1　構造計算の必要性は建築基準法で決められている ……………… 164

3.2　構造計算の方法は自分で選択して自分で決める ………………… 166

3.3　2次設計とは？ ……………………………………………………… 167

3.4　設計用地震力の求め方 ……………………………………………… 172

3.5　壁量のよる建物耐力の算定と設計ルートの決定 ………………… 179

3.6　層間変形角の求め方と判定 ………………………………………… 187

3.7　剛性率の求め方と判定 ……………………………………………… 189

3.8　偏心率の求め方と判定 ……………………………………………… 191

3.9　保有水平耐力の求め方 ……………………………………………… 196

 i)　　保有水平耐力とは？

 ii)　　保有水平耐力を用いた耐震設計の考え方

 iii)　　鉄筋コンクリート建物の強度と粘りの一般的性質

 iv)　　部材の力学的性質と終局強度設計式

 v)　　骨組の保有水平耐力の求め方

目　　次　　　5

3.10　必要保有水平耐力の求め方 ………………………………… 276

第4章　鉄筋コンクリートの構造計算をマスターするための章

4.1　実施設計例 ………………………………………………… 288

§1　一般事項

§2　準備計算

§3　鉛直荷重時ラーメン応力の算定

§4　水平過重時ラーメン応力の算定

§5　梁・柱の断面算定

§6　小ばりの設計

§7　床スラブの設計

§8　基礎および基礎ばりの設計

§9　層間変形角の検定

§10　剛性率の検定

§11　偏心率の検定

§12　壁量の検定

§13　保有水平耐力の検定

4.2　実施設計例の解説 ………………………………………… 347

§1　一般事項

§2　準備計算

§3　鉛直荷重時ラーメン応力の算定

§4　水平荷重時ラーメン応力の算定

§5　はり，柱の断面算定

§6　小ばりの設計

§7　床スラブの設計

§8　基礎の設計

§9　層間変形角の検定

§10　剛性率の検定

§11　偏心率の検定

§12　壁量の算定

§13　保有水平耐力の検定

付録　演習問題 ………………………………………………… 373

推薦のことば

　鉄筋コンクリート構造に関する教材は，日本建築学会の鉄筋コンクリート構造計算規準とその解説が，かなり広く書かれているので，なかなか書きにくいという事情があります。思いきって易しく書くか，学会規準にない事柄を中心に書くか，あるいはまた施工問題に関連させて書くかなど，著者は色々と苦心をしている。この本は，そのうち，前者の"思いきって易しく"に徹底して鉄筋コンクリートの入門を書いた本であると思います。易しく書くという事は，なかなか難しいもの，どこが初心者には分り難いのか分からない，また余り易しく書くとあきられるものであります。

　著者の田中礼治さんは，私の研究室で，5年間以上にわたって大学院生活を修め，高強度鉄筋の利用に関する実験や，解析を広く行なってきた大変優秀な研究者であり，現在，東北工業大学の建築科で教鞭をとって居ります。またコンクリート関係の学協会の行なう，主としてコンクリート工事施工者を対象の社会人教育の講習会にもテキストを書いたり講演をしたりしております。そのような経験から，何をどう説明したら分り易いのかについて，なかなかつぼを心得ており，

この本は，そのように書かれている点で大変ユニークな本であります。

　私達は何か新しいものを勉強する時，その人の能力によってもまちまちですが，どこかで，どうしても分らずつかえる事があります。そこを何か巧みな説明で理解させてもらう時，思考の前途が洋々と拓け，更に前進する勇気がわきでてくるものです。この本ではそのような実に巧みな説明が処々に見られます。

　この本によって全くの初心者が――それは，これから鉄筋コンクリートを学ぼうとする学生さんであれ，また鉄筋コンクリートの現場は色々と経験し，鉄筋コンクリートは造れるが，その理屈は良く分らないという方々であれ，――先ず鉄筋コンクリートの理屈を，ついでその計算法を理解していただき，更に進んでここに書かれている事以上の諸問題にとり組んでいただけるステップになれば幸いと考えています。

　1978年11月1日

明治大学工学部教授

工学博士　小倉弘一郎

はじめに

　本書は，鉄筋コンクリート構造を初めて学ぶ方，あるいは鉄筋コンクリートの構造計算をこれから勉強してみようという方を対象に書かれています。そのため，多少なりとも鉄筋コンクリートを学んだことのある方，あるいは構造計算に関する知識のある方にとっては，すでに学んだ部分もあるやも知れませんが，もう一度復習の意味で最初から通読されんことを願います。本書は4章からなっています。

　1章は，鉄筋コンクリート構造の常識的なこと，および構造計算をするに当っての基本的な考え方などを，数式を用いず簡単に説明してあります。この章を読んでいただくと，鉄筋コンクリートとはどのような性質のものであり，その強さの秘密はどこにあるのか，また，構造計算はどのような手順で行なうのかなど，その概略を理解していただけるものと思います。

　鉄筋コンクリートの基礎知識だけを身につけておこうという方にとっては，1章は非常に有意義なものと思います。

　2～4章は，鉄筋コンクリート構造の構造計算を実際にやってみようという方を対象に書かれております。即ち，2章では，鉄筋コンクリートの断面算定の方法について，3章では骨組の保有水平耐力の求め方について，4章では実際の構造計算書の作り方について述べてあります。2～4章になりますと数字，数式がふんだんに出てきますので，読破するためには，多少根気がいるやも知れません。しかし，実際に構造計算をやろうと思えば，数字や数式はさけて通るわけにはいきません。その意味でも，自分で構造計算をやってみたいと思う方は，早く数字に慣れることを希望します。

本書の1〜4章を全て理解していただくと，鉄筋コンクリートを初めて学ぶ方でも構造計算ができるようになるはずです。がんばって読破されんことを願います。

　ただし，実際に鉄筋コンクリートの建物を建設するためには，建物の安全性を構造計算で確認すると同時に，自分で設計した構造骨組および配筋ディテールなどが施工可能，かつ容易であるという施工的な面の検討も必要であることをお断りしておきます。

　本書のなかで（RC規準）と表示してある図表は，日本建築学会「鉄筋コンクリート構造計算規準・同解説」から抜粋したものです。図表の使用を許可していただいた日本建築学会に厚く御礼申し上げます。

　筆者がこの本を書き得ましたのも，長年にわたってご指導いただいている明治大学小倉弘一郎教授の賜ものです。厚く御礼申し上げます。東北工業大学高橋武雄教授，東京工業大学附属工業高等学校岡島泰雄先生には，本書の出版計画に当りひとかたならぬお世話になりましたことを紙面を借り御礼申し上げます。相模書房の小川格氏には出版に当りなにかとご配慮をいただきありがとうございました。図表および構造計算書の作成などで手伝っていただいた東北工業大学工学部建築学科助手熊谷元行氏，技術員大芳賀義喜氏に感謝いたします。

昭和53年9月10日　　　　　　　　　　　　　　　　　　著　　　者

改訂版によせて

建築基準法の耐震設計規定が昭和56年6月に大幅に改訂されました。基準法は昭和25年に公布されましたので，今回の改訂は30年ぶりということになります。

基準法の改訂にともない，鉄筋コンクリート建物の構造設計法も多少複雑になり，本書もそれに合せて改訂することになりました。しかし，基準法が改訂されても，鉄筋コンクリートの力学的性状が変わったわけではありませんので，改訂版以前の本書を充分理解された方は，新しい耐震設計法にもすばやく対応されているのではないかと思います。今回の改訂版で重点を置いたところは，骨組の保有水平耐力の求め方，即ち鉄筋コンクリート部材および骨組の破壊のし方，また，自分で設計した建物がどの程度の破壊強度を持っているのかなど，終局強度的な考え方を理解してもらえるようにしたことです。

鉄筋コンクリートの構造設計はこれから終局強度型の設計へと移向する機運にありますので，本書を充分理解し，将来に備えることを期待いたします。

　　昭和60年12月5日

　　　　　　　　　　　　　　　　　　　　　　　　　　　著　　者

再改訂によせて

近年，建築界でも長年親しんできた工学系単位からSI単位へ移ろうとしています。そこで本書も全面的にSI単位に変えることにいたしました。

また，日本建築学会「鉄筋コンクリート構造計算規準・同解説—許容応力度設計法—」が1999年に改訂され，付着設計の部分が大きく変わりましたので，それに合せて本書の付着設計の部分も改訂しました。付着設計については皆さんから判り易い解説が欲しいとの要望が多かったので，それに応えられるように努力したつもりでおります。お読みいただき，ご意見でも頂戴できれば幸いです。

　　平成15年3月

　　　　　　　　　　　　　　　　　　　　　　　　　　　著　　者

第1章
鉄筋コンクリートの常識を学ぶ章

1.1 鉄筋コンクリート構造を自分で構造設計するためには何を勉強しなければならないのか？

　皆さんは，これから鉄筋コンクリート構造を学ぶわけですが，その最終目標は，鉄筋コンクリートの構造物を，自分で構造設計してみたいということではないでしょうか。それでは，鉄筋コンクリートの構造物を，安全かつ経済的に構造設計するためには，何を勉強しなければならないかを述べてみましょう。

　鉄筋コンクリート構造はもちろん，鉄骨，木造など，全ての構造に対して言えることですが，構造物の安全性と経済性をチェックするために構造計算を行ない，構造計算書を作ります。建物を建てるときは，必ず建築確認申請書を役所に提出し，許可をもらわないといけないことは皆さん御存知のとおりです。鉄筋コンクリート建物の場合は，その確認申請書に一級建築士の構造計算書を必ず添付しなければならないことが建築基準法（詳しくは第3章を見てください）で決められています。即ち，構造計算書がなければ鉄筋コンクリートの建物は建てられないということになります。

　鉄筋コンクリートの構造計算手順*は，表1.1.1のとおりです。表1.1.1の右側には，1階建の構造物を例に取って構造計算の内容を概略的に示してあります。ようするに，表1.1.1の構造計算手順を順序よく行う能力を身につければ，鉄筋コンクリート構造物の構造計算書を自分で作ることができるわけです。

　表1.1.1の構造計算手順を見てみると，①は計画の分野のように見えますが，柱のスパン割，壁の配置などを決める場合には，鉄筋コンクリート構造に関する総合的な構造計画の知識が要求されます。それ故，実施設計に際して，自信をもって，平面プランを完成させるためには，鉄筋コンクリート構造の総合的な勉強と

　＊：建物によっては表1.1.1の手順のうち計算を省略してもよい部分もあるし，④→⑥→⑦→⑤の手順で計算する場合もある。

理解が必要です。②〜④および⑥⑦などは，構造力学の分野といってもいい程構造力学の知識が要求される部分です。

特に④の応力算定の部分は骨組の応力解析ですから，構造力学の分野そのものです。鉄筋コンクリート構造にかかわらず，鉄筋，木造など，いずれの構造物の構造計算をする場合にも，この応力算定は必ず必要です。

即ち，いずれの構造の構造計算をするにしても，構造力学の知識が要求されることになります。学校で曲げモーメント図，せん断力図，軸力図の求め方など構造力学に時間をかけて勉強するのはそのためなのです。

以上のことから判ったことと思いますが，鉄筋コンクリートのことをよく知っていても，構造力学の知識が不充分であれば，鉄筋コンクリートの構造計算はできないということになります。⑤⑧は鉄筋コンクリートの分野です。本書では主にこの⑤⑧の部分を勉強することになります。⑤では許容応力度設計の知識が，また，⑧では終局強度設計の知識が要求されます。⑤は鉄筋コンクリートの構造計算では，最も重要な部分で，ここでは，建物の各部材の「どこに，どれだけ」の鉄筋量を入れたら安全な建物になるのかを計算で求める方法を勉強します。ここで求めた鉄筋量をコンクリートの中に入れることによって始めて安全な鉄筋コンクリートの建物が完成することになります。

⑧では，⑤で設計した鉄筋コンクリートの建物がどの程度の地震力まで耐えられるのか，即ち，その建物の保有水平耐力を計算で求める方法を勉強します。

保有水平耐力を求めるためには，骨組を構成している各部材の終局強度を知っておく必要があります。それ故，ここでは，骨組の保有水平耐力の求め方と同時に部材の終局強度についても勉強します。

⑨は構造図ですが，建物を実際に施工し建てるときは，図面を頼りに建てることになりますので，構造計算によって得られた結果を図面で表現しなければ，構造設計が終了したとはいえません。構造図面をきれいに，早く書く訓練が必要です。

表1.1.1　鉄筋コンクリートの構造計算手順

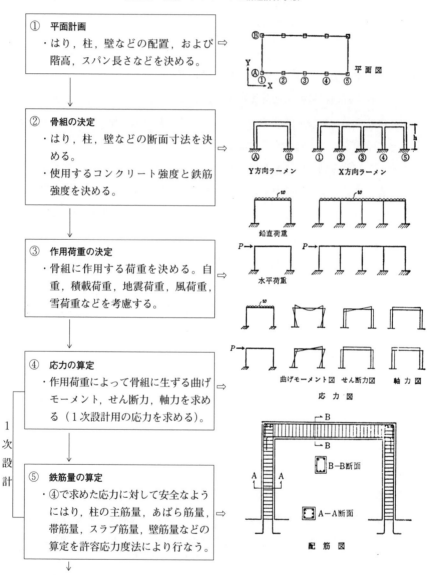

① 平面計画
・はり，柱，壁などの配置，および階高，スパン長さなどを決める。

② 骨組の決定
・はり，柱，壁などの断面寸法を決める。
・使用するコンクリート強度と鉄筋強度を決める。

③ 作用荷重の決定
・骨組に作用する荷重を決める。自重，積載荷重，地震荷重，風荷重，雪荷重などを考慮する。

④ 応力の算定
・作用荷重によって骨組に生ずる曲げモーメント，せん断力，軸力を求める（1次設計用の応力を求める）。

⑤ 鉄筋量の算定
・④で求めた応力に対して安全なようにはり，柱の主筋量，あばら筋量，帯筋量，スラブ筋量，壁筋量などの算定を許容応力度法により行なう。

1次設計

1章　鉄筋コンクリートの常識を学ぶ章　　　15

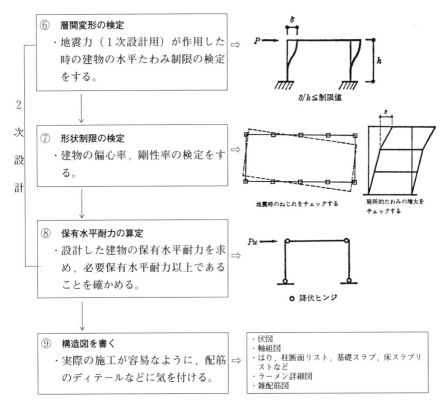

最後に，表1.1.1の各項目を本書の何章で勉強するのかを個条書きにしておきましょう。

①……本書全体

②，③，⑥，⑦，⑨……4章

④……本書では特に勉強しない，構造力学の他の参考書で勉強すること。

⑤……1章，2章

⑧……3章，4章

1.2 まず，簡単な構造計算例を実際にやってみよう

鉄筋コンクリートの構造計算は，表1.1.1の手順に従って行なえばできることは前述したとおりです。しかし，表1.1.1の表現ではあまりよく理解できない方もいらっしゃるでしょうから，ここでは表1.1.1の手順に従って簡単な鉄筋コンクリートの構造物について，実際に構造計算例をやってみましょう。そうすれば，自分が構造計算の中で，どこが判らないのか，また，構造計算の手順もより具体的に理解していただけるはずです。

ここでは，表1.1.1の①～⑤の部分についての構造計算を示しておきます。⑥以降についてはもう少し勉強してから説明することにします。

計算する構造物は，図1.2.1の，スパン3m（3000mm），はりの3等分点に80kNの集中荷重を常時受ける鉄筋コンクリートの単純ばりです。

皆さんは，鉄筋コンクリートを初めて学ぶ方が多いでしょうから，図1.2.1の構造計算の内容を全部は理解できないはずです。特に，鉄筋コンクリートの断面算定の計算部分（鉄筋を「どこへ」「どれほど」入れるのか？）については，ほとんど理解してもらえないものと思いますが，それらは，これから勉強する部分ですから判らなくて当り前のことで，心配することはありません。本書を読み終る頃には，この構造計算例がいかに簡単な問題であるかが判ってもらえるはずです。

ただし，図1.2.1の④応力算定の曲げモーメント図，せん断力図の求め方を忘れた方，あるいは判らない方は，構造力学の本をひもどいて勉強してください。

図1.2.1 簡単な構造計算を実際にやってみよう

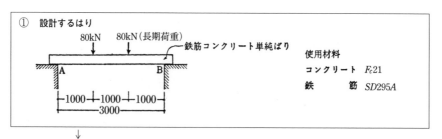

↓

② 骨組の決定
A, B点で支持された単純ばりとして解く。
断面寸法はB×D＝400mm×500mmと仮定する。

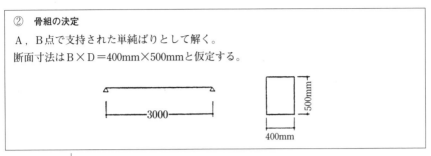

③ 作用荷重の決定

はり自重
$w＝0.4m×0.5m×24kN/m^3＝4.8kN/m$

④ 応力の算定

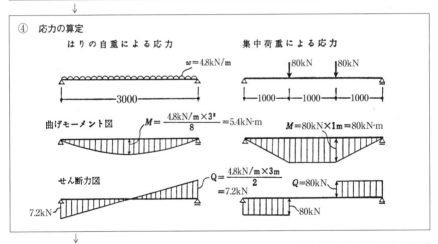

⑤ 断面算定
　a．主筋の算定（最も不利な中央断面で算定する）
　　設計用曲げモーメントは
　　$M＝5.4＋80＝85.4kN·m$
　　$M/bd^2＝85.4×10^6N·mm/(400×450^2)＝1.05N/mm^2$

$b=400$mm　$d=500$mm－(かぶり厚さ 50mm)＝450mm
必要引張鉄筋比は図2.4.2(a)より
　$\gamma=0.5$として $p_t=0.60$%
　$a_t=p_t bd=0.0060×400$mm$×450$mm$=1080$mm^2
表2.2.3(b)より4－$D19$ ($a_t=1148$mm^2)
上端鉄筋は $\gamma=0.5$より
　$a_c=0.5×1080$mm$^2=540$mm^2
　2－$D19$ ($a_c=574$mm^2)
b．鉄筋径および鉄筋本数の決定
　$As=4-D19=1148$mm^2
　$\Psi=4-D19=240$mm
　$\sigma_t=200$N/mm^2
　$fb=\dfrac{F_c}{60}+0.6=0.95$N/mm^2
　$K=0.3\dfrac{c}{d_b}+0.4=1.68<2.5$
　$\ell_{db}=\dfrac{\sigma_t\cdot As}{K\cdot f_b\Psi}=599$mm
　$\ell_d=\ell_{db}+d=599$mm$+450$mm$=1049$mm
　1049mm<1500mm……………………………………………OK
c．あばら筋の算定
　設計用せん断力
　$Q_D=Q_L=7.2+80=87.2$kN
　$f_s=F_c/30=21/30=0.7$N/mm^2 (表2.3.1より)
　許容せん断力は
　$Q_A=bj\{\alpha f_s+0.5_w f_t(p_w-0.002)\}$
　コンクリートの負担せん断力は $\alpha=1$として
　$bj\alpha f_s=400$mm$×(7/8×450$mm$)×1×0.7$N/mm$^2=110$kN
　$Q_D=87.2$kN<110kN ……………………………………………OK
故にあばら筋は最小配筋$p_w=0.2$%でよい。
あばら筋として2－$D10$ ($a_w=143$mm^2) を用いるとあばら筋間隔は，
$x=143$mm$^2/(400$mm$×0.002)=178$mm→設計では150mm間隔にする。
以上の結果より配筋は次のようになる。

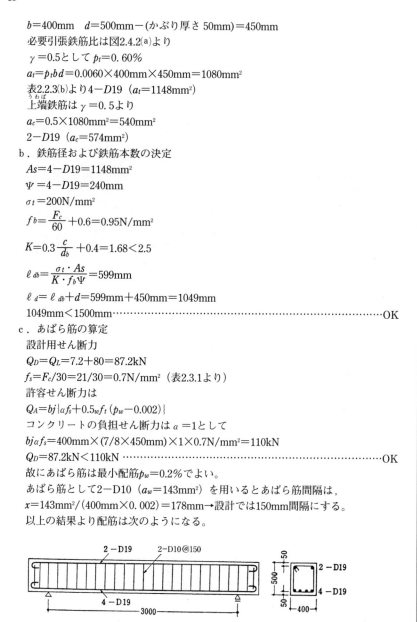

1.3 鉄筋コンクリートの常識

　皆さんの中には，図1.2.1の構造計算例をやってみて，④応力算定までは理解できたが，⑤断面算定が判らないという方が多いのではないでしょうか。断面算定とは，鉄筋を「どこへ」「どれだけ」入れたらよいかを計算で求めることをいいます。断面算定は，鉄筋コンクリート構造計算の中でも，最もむずかしい部分ですから判らなくて当然です。これから断面算定の方法について順次説明して行くわけですが，鉄筋コンクリートを初めて学ぶ皆さんに突然，断面算定の方法について解説しても，判ってもらえるはずがありません。皆さんに，断面算定の方法を理解していただくためには，その前に，鉄筋コンクリートの性質に関する基本的なことについて知っておいてもらう必要があります。そこで，ここでは鉄筋コンクリートの常識的なことを取りまとめて，簡単に説明しましょう。

i)　コンクリートの強さと鉄筋の強さ

　鉄筋コンクリートが，コンクリートと鉄筋から作られていることは周知のことです。しかし，皆さんは，そのコンクリートと鉄筋がどの程度の強度を持つ材料なのかを，案外知らないのではないでしょうか。

　図1.3.1は，現在ごく一般に用いられているコンクリートと鉄筋の強度を示したものです。材料の性質を示すのに，通常図1.3.1の応力度－ひずみ度曲線を用います。

　図1.3.1から次のようなことが判ります。

　コンクリートの圧縮強度（通常，コンクリート強度といえば，それは圧縮強度を意味します）が20N/mm²であるのに対し，引張強度は2N/mm²と小さく，圧縮強度の1/10程度となり，コンクリートが非常に引張力に弱いことが判ります。

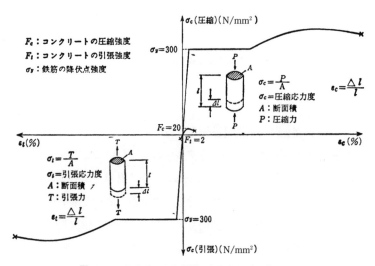

図1.3.1　コンクリートと鉄筋の応力度――ひずみ度曲線

　鉄筋は，引張強度，圧縮強度ともほぼ同一です。建築では，降伏点強度を鉄筋強度と呼んでいます。例えば，図1.3.1の場合の鉄筋強度は300N/mm²ということになります。一見強そうなコンクリートも，このように鉄筋に比べれば，圧縮強度はほぼ1/15程度，引張強度は実に1/150程度と弱いのです。

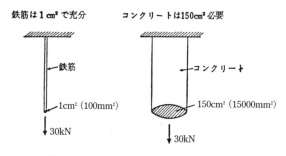

図1.3.2　コンクリートは引張力に非常に弱い

　図1.3.2は，コンクリートが鉄筋に比べ，いかに引張力に弱いかを判り易く示したものです。
　図1.3.1のコンクリートと鉄筋を用いた場合，30kNの引張力に耐えるのに，鉄筋

は1cm²（100mm²）の断面で充分なのに，コンクリートは150cm²（15000mm²）の断面も必要なことが判ります。

このように，コンクリートが引張力に弱いということが，コンクリートの中に鉄筋を入れ，鉄筋コンクリートにする最大の理由であることは後述するとおりです。

ii) 鉄筋をなぜ入れるのか？
（鉄筋はコンクリートが引張される部分に入れよ）

鉄筋コンクリートは，英語でReinforced Concrete（略してRC）というように，コンクリートを鉄筋で補強したものです。この意味からすれば，鉄筋を沢山入れれば入れるほど強い鉄筋コンクリート部材が得られるように思いますが，単に鉄筋を沢山入れたからといって強い部材が得られるわけではありません。たとえば，図1.3.3のような集中加重を受ける鉄筋コンクリートの単純ばりを，はりA，はりBの2種の断面で設計したとしましょう。鉄筋量ははりAの方がはりBよりも多いのですが，はりの強度は鉄筋量とは逆にはりBの方がはりAよりも強くなります。また，はりAは鉄筋量が多いにもかかわらず，その強度は，鉄筋が全く入っていない無筋コンクリートばりのそれと同一なのです。すなわち，はりAの鉄筋はただコンクリートのなかに存在しているというにすぎず，鉄筋コンクリート本

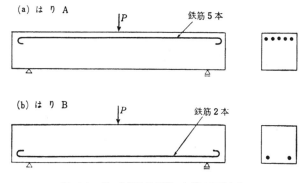

図1.3.3　どっちのはりが強いと思いますか？

来の，コンクリートを補強するという役目を全く果していないのです。この例からもわかるように，鉄筋コンクリート部材は，単に鉄筋を沢山入れれば強くなるというものではなく，少量の鉄筋でも，その鉄筋がコンクリートを十分補強するような適切な位置に配置されていれば，結構強い鉄筋コンクリート部材を造ることができるわけです。

それでは，なぜ鉄筋の配筋位置がはりの強度を左右するのかを考えてみましょう。図1.3.4(a)のように，はりは荷重を受けると曲がり，はりの下側は伸び，上側は縮みます。即ち，はりの下側は引張力を受け，上側は圧縮力を受けることになります。それ故，図1.3.3のはりＡでは，はり中央部下側の引張力がコンクリートの引張強度に達すると同時に，中央部の引張側にきれつが生じ，図1.3.4(b)のように「ポッキリ」折れて破壊してしまいます。しかし，はりＢの場合には，引張側コンクリートが引張強度に達し，図1.3.4(c)のようにきれつが入ってもはりＡのように「ポッキリ」折れて破壊することはありません。

なぜなら，図1.3.4(d)（図1.3.4(c)のＡＢのきれつ部分のみを判りやすいように拡大して示した図です。実際のきれつ幅は0.1mm程度と非常に小さいものです）のように，コンクリートにきれつが入っても，きれつ部分の引張力を鉄筋が負担してくれるため，「ポッキリ」折れることがないわけです。即ち，きれつが入ると同時に，いままでコンクリートが負担していた引張力を鉄筋が負担するようになるわけです。他のきれつ部分でも全く同様のことがいえます。

図1.3.4(d)には，同時に，きれつ部分の断面が作用曲げモーメントに対してどのように抵抗するかも示してあります。引張力は鉄筋が，圧縮力はコンクリートがそれぞれ負担して，曲げモーメントに抵抗している様子が判ります。

このように“鉄筋コンクリートとは，引張力に弱いコンクリートを引張力に強い鉄筋で補強したもの”ということができ，“鉄筋はコンクリートが引張される部分に入れよ”という鉄筋コンクリート構造における格言が生れるゆえんです。図1.3.5には，図1.3.3のはりＡとはりＢを図1.3.1の材料を用いて作った場合の強度比較の一例を示しました。図1.3.5からわかるように，はりＢのように鉄筋の配筋位

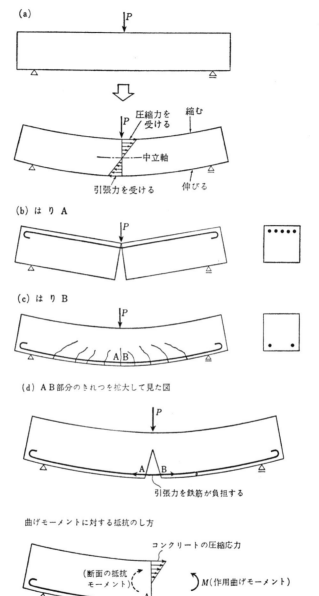

図1.3.4 鉄筋はコンクリートが引張される側に入れよ

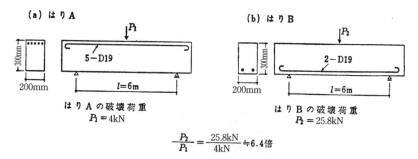

図1.3.5 はりAとはりBの強度比較

置が適切であれば，わずか直径19mmの鉄筋を，2本入れただけで，はりの破壊荷重を無筋コンクリートばりと同様のはりAのなんと6.4倍にすることができるわけです。

iii) 鉄筋は曲げモーメント図の出る側に入れよ

前述したように，鉄筋はコンクリートが引張される部分に入れるわけですから，曲げを受ける（曲げモーメントが生ずる）部材には，必ず鉄筋を入れなければなりません。一方，構造力学における曲げモーメント図は，通常その部材が引張される側に描きますから，図1.3.6の実線のように，鉄筋は曲げモーメント図の出る側に入れればよいことになります。ただし，図1.3.6の実線は，あくまでも鉄筋の配筋位置を明示した図にすぎず，実際の配筋にさいしては，余長あるいは用心筋*などのことも考慮して破線の部分にも配筋する必要があります。一般のラーメン骨組では(f)のように鉛直荷重と水平荷重の両者を考慮するので，はり，柱部材で配筋の必要なところは図1.3.7のようになります。

---

* 構造計算上は必要のない鉄筋であるが，不慮の荷重などに備えて用心のために入れておく鉄筋のこと。

1章 鉄筋コンクリートの常識を学ぶ章

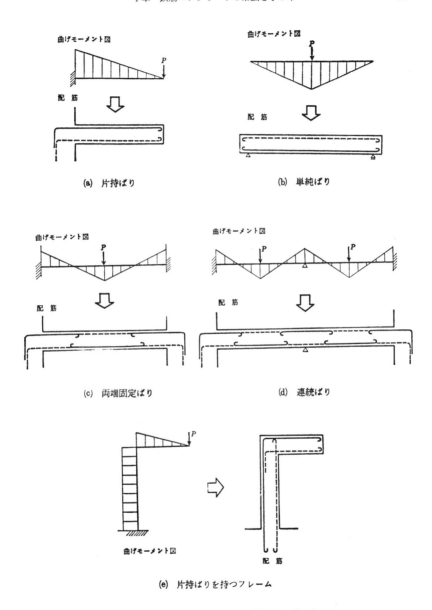

図1.3.6 鉄筋はコンクリートが引張される側に入れよ

26

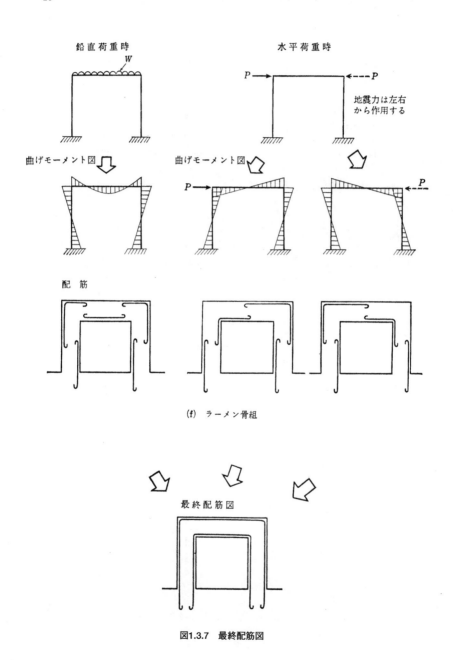

図1.3.7　最終配筋図

iv) せん断力によってもコンクリートに引張力が生ずる
（せん断力に対しても鉄筋を補強する必要がある）

図1.3.8(a)のように単純ばりが荷重を受けた場合，(b)のように，コンクリートが引張されるはりの下端に鉄筋を補強するのは正しいわけです。しかし，このはりを設計する場合，(b)のような鉄筋だけの補強では不充分です。なぜならば，このはりには，(c)のように曲げモーメントの他にせん断力も作用するからです。即ち，(b)の鉄筋はあくまでも曲げモーメントに対してのみ抵抗するための鉄筋であり，せん断力に抵抗するための鉄筋は別に補強する必要があります。

「せん断力に対して，なぜ鉄筋を補強する必要があるのか？」その理由は，次の通りです。

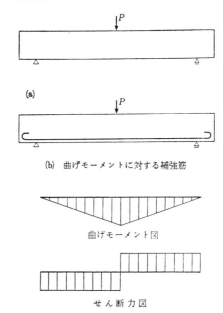

図1.3.8 曲げモーメントと同時にせん断力も作用する

部材にせん断力が作用すると，図1.3.9(a)のようにコンクリートはせん断変形をし，斜め方向にコンクリートが引張され，斜めきれつ（せん断きれつ）が発生します。もし，はりを，図1.3.8(b)の配筋のままで放置しておくと，図1.3.9(b)のようにコンクリート部分に斜めきれつが発生し，部材が斜め方向に分断してせん断破壊を起こしてしまいます。

このようなせん断破壊を防止するためには，曲げの場合と同様，せん断力によって引張されるコンクリート部分に鉄筋を補強する必要があります。すなわち，図1.3.10(a)のように，主筋と直角方向に鉄筋を補強すると，図1.3.10(b)のように，コ

(a) せん断力によってもコンクリートに引張力が生ずる

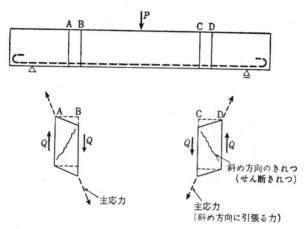

(b) せん断破壊をする

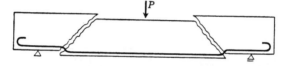

図1.3.9 せん断変形とせん断きれつ

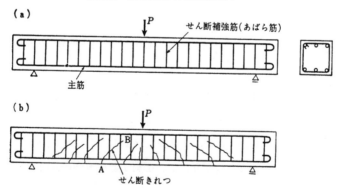

(c) せん断補強筋の抵抗のしかた
　　（AB部分のせん断きれつを拡大して見た図）

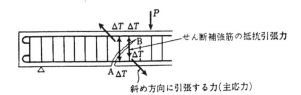

図1.3.10 せん断力に対しても鉄筋を補強する必要がある

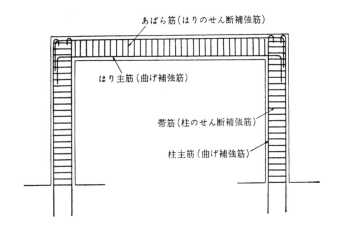

図1.3.11 一般ラーメン骨組の配筋図

ンクリート部分に斜めきれつが生じても，(c)のようにせん断力によって生ずる引張力を鉄筋が負担してくれるため，図1.3.9(b)のようなせん断破壊は起こりません。

このようなせん断力の補強のために入れる鉄筋を，せん断補強筋といい，はり，柱部材のようにせん断力を受ける部材は，必ず入れる必要があります。

一般のラーメン骨組の配筋は図1.3.6，図1.3.7で示した曲げモーメントに対する配筋と，せん断力に対する配筋を考慮すると，通常図1.3.11のようになります。

v) 鉄筋はよく定着しておくこと
（部材の接合は主筋の定着で行なう）

図1.3.12は，鉄筋コンクリート構造と鉄骨構造における部材の接合方法のちがいを比較して示した例です。

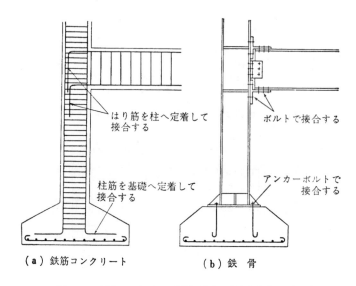

図1.3.12 鉄筋コンクリート部材の接合は主筋を定着して行なう

　鉄骨構造の場合は，はり，柱部材などをボルトあるいは溶接接合するので，皆さんもその接合方法を直接目で確めることができます。それ故，鉄骨構造の場合の接合方法は比較的よく理解できるはずです。

　しかし，鉄筋コンクリート構造の場合は，表面から見えるのはコンクリートだけですから，各部材がどのように接合されているのか判りにくいのではないでしょうか。例えば，図1.3.13(a)のような配筋のはり，柱部材にコンクリートを一体的に打ち込みますと，外見上はあたかも，はりと柱が完全に接合されているような錯覚にとらわれますが，この場合には，はりの主筋が柱へ，また柱の主筋が基礎へ埋め込まれておりませんので，荷重が作用すると(b)のように破壊します。即ち，コンクリートをいくら一体的に打ち込んでも，部材の接合には何ら役に立たないのです。即ち，鉄筋コンクリートの部材の接合は，図1.3.12(a)のように一方の部材の鉄筋（主筋）を，他方の部材のコンクリートに適切に埋め込むことにより行ないます。このように，他方の部材へ鉄筋を埋め込むことを定着といい，その鉄筋の埋め込み長さを定着長さといいます。すなわち，主筋の定着さえ充分行なわれ

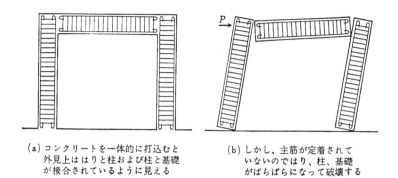

図1.3.13 はり，柱の主筋を定着しないと破壊する

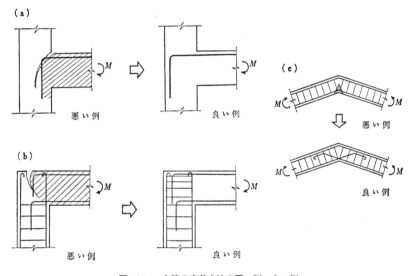

図1.3.14 主筋の定着方法の悪い例，良い例

ていれば，部材の接合は完全に行なわれるわけです。ただし，図1.3.14(a)(b)のように，定着長さが充分であっても，定着する位置が浅かったりすると，その部分のコンクリートが局部的に引張力をうけて破壊することがありますので，定着の配筋にあたっては充分注意が必要です。また(c)のように，大きな力を受ける引張鉄筋を折り曲げて使用する場合も注意が必要です。

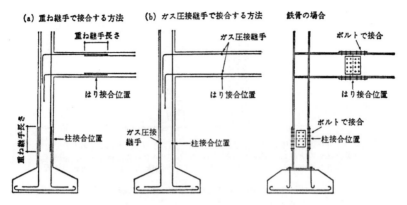

図1.3.15 はり，柱を途中で接合する方法

　図1.3.15は，鉄筋コンクリートのはり，柱部材を途中で接合する場合の例を，鉄骨の場合と比較して示したものです。鉄筋コンクリートのはり，柱部材を途中で接合するためには，主筋を接合する（鉄筋を接合することを継手といいます）必要があります。鉄筋の継手方法の主なものとしては，「重ね継手」と「ガス圧接継手」，「機械式継手」などがあります。重ね継手をする場合には，ＲＣ規準で定めた重ね継手長さを取らなければなりません。

vi) 鉄筋とコンクリートはよく付着していなければならない

　これまで，鉄筋コンクリートの曲げおよびせん断力に対する，鉄筋の補強方法および定着方法について述べてきたわけですが，それら補強あるいは定着した鉄筋が，もし，コンクリートとよく付着していない場合には，図1.3.16に示すように，鉄筋がすべったり，あるいは引抜けたりし，せっかくの補強筋もなんの役にもたたなくなってしまいます。すなわち，鉄筋とコンクリートがよく付着していることが，鉄筋コンクリート構造の前提条件となります。このことからも，現場などでは，鉄筋に付着した油やゴミ等はよく落とし，コンクリートとの付着性をよくするように心がけなければなりません。

1章 鉄筋コンクリートの常識を学ぶ章　　　　　　　　33

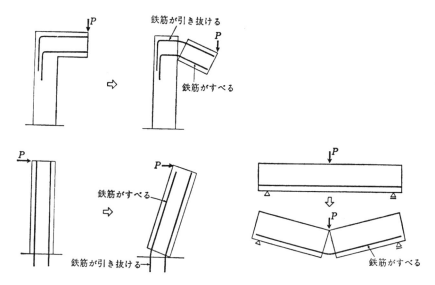

図1.3.16　鉄筋とコンクリートはよく付着していなければならない

1.4 もう一度，図1.2.1の構造計算例にもどってみよう

　1.3節を読んだ皆さんは，もう図1.2.1の構造計算例の配筋がなぜ下図のようになるのかが判ったことでしょう。はりの下端鉄筋が上端のそれよりも多くなるのは，この場合，曲げモーメントに抵抗するのは下端鉄筋であるためであり，あばら筋が必要なのはせん断力に抵抗するためである，ということは理解してもらえたと思います。また1.3節を読んだだけでは，主筋やあばら筋の鉄筋量の計算はまだできないわけですが，「なぜ」鉄筋を入れるのか，「どこへ」鉄筋を入れたらよいのかは判っていただけたことと思います。鉄筋コンクリートの構造計算の手順については途中までですが，図1.2.1の計算例と表1.1.1とを見較べながらある程度判っていただけたのではないでしょうか。構造計算は表1.1.1でも示したように，骨組の応力計算（曲げモーメント図，せん断力図，軸力図，反力などを求める）ができたら，次に鉄筋量の算定ということになるわけですが，鉄筋量の求め方については2章で，また，表1.1.1の⑥以降の各検定項目の計算方法については3章で詳細に説明してありますのでそこで勉強してください。

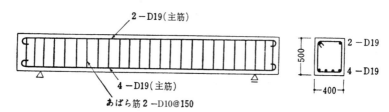

1.5 もう少し建築物らしい構造計算例をやってみよう

図1.2.1の構造計算例は，単純ばりという非常に簡単なものでした。ここでは，もう少し建築物らしい図1.5.1に示すような門型ラーメンの構造計算例をやってみましょう。この計算例の目的は，皆さんにこの計算例の内容を全部理解していただくことではなく（もちろん，鉄筋量の求め方をまだ勉強していないわけですから，全部理解できるわけがないのですが），建築物に近い門型ラーメンの構造計算も，図1.2.1の単純ばりの構造計算例と全く同様の計算手順で（表1.1.1の計算手順で）できることを確認してもらうと同時に，構造計算により深くなれてもらうことを目的としたものです。即ち，表1.1.1の構造計算手順の全貌（但し，⑦の形状制限の検定は除く）を見ていただくためのものです。鉄筋量の求め方については２章で詳細に述べてありますから，ここでは詳しい説明はしてありません。また，応力計算についても特に詳しい説明はしておりませんので，④応力計算の部分が判らない方は，構造力学の専門書を参考に勉強してください。図1.2.1の計算例でもそうでしたが，図1.5.1の構造計算例でも，②骨組の決定の項で，はり，柱部材の断面寸法が与えられてあったり，また，③作用荷重の決定の項で，鉛直荷重や地震荷重の大きさが与えられてあったりしますが，実際の構造計算では各自が断面寸法の大きさや，作用荷重の大きさを計算し，決定します。はり，柱部材の断面寸法および作用荷重の決定方法および，表1.1.1の⑥の層間変形の検定，⑦形状制限の検定，⑧保有水平耐力の算定については，第３章で詳細に説明してありますから，そちらを参照してください。

図1.5.1　もう少し建築物らしい構造計算例をやってみよう

---

① 設計する骨組

鉄筋コンクリート門形ラーメンで，スパン６ｍ（6000mm），階高４ｍ（4000mm）である。柱脚は固定とする。

作用荷重は，はりに40kN/mの積載荷重，地震時水平荷重は100kNとする。（地震荷重は左右から交互に作用する）

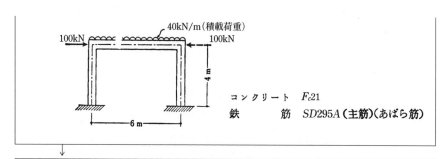

② 骨組の決定

はり，柱断面の重心線を計算用のフレーム寸法とする。
また，はり，柱断面寸法は次のように仮定する。

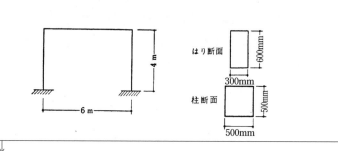

③ 作用荷重の決定

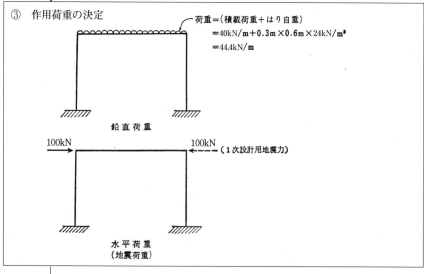

④ 応力の算定（1次設計用応力）

a. 鉛直荷重時応力

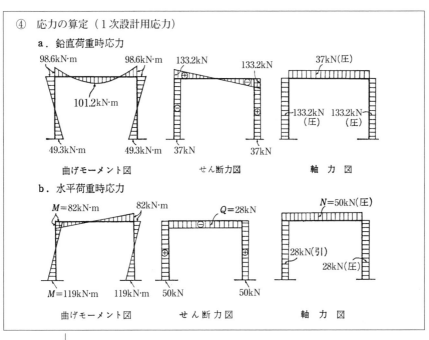

b. 水平荷重時応力

⑤ 鉄筋量の算定（配筋図）

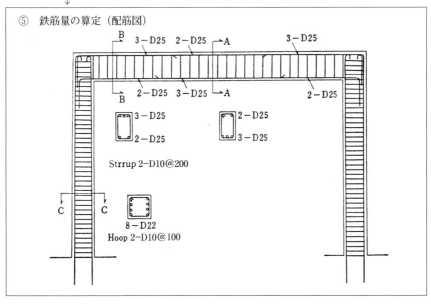

⑥ 層間変形の検定

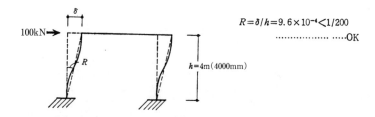

$R = \delta/h = 9.6 \times 10^{-4} < 1/200$
……………………OK

⑦ 形状制限の検定

　省略（3章参照）

⑧ 保有水平耐力の算定

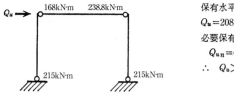

保有水平耐力 Q_u
$Q_u = 208.4 \text{kN}$
必要保有水平耐力 Q_{un}
$Q_{un} = C_t W_i = 150 \text{kN}$
∴ $Q_u > Q_{un}$ ……………OK

崩壊メカニズム

⑨ 構造図を書く

　⑤の配筋図参照

　（その他の構造図の書き方については4章を参照してください）

〔解説〕

　図1.5.1は構造計算の結果のみを示したものです。構造計算書には，これらの計算結果を求めるまでの計算過程を詳細に記述します。

　ここでは皆さんに，構造計算書の中味の一部を見ていただくことにします。

　ここで示すのは，④応力算定以降の計算についてです。①～③の項目については省略してありますので，それらについては，4章の構造計算例を参照してください。

　皆さんは，構造計算書が，数字の缶詰のように見えるかも知れませんが，自分で構造計算をし，鉄筋コンクリートの建物を作ろうと思えば，この程度の数字はさけて通るわけにはいきません。このことからも，将来，自分で構造計算をしてみようと思う方は，早めに数字に慣れるよう心がけるべきです。

④応力の算定

　鉛直荷重時応力，水平荷重時応力とも固定法により求める。

　一般の構造計算で対象とする比較的大きな建物は，高次の不静定構造物が多い。このような高次の不静定構造物の水平荷重に対する応力は，固定法あるいは武藤式の略算法（D値法）などを用いて手計算で求めることもできますが，最近は，ほとんどコンピュータを用いて求めます。

　a．はり，柱の剛比の算定

　　はりの剛比
　　$I = \dfrac{bD^3}{12} = \dfrac{300 \times 600^3}{12} = 5.4 \times 10^9 \mathrm{mm}^4$
　　$K = I/l = 5.4 \times 10^9 / 6000 = 0.9 \times 10^6 \mathrm{mm}^3$
　　$k = K/K_0 = 0.9 \times 10^6 / 10^6 = 0.9$ （$K_0 = 10^6 \mathrm{mm}^3$ とする）

　　柱の剛比
　　$I = \dfrac{bD^3}{12} = \dfrac{500 \times 500^3}{12} = 5.21 \times 10^9 \mathrm{mm}^4$
　　$K = I/h = 5.21 \times 10^9 / 4000 = 1.3 \times 10^6 \mathrm{mm}^3$
　　$k = K/K_0 = 1.3 \times 10^6 / 10^6 = 1.303 \rightarrow 1.3$

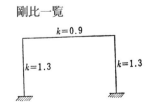

剛比一覧

　b．鉛直荷重時応力の計算
　　C，M，Q_0 の算定

$$C = \frac{wl^2}{12} = \frac{44.4\text{kN/m} \times 6^2}{12} = 133.2\text{kN}\cdot\text{m}$$

$$M = \frac{wl^2}{8} = \frac{44.4\text{kN} \times 6^2}{8} = 199.8\text{kN}\cdot\text{m}$$

$$Q_0 = \frac{wl}{2} = \frac{44.4\text{kN} \times 6}{2} = 133.2\text{kN}$$

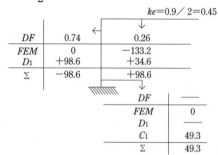

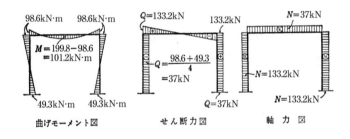

曲げモーメント図　　せん断力図　　軸力図

c．水平荷重時応力の計算

　1次設計*用地震力による応力を求める

$-6EK_0R = -1000\text{kN}\cdot\text{m}$

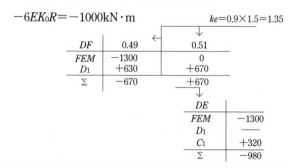

---

*　1次設計を許容応力度設計と呼ぶ場合もある。

$$Q = -\left(\frac{-670-980}{4}\right) = \frac{1650}{4} \quad 100\text{kN} = \frac{1650}{4} \times 2 \times x \quad x = 0.122$$

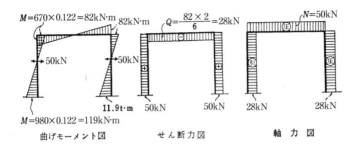

曲げモーメント図　　　　せん断力図　　　　軸力図

⑤ 鉄筋量の算定

a. はりの設計

i) 主筋の算定

			左端	中央	右端
長期	M_L (kN·m)	上端	−98.6	—	−98.6
		下端	—	101.2	—
水平	M_E (kN·m)	上	−82	0	−82
		下	+82	0	+82
短期	M_S (kN·m)	上	−180.6	—	−180.6
		下	—	101.2	—
断面	$b \times D$ (mm)		300×600		
	d (mm)		550		
	j (mm)		$\frac{7}{8} \times 550 = 481$		
	bd^2 (mm³)		90.75×10^6		
M/bd^2 (N/mm²)		上	1.99N/mm²（短）	—	
		下	—	1.12N/mm²（長）	
p_t (%)		上	0.76	—	
		下	—	0.63	左端と同じ
a_t (mm²)		上	1260（短）	—	
		下	—	1040	
配筋		上	3—D25	2—D25	
		下	2—D25	3—D25	

	左　　端	中　　央	右　　端
配　　筋　　図	3 — D25 2 — D25	2 — D25 3 — D25	左 端 と 同 じ

ii) せん断補強

		端　　　　　　部	中　　　　　央
長　期	Q_L (kN)	133.2	0
水　平	Q_E (kN)	28→42 (1.5Q_E)	28→42
短　期	Q_s (kN)	175.2	42
f_s (N/mm^2)	長	0.7	
	短	1.05	
$f_s bj$ (kN)	(長)	101＜133.2…………N O	
	(短)	151＜175.2…………N O	
M/Qd		(長期) 98.6/133.2×0.55＝1.34	(短期) 180.6/161.2×0.55＝2.04
α		4/(1.34＋1)＝1.71	4/(2.04＋1)＝1.32
$\alpha f_s bj$ (kN)		101×1.71＝173	151×1.32＝199
判　定		O K	O K
p_w (%)		0.2	
a_w (mm^2)		2—D10 (a_w＝143mm^2)	
配筋間隔 (mm)		$\dfrac{143}{300\times0.002}$＝238→200mm	

iii) 鉄筋径および鉄筋本数の決定（付着の検定）
A_s, Ψ

		端　　　　　　部	中　　　　　央
A_s	上端	3—D25 (A_s＝1521mm^2) (Ψ＝240mm)	2—D25
Ψ	下端	2—D25	3—D25 (A_s＝1521mm^2) (Ψ＝240mm)

f_b, K

	f_b		K
	長　期	短　期	
上端	——	1.14N/mm^2	3—D25 3—D10@200
下端	0.95N/mm^2	——	1.50＜2.50

ℓ_{db}, ℓ_d

	ℓ_{db}		ℓ_d	
	材　端	中　央	材　端	
上端	3—D25 1094mm	——	1644mm	——
下端	——	3—D25 889mm	——	1439mm

通し鉄筋は全て ℓ_d 以上であるからOK。カットオフは ℓ_d 以上を確保する条件でOK。

1章　鉄筋コンクリートの常識を学ぶ章　　　43

位置	長期 NL (kN)	長期 ML (kN·m)	長期 QL (kN)	水平 NE (kN)	水平 ME (kN·m)	水平 QE (kN)	短期 Ns (kN)	短期 Ms (kN·m)	短期 Qs (kN)	断面 b×D (mm)	面 bD (mm²) / bD² (mm³)	長期 $\frac{N}{bD}$ (N/mm²)	長期 $\frac{N}{bD^2}$ (N/mm²)	長期 pt (%)	短期 $\frac{N}{bD}$ (N/mm²)	短期 $\frac{N}{bD^2}$ (N/mm²)	短期 pt (%)	at (mm²)	設計
柱 T	133.2	98.6	37	28	82	50→75 (1.5Q_E)	161.2	180.6	112	500×500	2.5×10⁵ / 1.25×10⁸	0.54	0.79	0.35	0.65	1.44	0.50	1250	4−D22 (a_t=1548mm²) (ψ=280mm)
柱 B		49.3			119			168.3					0.39			1.35	0.45		

位置	配筋 柱頭	配筋 柱脚	柱の M_y : a_t (cm²)	柱の M_y : $\frac{0.8 a_t \times f_t \cdot D}{}$ (t·m)	柱の M_y : $\frac{N}{bDF_c}$	柱の M_y : 第22項 M_y (t·m)	柱の M_y : M_y (t·m)	h' (m)	Q_{D1}	はりによる M_y : Σa_t (cm²)	はりによる M_y : M_y (t·m)	Q_{D2}	$\frac{\Delta Q}{bj}$	pw (%)	帯筋	間隔
柱 T														0.2 (最小配筋)	2−D10	@100
柱 B																

T：柱頭
B：柱脚

⑥ 層間変形の検定

④項で述べたように，一般の構造計算では，層間変形（層間の水平たわみ）は，武藤式のＤ値法を用いて求めますが，ここでは，④応力の算定での固定法の結果を利用して求める。

柱の部材角 R（$= \delta /h$）は次のように求められる。

$6EK_0R = 1000\text{kN} \cdot \text{m} \times (x)$

$x = 0.122$

$$R = \frac{1000\text{kN} \cdot \text{m} \times 0.122}{6EK_0} = \frac{1000 \times 10^6 \times 0.122}{6 \times 2.1 \times 10^4 \times 10^6}$$

$= 9.6 \times 10^{-4}\,\text{rad} < 1/200 \cdots\cdots \text{OK}$

故に，１次設計用地震力に対する層間変形は1/200以下に収まっているのでOKである。

⑦ 形状制限の検定

この骨組の場合，偏心率，剛性率については問題になりません。偏心率，剛性率の意味，計算方法の詳細は３章に示してありますので，そこで勉強してください。

⑧ 保有水平耐力の算定

保有水平耐力の意味については３章に詳しく説明してありますから，そこで勉強してください。ここでは保有水平耐力の求め方のみを示しておきます。

この計算例の場合は，３章表3.5.1のルート②－２をクリヤーしていますので本来なら保有水平耐力の算定の必要がないのですが，ここでは保有水平耐力の計算のし方を見てもらうためにあえて示した。

はりの曲げ終局強度は次のように求められる。

（上端）

$M_u = 0.9a_t\sigma_yd$

$= 0.9 \times (3-D25) \times 295\text{N/mm}^2 \times 550\text{mm}$

$= 0.9 \times 1521\text{mm}^2 \times 295\text{N/mm}^2 \times 550\text{mm}$

$=222\mathrm{kN}\cdot\mathrm{m}$

(下端)

$\quad M_u=0.9\times(2-\mathrm{D}25)\times 295\mathrm{N/mm^2}\times 550\mathrm{mm}$

$\quad=0.9\times 1014\mathrm{mm^2}\times 295\mathrm{N/mm^2}\times 550\mathrm{mm}$

$\quad=148\mathrm{kN}\cdot\mathrm{m}$

次に,柱の曲げ終局強度は次のように求められる。但し,水平力による軸方向力の変動は無視している。

$\quad M_u=0.8\,a_t\sigma_y D+0.5\,ND\left(1-\dfrac{N}{bDF_c}\right)$

$\quad=0.8\times 1548\mathrm{mm^2}\times 295\mathrm{N/mm^2}\times 500\mathrm{mm}+0.5\times 133.2\mathrm{kN}\times 500\mathrm{mm}$

$\quad\quad\times\left(1-\dfrac{133.2\mathrm{kN}}{500\mathrm{mm}\times 500\mathrm{mm}\times 21\mathrm{N/mm^2}}\right)$

$\quad=182.6\mathrm{kN}\cdot\mathrm{m}+32.4\mathrm{kN}\cdot\mathrm{m}$

$\quad=215\mathrm{kN}\cdot\mathrm{m}$

以上の結果より,骨組の崩壊メカニズム(節点モーメントで表示してある)は次のようになる。

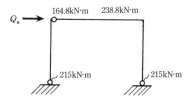

上図の崩壊型より骨組の保有水平耐力は次のように求められる。

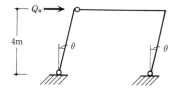

外力の仕事$=Q_u\times 4\mathrm{m}\times\theta$

内力の仕事$=(164.8\mathrm{kN}\cdot\mathrm{m}+215\mathrm{kN}\cdot\mathrm{m}+238.8\mathrm{kN}\cdot\mathrm{m}+215\mathrm{kN}\cdot\mathrm{m})\times\theta$

外力の仕事＝内力の仕事

$$\therefore \quad Q_u = \frac{(164.8\text{kN}\cdot\text{m}+238.8\text{kN}\cdot\text{m}+215\text{kN}\cdot\text{m}\times2)}{4\text{m}} = 208.4\text{kN}$$

以上の結果より，この骨組の保有水平耐力は208.4kNとなる。

　この骨組は曲げ破壊型ですから，建物に要求される必要保有水平耐力（Q_{un}）は次のように求められる。

$Q_{un}=D_s\cdot F_{es}\cdot Q_{ud}$
ここで　$D_s=0.3$
　　　　$F_{es}=1$ ｝とする。

$Q_{ud}=C_iW_i$
　$C_i=ZR_iA_iC_o$

ここで　$Z=1$
　　　　$R_i=1$
　　　　$A_i=1$ ｝とする。
　　　　$C_o=1$
　　　　$W_i=500\text{kN}$

$Q_{ud}=1\times500\text{kN}=500\text{kN}$

$\therefore \quad Q_{un}=0.3\times1\times500\text{kN}=150\text{kN}<208.4\text{kN}$

以上のことより，保有水平耐力が必要保有水平耐力を上まわっているので，保有水平耐力に関してはOKである。

第2章
鉄筋コンクリート部材の設計方法をマスターする章

2.1 鉄筋コンクリート部材を設計するに当って

　いよいよ皆さんの勉強も第2段階へと進んできました。第1段階の1章では鉄筋コンクリートの原理について勉強しました。本章では，それらの基礎知識をもとに，鉄筋コンクリートの構造計算の中でも，最も重要な部分である，表1.1.1の「⑤鉄筋量の算定」について勉強することにしましょう。

　鉄筋量の算定とは，簡単にいえば，「どこに，どれだけの鉄筋量を入れたら安全な部材が得られるのかを計算で求めること」です。

　図1.2.1，図1.5.1の計算例でも判ったことと思いますが，骨組の1次設計用の応力計算（表1.1.1の④）を行ない，各部材に作用する応力（曲げモーメント，せん断力，軸力）が求められたら，それら各応力に対して部材が安全であるように，許容応力度法により補強すべき鉄筋量を計算する必要があります。鉄筋コンクリート部材を設計するということは，この鉄筋量を求めることにほかなりません。通常この鉄筋量を求めることを「断面算定」といいます。

　構造計算をマスターするためには1章1.1節で述べたように，部材の終局強度あるいは骨組の保有水平耐力の計算方法などについてもいろいろと勉強しなければならないわけですが，それらの勉強は，本章の「鉄筋量の算定」をマスターしてから行うのがよいと思います。その理由は，「鉄筋量の算定」は，鉄筋コンクリートの力学的な性質の理解なくしては行うことができませんので，本章を充分理解することによって，部材の終局強度や骨組の保有水平耐力の計算に必要な鉄筋コンクリート部材の強度や変形に関する力学的基礎知識が自然と身につくと考えるからです。

　本章は，表1.1.1の「⑤鉄筋量の算定」の部分をマスターしてもらうことが目的ですから，本章の計算は全て，各部材の応力が求められた段階からスタートしています。即ち，表1.1.1の「④応力の算定」がすでに終了し，各部材の曲げモーメ

ント図，せん断力図，軸力図が求められているところからスタートすることになります。しかし，実際の構造計算では，応力の算定は当然各自で行ない，求めることになります。

皆さんも御存知のように，鉄筋コンクリート構造を構成している部材には，はり，柱部材の他に，スラブ，耐震壁，基礎などがあります。もちろん，これら全ての部材について，その補強すべき鉄筋量を求めなければなりません。求めるべき鉄筋量としては，曲げモーメント，軸力に対して補強する主筋量，せん断力に対して補強するせん断補強筋の2種に大別されます。

また，鉄筋コンクリート部材の設計では，上記で求められた鉄筋量が，実際の施工に当ってうまく配筋できるかどうかをチェックするのも重要な要点となります。

以下の各節では，はり，柱の主筋量，あばら筋量およびスラブ，耐震壁，基礎における鉄筋量の計算方法を順次説明します。

実際に構造計算をする場合には，日本建築学会発行の「鉄筋コンクリート構造計算規準・同解説」をよく使用しますので，手元においておくとよいと思います。

2.2 まず，使用するコンクリート強度と鉄筋強度を決める必要がある

　鉄筋量の計算に当っては，まず使用するコンクリート強度（コンクリート強度といえば，通常，圧縮強度を意味します）と鉄筋強度を決める必要があります。なぜなら，使用するコンクリート強度と鉄筋強度が断面寸法の大きさや，補強すべき鉄筋量などに大きく影響するためです。例えば，強度の高いコンクリートを用いれば，それだけ断面寸法を小さくできるとか，あるいは強い鉄筋を用いるほど，補強鉄筋量を少なくすることができるわけです。そういう意味で，どのような強度のコンクリートおよび鉄筋を用いるかは重要な問題なのです。現在使用されている構造用コンクリートには，表2.2.1に示すように普通コンクリートと軽量コンクリートがあります。普通コンクリートと軽量コンクリートのちがいは，使用する細骨材（通常は砂のこと）と粗骨材（通常は砂利のこと）の組合せのちがいによるものです。構造用コンクリートは，普通コンクリートおよび軽量コンクリートとも18N/mm²以上の強度が必要です。一般には，普通コンクリートを用い，

表 2.2.1　コンクリートの種類と設定基準強度の下限値（RC規準）

コンクリートの種類		F_cの下限値 (N/mm²)	使用する骨材	
			粗骨材	細骨材
普通コンクリート		18	砂利，砕石，高炉スラグ砕石[1]	砂，砕砂，スラグ砂[2]
軽量コンクリート	1種	18	人工軽量骨材	砂，砕砂，スラグ砂
	2種	18	人工軽量骨材	人工軽量骨材またはこの一部を砂，砕砂，スラグ砂で置き換えたもの

［注］　1）砂利・砕石・高炉スラグ砕石は，これらを混合して用いる場合を含む。
　　　　2）砂・砕砂・スラグ砕は，これらを混合している場合を含む。

コンクリート強度としては，21N/mm²～27N/mm²の範囲のものを用います。現在使用されている鉄筋の種類は表2.2.2の通りです。表2.2.2の記号のうちSRは丸鋼を，ＳＤは異形鉄筋を意味しています。異形鉄筋とは，鉄筋表面に突起（軸方向の突起をリブ，ふし状のものをふしと呼ぶ）を持つものをいい，丸鋼は突起のないものをいいます。ＳＲ，ＳＤの後に書かれている235および295などの数字は，その鉄筋の最小降伏点強度（N/mm²）の値を示すもので，例えば，235および295は，最小降伏点強度が235N/mm²，295N/mm²であることを示しています。鉄筋強度の種類は，表2.2.2から判るように，235N/mm²，295N/mm²，345N/mm²，390N/mm²の４種類があります。通常の建物ではスラブ筋，壁筋，あばら筋，帯筋などには，ＳＲ235の9φ～16φおよびＳＤ295A(ＳＤ295B)のD10～16程度のもの，また，はり，柱主筋にはＳＤ295A(ＳＤ295B)～ＳＤ390のD19～D29程度のものをよく用いています。表2.2.3には，丸鋼および異形鉄筋の断面積と周長の一覧表を示してあります。この表は実際に構造計算をする場合，非常によく用いられるものです。鉄筋記号の表示例を図2.2.1に示しましたが，例えば直径25mmの丸鋼は25φ，異形はD25と書きます。ＳＤ295にはＳＤ295AとＳＤ295Bがありますが，両者の最小降伏点強度は同一ですが，ＳＤ295Bは溶接に適するように化学成分をきびしくしたものです。

表2.2.2 鉄 筋 の 種 別

規 格 番 号	名　　　　　称	区 分，種 類 の 記 号	
JIS G 3112	鉄筋コンクリート用棒鋼	丸　　鋼	SR 235 SR 295
		異 形 棒 鋼	SD 295 A SD 295 B SD 345 SD 390 (SD 490)＊
JIS G 3117	鉄筋コンクリート用再生棒鋼	再 生 丸 鋼	SRR 235 SRR 295
		再生異形棒鋼	SDR 235 SDR 295 SDR 345
JIS G 3551	溶 接 金 網		

[注] ＊（ ）の品種は，本基準では対象外

表 2.2.3 鉄筋の断面積・周長および定尺表

(a) 丸鋼（溶接金鋼を含む）の断面積および周長表［太字は断面積cm² (×10²mm²)，細字は周長cm (×10mm)］

φ (mm)	重量 (kg/m)	1-φ	2-φ	3-φ	4-φ	5-φ	6-φ	7-φ	8-φ	9-φ	10-φ
4	0.099	**0.13** 1.26	**0.25** 2.51	**0.38** 3.77	**0.50** 5.02	**0.63** 6.28	**0.75** 7.53	**0.88** 8.78	**1.01** 10.04	**1.13** 11.30	**1.26** 12.55
5	0.154	**0.20** 1.57	**0.39** 3.14	**0.59** 4.71	**0.79** 6.28	**0.98** 7.86	**1.18** 9.43	**1.37** 11.00	**1.57** 12.57	**1.77** 14.14	**1.96** 15.71
6	0.222	**0.28** 1.88	**0.56** 3.76	**0.85** 5.64	**1.13** 7.52	**1.41** 9.40	**1.69** 11.28	**1.98** 13.16	**2.25** 15.04	**2.54** 16.92	**2.82** 18.80
7	0.302	**0.38** 2.20	**0.77** 4.40	**1.15** 6.60	**1.54** 8.80	**1.92** 11.00	**2.31** 13.20	**2.69** 15.40	**3.08** 17.60	**3.46** 19.79	**3.85** 21.99
8	0.395	**0.50** 2.51	**1.00** 5.02	**1.51** 7.53	**2.01** 10.04	**2.51** 12.55	**3.01** 15.05	**3.51** 17.55	**4.01** 20.08	**4.52** 22.60	**5.02** 25.10
9	0.499	**0.64** 2.83	**1.27** 5.65	**1.91** 8.48	**2.54** 11.31	**3.18** 14.14	**3.82** 16.96	**4.45** 19.79	**5.09** 22.62	**5.73** 25.45	**6.36** 28.27
12	0.888	**1.13** 3.77	**2.26** 7.54	**3.39** 11.31	**4.52** 15.08	**5.65** 18.85	**6.79** 22.62	**7.91** 26.39	**9.05** 30.16	**10.18** 33.93	**11.31** 37.70
13	1.04	**1.33** 4.08	**2.65** 8.17	**3.98** 12.25	**5.31** 16.34	**6.64** 20.42	**7.96** 24.50	**9.29** 28.60	**10.62** 32.67	**11.95** 36.75	**13.27** 40.84
16	1.58	**2.01** 5.03	**4.02** 10.05	**6.03** 15.08	**8.04** 20.11	**10.05** 25.13	**12.06** 30.16	**14.07** 35.19	**16.08** 40.21	**18.09** 45.24	**20.11** 50.27
19	2.23	**2.84** 5.97	**5.67** 11.94	**8.51** 17.91	**11.34** 23.88	**14.18** 29.85	**17.02** 35.81	**19.85** 41.78	**22.68** 47.75	**25.52** 53.72	**28.35** 59.69
22	2.98	**3.80** 6.91	**7.60** 13.82	**11.40** 20.73	**15.21** 27.65	**19.01** 34.56	**22.81** 41.47	**26.61** 48.38	**30.41** 55.29	**34.21** 62.20	**38.01** 69.12
25	3.85	**4.91** 7.85	**9.82** 15.71	**14.73** 23.56	**19.63** 31.42	**24.54** 39.27	**29.45** 47.12	**34.36** 54.98	**39.27** 62.83	**44.18** 70.69	**49.09** 78.54
28	4.83	**6.16** 8.80	**12.31** 17.59	**18.47** 26.39	**24.63** 35.19	**30.79** 43.98	**36.94** 52.78	**43.10** 61.58	**49.26** 70.37	**55.42** 79.17	**61.58** 87.96
32	6.31	**8.04** 10.05	**16.08** 20.11	**24.13** 30.16	**32.17** 40.21	**40.21** 50.27	**48.26** 60.32	**56.30** 70.37	**64.34** 80.42	**72.38** 90.48	**80.42** 100.53

(a) 丸鋼使用の場合　　(b) 異形鉄筋使用の場合

図2.2.1　鉄筋記号の書き方

（b） 異形棒鋼の断面積および周長表 ［太字は断面積cm² (×10²mm²)，細字は周長cm (×10mm)］

呼び名	重量 (kg/m)	1	2	3	4	5	6	7	8	9	10
D 6	0.249	0.32 / 2.0	0.64 / 4.0	0.96 / 6.0	1.28 / 8.0	1.60 / 10.0	1.92 / 12.0	2.24 / 14.0	2.56 / 16.0	2.28 / 18.0	3.20 / 20.0
D 8	0.389	0.50 / 2.5	0.99 / 5.0	1.49 / 7.5	1.98 / 10.0	2.48 / 12.5	2.97 / 15.0	3.47 / 17.5	3.96 / 20.0	4.46 / 22.5	4.95 / 25.0
D10	0.560	0.71 / 3.0	1.43 / 6.0	2.14 / 9.0	2.85 / 12.0	3.57 / 15.0	4.28 / 18.0	4.99 / 21.0	5.70 / 24.0	6.42 / 27.0	7.13 / 30.0
D13	0.995	1.27 / 4.0	2.54 / 8.0	3.81 / 12.0	5.08 / 16.0	6.35 / 20.0	7.62 / 24.0	8.89 / 28.0	10.16 / 32.0	11.43 / 36.0	12.70 / 40.0
D16	1.56	1.99 / 5.0	3.98 / 10.0	5.97 / 15.0	7.96 / 20.0	9.95 / 25.0	11.94 / 30.0	13.93 / 35.0	15.92 / 40.0	17.91 / 45.0	19.90 / 50.0
D19	2.25	2.87 / 6.0	5.74 / 12.0	8.61 / 18.0	11.48 / 24.0	14.35 / 30.0	17.22 / 36.0	20.09 / 42.0	22.96 / 48.0	25.83 / 54.0	28.70 / 60.0
D22	3.04	3.87 / 7.0	7.74 / 14.0	11.61 / 21.0	15.48 / 28.0	19.35 / 35.0	23.22 / 42.0	27.09 / 49.0	30.96 / 56.0	34.83 / 63.0	38.70 / 70.0
D25	3.98	5.07 / 8.0	10.14 / 16.0	15.21 / 24.0	20.28 / 32.0	25.35 / 40.0	30.42 / 48.0	35.49 / 56.0	40.56 / 64.0	45.63 / 72.0	50.70 / 80.0
D29	5.04	6.42 / 9.0	12.84 / 18.0	19.26 / 27.0	25.68 / 36.0	32.10 / 45.0	38.52 / 54.0	44.94 / 63.0	51.36 / 72.0	57.78 / 81.0	64.20 / 90.0
D32	6.23	7.94 / 10.0	15.88 / 20.0	23.82 / 30.0	31.76 / 40.0	39.70 / 50.0	47.64 / 60.0	55.58 / 70.0	63.52 / 80.0	71.46 / 90.0	79.40 / 100.0
D36	7.51	9.57 / 11.0	19.14 / 22.0	28.71 / 33.0	38.28 / 44.0	47.85 / 55.0	57.42 / 66.0	66.99 / 77.0	76.56 / 88.0	86.13 / 99.0	95.70 / 110.0
D38	8.95	11.40 / 12.0	22.80 / 24.0	34.20 / 36.0	45.60 / 48.0	57.00 / 60.0	68.40 / 72.0	79.80 / 84.0	91.20 / 96.0	102.60 / 108.0	114.00 / 120.0
D41	10.5	13.40 / 13.0	26.80 / 26.0	40.20 / 39.0	53.60 / 52.0	67.00 / 65.0	80.40 / 78.0	93.80 / 91.0	107.20 / 104.0	120.60 / 117.0	134.00 / 130.0

（ e ） 鉄筋定尺度 （単位：m）

丸鋼・異形棒鋼	3.5	4.0	4.5	5.0	5.5	6.0	6.5	7.0	8.0	9.0	10.0

［備考］ コイルの場合には適しない。

2.3 「鉄筋量の求め方」に関する基本的な考え方と許容応力度について

図1.2.1, 図1.5.1で示した構造計算例の鉄筋量も以下に示す基本的な考え方に従って求められたものです。即ち鉄筋コンクリート構造の鉄筋量（はり，柱の主筋，あばら筋，壁筋，スラブ筋など全ての鉄筋量）の計算は，全て次の考え方に従って行なうことになります。

〔**基本的な考え方**〕

図1.5.1の計算例でも示したように，構造物に作用する荷重*には，固定荷重や積載荷重のように長期間作用する長期荷重と，地震，風などのように，短期間作用する短期荷重の2種類があります。それら両者の荷重に対して，部材が安全であるように，鉄筋を配筋し，鉄筋量を計算することになるわけです。部材の安全性を確保するためには，長期荷重に対しては，大きなひびわれや，変形，だわつきなどが起らないこと，短期荷重に対しては部材が破壊しないことが条件となります。それらの安全性を確保するための設計法の一つとして，現在用いられている方法は「許容応力度法」と呼ばれるもので，各材料の許容応力度を安全性確保のための基準値として用いる方法です。即ち，各部材に作用する曲げモーメント，軸力，せん断力によって部材の各断面に生ずる最大応力度（圧縮，引張，せん断，付着の各最大応力度）がどこでもその材料の許容応力度（圧縮，引張，せん断，付着の各許容応力度）を越えないように設計するわけです。ようするに（2.3.1）式が成立するように，鉄筋量を計算する方法です。

断面に生ずる最大応力度 ≦ 材料の許容応力度
（圧縮，引張，せん断 付着の各最大応力度）　（圧縮，引張，せん断 付着の各許容応力度）　·······················(2.3.1)

---

* 構造物に作用する荷重に関しては付録で詳細に述べてありますので参照して下さい。

2章　鉄筋コンクリート部材の設計方法をマスターする章　　　55

(2.3.1) 式に従って鉄筋量を計算するわけですが，鉄筋量の計算は，はり，柱，壁，スラブなど各部材ごとに行ないます。通常各部材は曲げモーメント，軸力，せん断力を同時に受けますから，それら各応力に対して補強すべき鉄筋量をそれぞれ次のように分けて算定します。

(1)　曲げモーメント，軸力に対する補強→主筋量の算定。

(2)　せん断力に対する補強→せん断補強筋量の算定（はり，柱のあばら筋，帯筋および耐震壁の壁筋など）

(3)　付着および鉄筋間隔に対する検定→主筋の鉄筋径および鉄筋本数を決定する。

　許容応力度法では，上記３つの算定を長期荷重時応力（長期荷重によって生ずる応力）と短期荷重時応力（長期荷重時応力と短期荷重による応力との和）の両者について行ない，両者のうちの鉄筋量の多い方を設計用として採用します。(2.3.1) 式に従って鉄筋量を計算するわけですから，断面に生ずる最大応力度の求め方はもちろんのこと，許容応力度についても勉強する必要があります。断面に生ずる最大応力度の求め方については順次教えます。以下では，まず許容応力度について説明しましょう。

〔**許容応力度について**〕

　「許容応力度」とは，読んで字のごとく「許容し得る応力度」という意味です。

　コンクリートや鉄筋が曲げモーメント，軸力，せん断力を受けて圧縮されたり，引張されたり，せん断されたりするわけですが，コンクリートも鉄筋もあまり大きい力を受けると破壊してしまいますので受ける力の大きさをある限度内に押えておく必要があります。その押えておく限度，即ちコンクリートや鉄筋の側からすれば「許容し得る応力度」ということになるわけですが，その「許容し得る応力度」を「許容応力度」と呼びます。「許容応力度」は長期許容応力度と短期許容応力度があります。長期許容応力度は長期荷重時応力に対する許容応力度であり，短期許容応力度は短期荷重時応力に対する許容応力度です。長期許容応力度はコン

表 2.3.1　コンクリートの許容応力度（N/mm²）　　　　　（RC規準）

	長 期			短 期		
	圧縮	引張	せ ん 断	圧 縮	引張	せん断
普通コンクリート	$\dfrac{1}{3}F_c$	—	$\dfrac{1}{30}F_c$ かつ $\left(0.5+\dfrac{1}{100}F_c\right)$ 以下	長期に対する値の 2倍	—	長期に対する値の 1.5倍
軽量コンクリート 1種および2種			普通コンクリートに対する値の 0.9倍			

［注］F_cは，コンクリートの設計基準強度（N/mm²）を表す。

表 2.3.2　鉄筋の許容応力度（N/mm²）　　　　　（RC規準）

	長 期		短 期	
	引張および圧縮	せ ん 断 補 強	引張および圧縮	せ ん 断 補 強
SR 235	160	160	235	235
SR 295	160	200	295	295
SD 295 A および B	160	200	295	295
SD 345	220（*200）	200	345	345
SD 390	220（*200）	200	390	390
溶接金網	200	200	—	295

［注］　*D 29以上の太さの鉄筋に対しては（　）内の数値とする。

クリートのクリープ*なども考慮し，大きなひびわれの防止や，大きなたわみの防止など，常時使用状態での障害が起こらぬようにとの考えでその数値がきめられています。短期許容応力度は，建物の破壊（鉄筋コンクリートの建物では一般に地震が対象となる）に対する安全性を確保するという思想で決められており，鉄筋では降伏点，コンクリートでは設計基準強度を基準として決められています。表2.3.1〜表2.3.3からも判るように常時の使用状態を対象とする長期許容応力度は，短期間の荷重を対象とする短期許容応力度よりも小さい値で押えられています。

＊　コンクリートに接続荷重を作用させると，コンクリートのひずみが時間とともに増大する現象。

2 章　鉄筋コンクリート部材の設計方法をマスターする章　　　57

表 2.3.3　異形鉄筋のコンクリートに対する許容付着応力度（N/mm²）（RC規準）

普通コンクリート	長　期		短　期
	上端筋	その他の鉄筋	
	$0.8 \times \left(\dfrac{F_c}{60} + 0.6 \right)$	$\dfrac{F_c}{60} + 0.6$	長期に対する1.5倍

[注]　1）　上端筋とは曲げ材にあってその鉄筋の下に300mm以上のコンクリートが打ち込まれる場合の水平鉄筋をいう。

　　　2）　F_cはコンクリートの設計規準強度（N/mm²）を表す。

　　　3）　本表の許容付着応力度は，16条，17条（ＲＣ規準）に規定される配筋による修正係数とあわせて使用される値である。

　　　4）　軽量コンクリートでは本表の値に0.8を乗じる。

2.4 手始めに，はりの主筋量を求めてみよう

手始めに，はりの主筋量の求め方を教えましょう。はりの主筋が，曲げモーメントに抵抗するための鉄筋であることは，1.3節で説明しましたので，もう御存知のはずです。はりの主筋量も（2.3.1）式の条件を満足するように決定すればよいわけです。（2.3.1）式の条件から鉄筋量を求めるためには，まず，曲げモーメントによってはり断面のコンクリートと鉄筋に生ずる応力度の求め方を知る必要があります。

〔**曲げモーメントによってはり断面のコンクリ
ートと鉄筋に生ずる応力度の求め方について**〕

説明を具体的にする意味で，図1.2.1の構造計算例で示したような単純ばりを例にとって説明します。図2.4.1(a)の単純ばりは，荷重を受けると図2.4.1(b)のように曲がり，断面の上側は縮み，下側は引張されます。即ち，上側は圧縮応力を受け，下側は引張応力を受けます。当然，はりの下側はコンクリートが引張されるので，きれつが入ります。断面の中間には，伸びも縮みもしないところ（中立軸）が生じます。断面に生ずる応力度は断面の縁に行くほど大きくなるので，コンクリートの最大圧縮応力度は圧縮縁に生じます。

図2.4.1(c)は，きれつの入った部分の断面（A－A断面）が曲げモーメントに抵抗する様子を示したものです。断面内では鉄筋の引張力とコンクリートの圧縮力（ただし，圧縮力の一部は圧縮鉄筋も負担しています）で抵抗するわけです。

すなわち，きれつ断面では，（2.4.1.a）式，（2.4.1.b）式が成立します。

作用曲げモーメント＝断面の抵抗曲げモーメント

$$M=Tj=Cj$$

$\cdots\cdots\cdots\cdots$（2.4.1. a）

2章 鉄筋コンクリート部材の設計方法をマスターする章

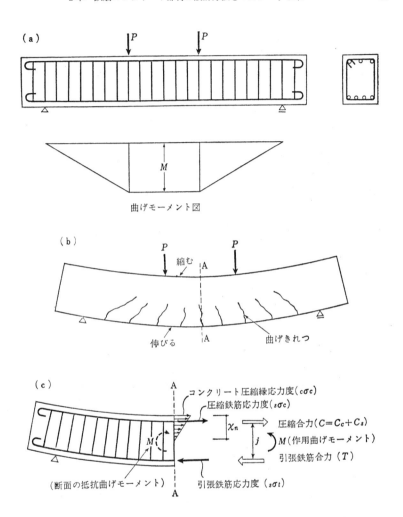

図2.4.1 鉄筋コンクリートばりが曲げモーメントを受けた時の断面の応力状態

$$\left. \begin{array}{l} C_c = \dfrac{1}{2} \cdot \chi_n \cdot b \cdot {}_c\sigma_c \\ C_s = a_c \cdot {}_s\sigma_c \\ T = a_t \cdot {}_s\sigma_c \end{array} \right\} \quad \cdots\cdots\cdots\cdots\cdots\cdots\cdots\cdots (2.4.1.\text{b})$$

T：引張鉄筋合力

C：圧縮合力（$=C_c+C_s$）

C_c：コンクリートの圧縮合力

C_s：圧縮鉄筋合力

j：応力中心間距離（$=\frac{7}{8}d$）

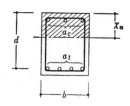

はり断面のコンクリートと鉄筋の応力度は（2.4.1.a）式，（2.4.1.b）式より（2.4.1.c）式で求められます。

図2.4.1の場合，上端鉄筋が圧縮鉄筋，下端鉄筋が引張鉄筋ということになります。

$$\left.\begin{array}{l} {}_c\sigma_c = \dfrac{M}{I_n}\chi_n \\[2mm] {}_s\sigma_c = \dfrac{M}{I_n}(\chi_n - d_c)\times n \\[2mm] {}_s\sigma_t = \dfrac{M}{I_n}(d - \chi_n)\times n \end{array}\right\} \quad \cdots\cdots\cdots\cdots\cdots\cdots (2.4.1.\text{c})$$

ここで，

$\quad {}_c\sigma_c$：コンクリートの圧縮縁応力度

$\quad {}_s\sigma_c$：圧縮鉄筋応力度

$\quad {}_s\sigma_t$：引張鉄筋応力度

$\quad M$：作用曲げモーメント

$\quad I_n$：中立軸に関する断面の等価断面二次モーメント

$\quad n$：ヤング係数比（$n=E_s/E_c$）

$\quad \chi_n$：中立軸距離

$\quad d$：有効せい（圧縮縁から引張鉄筋重心位置までの距離）

$\quad d_c$：圧縮縁から圧縮鉄筋重心位置までの距離

〔主筋量の求め方〕

主筋量は，（2.4.1.c）式のコンクリートと鉄筋の応力度と，（2.3.1）式の条件よ

図2.4.2 はりの断面計算図表

(a) $F_c=21$ 長期
$f_c=7$ $f_t=160,\ 200,\ 220$ $n=15$
(———) (……) (-----)

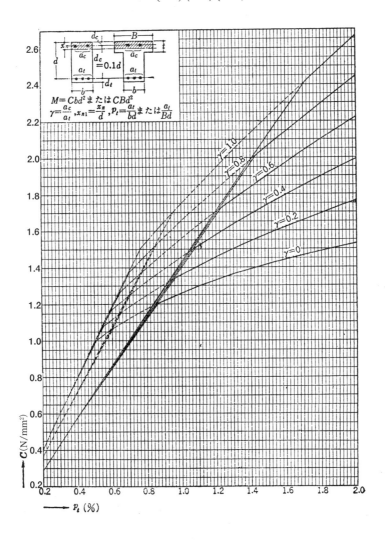

(b)　　　　　　　$F_c=21$　　　短期
　　$f_c=14$　　$f_t=235,\ 295,\ 345,\ 390$　　$n=15$
　　　　　　　(────) (‥‥) (────) (……)

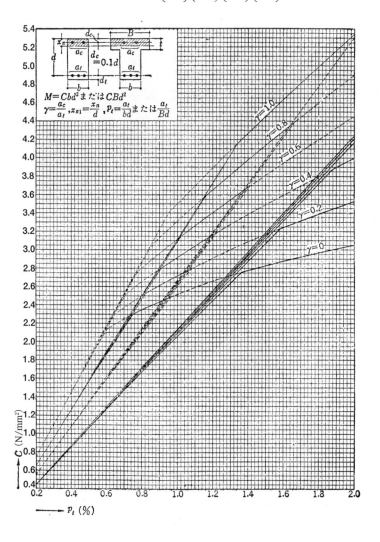

り，(2.4.2) 式の3つの式が同時に満足するように決定すればよいわけです。

(1) コンクリートについて　　$_c\sigma_c \leqq f_c$
(2) 引張鉄筋について　　　　$_s\sigma_t \leqq f_t$ ……………………… (2.4.2)
(3) 圧縮鉄筋について　　　　$_s\sigma_c \leqq _rf_c$

ここで，$_c\sigma_c$, $_s\sigma_t$, $_s\sigma_c$ はそれぞれ (2.4.1.c) 式の値

f_c：コンクリートの許容圧縮応力度

f_t：鉄筋の許容引張応力度

$_rf_c$：鉄筋の許容圧縮応力度

上記 (2.4.2) 式の3条件を同時に満足するような主筋量を手計算で求めるのは非常に繁雑ですから，通常は計算図表を用いて主筋量を求めます。図2.4.2(a)，(b)は，はり断面計算図表の一例で，コンクリート設計基準強度 $F_c=21\mathrm{N/mm^2}$ の場合の長期，短期設計用のものです。図2.4.2の実線，破線などの各種線は，使用する鉄筋種別によって使い分けます。例えば，ＳＤ295AおよびＳＤ295Bの場合は破線を用いればよいわけです。図2.4.3は，図2.4.2の図表を模式化して示したものですが，図中のA線は (2.4.2) 式中の(2)の条件から決まるものであり，B線は(1)の条件から決まるものです。(3)の条件は現行の材料ときめられた許容応力度，ヤング係数を用いる限り，(1)の条件で十分カバーされます。以上のことから上記3条件

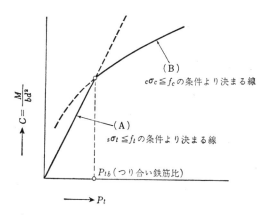

図2.4.3　はり断面計算図表の模式図

表2.4.1 はりの主筋量を求める計算手順

① 設計用曲げモーメント
   長期設計用曲げモーメント　M_L
   短期　　〃　　　〃　　　M_S

② 長期・短期設計用曲げモーメントそれぞれに対してM/bd^2を求める。
　　b：はり幅　　　　　　　　　　　　（曲げモーメント係数）
　　d：はり有効せい

③ 正負曲げモーメントの比率などから複筋比γを仮定する。
　これ以下の④〜⑤の計算は長期・短期設計用曲げモーメント別に行なう。

④ 計算図表の矢印の操作より補強する引張鉄筋比p_tを求める。

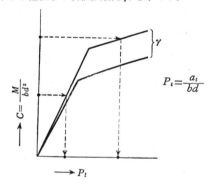

⑤ 主筋量を求める。
　　$a_t = p_t bd$
　　$a_c = \gamma p_t bd$
　　長期と短期の鉄筋量を比較し大きい方の鉄筋量を設計用として採用する。

⑥ 配筋図を書く。

を同時に満足する範囲は，図の太実線となります。このように，図2.4.2の計算図表中の各線は，いずれも主筋量を求めるための（2.4.2）式の3つの条件を同時に満足していることになりますから，図2.4.2の計算図表を用いて主筋量を求めることができるわけです。図2.4.3のＡ線とＢ線の交点の引張鉄筋比をつりあい鉄筋比（p_{tb}）といい，圧縮コンクリートと引張鉄筋が同時に許容応力度に達する点です。通常主筋量の計算は，図2.4.2の計算図表を用いて表2.4.1の計算手順に従って行ないます。

〔略算式による主筋量の求め方〕

曲げきれつの入ったはり断面では（2.4.1. a）式（2.4.1. b）式より，（2.4.3. a）式が成立します。

$$M=Tj=a_t \cdot {}_s\sigma_t \cdot j \cdots\cdots\cdots\cdots\cdots\cdots\cdots\cdots\cdots\cdots\cdots\cdots (2.4.3.\,a)$$

必要主筋量は（2.4.3. a）式で ${}_s\sigma_t=f_t$ になるように決定すればよいわけですから，必要主筋量は（2.4.3. b）式で求められます。即ち，（2.4.3. b）式が主筋量を求める略算式になります。

主筋量を求める略算式

$$a_t=\frac{M}{f_t \cdot j} \cdots\cdots\cdots\cdots\cdots\cdots\cdots\cdots\cdots\cdots\cdots\cdots (2.4.3.\,b)$$

（2.4.3. b）式だけの主筋量を補強しておけば，ちょうど ${}_s\sigma_t=f_t$ の条件を満足することになりますから，（2.4.2）式の(2)の条件を満足することになります。すなわち，（2.4.3. a）式は，図2.4.3の(A)線と一致します。

このことから，（2.4.3. b）式を用いて鉄筋量を求める場合には，求めた鉄筋比が図2.4.3に示したつりあい鉄筋比以下であることを確認しなければなりません。はりのつりあい鉄筋比は，図2.4.2より求めることができます。

〔はり主筋設計上の最小必要規定について〕

はり部材の主筋は，上述の計算より求められる主筋量はもちろんのこと，次の最小必要限度の規定（ＲＣ規準）も満足するように，配筋しなければなりません。

(1) 長期荷重時に正負最大曲げモーメントをうける部分の引張鉄筋断面積は，$0.004bd$ または存在応力によって必要とする量の4/3倍のうち，小さいほうの値以上とする。

(2) 主要なはりは，全スパンにわたり複筋ばりとする。ただし鉄筋軽量コンクリートばりの圧縮鉄筋断面積は，所要引張鉄筋断面積の0.4倍以上とする。

(3) 主筋は，異形鉄筋D13以上とする。

(4) 主筋のあきは，2.5cm以上，かつ異形鉄筋の径（呼び名の数値mm）の1.5倍以上とする。

(5) 主筋の配置は，特別の場合を除き，2段以下とする。

〔図1.2.1の計算例の解説〕

ここでは，図1.2.1の計算例の主筋量の求め方について解説しましょう。計算は，もちろん表2.4.1の手順に従って行なうことになります。図1.2.1の計算例は，構造計算の手順を皆さんに容易に理解してもらえるように，長期荷重のみが作用する（短期荷重の作用しない）例題になっていることをあらかじめ注意しておきます。実際の設計で，長期荷重のみを対象として設計するはりには，小ばりがあります。

① 設計用曲げモーメントは，部材のなかで最も大きいはり中央位置の値を採用する。
$M_L = 5.4 + 80 = 85.4$ kN·m （長期荷重時応力）

② M/bd^2 を求める
$b = 400$ mm
$d = 500$ mm $-$ 50 mm $= 450$ mm
$c = M/bd^2 = 8.54 \times 10^5$ kg·cm $/ (400 \times 450^2) = 1.06$ N/mm²

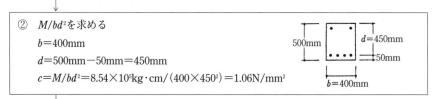

③ この例の場合，負曲げモーメントがないので，上端筋は必要ないわけですが，前述の最小必要規定の(2)により部材は全て複筋ばりにしなければならないので，ここではいちおう $\gamma = 0.5$ と仮定する。

2章 鉄筋コンクリート部材の設計方法をマスターする章　　67

④ コンクリートは$F_c=21$N/mm²，鉄筋はSD295Aであるから，必要引張鉄筋比は図
2.4.3(a)のはり計算図表のSD295A（……）を用いて，下図のような矢印の操作より

　　　$C=1.06$N/mm² $\longrightarrow p_t=0.60\%$

と求められる。

(a) 　　　　　　　　$F_c=21$　　　長　期

　　　$f_c=7$　　　$f_t=160$, 200 , 220　　　$n=15$

　　　　　　　　　　（——）（……）（-----）

⑤ 必要鉄筋量は

　　　$a_t=p_t bd=0.0060\times400\text{mm}\times450\text{mm}=1080\text{mm}^2$

　　　表2.2.3(b)より鉄筋径と鉄筋本数を決める。必要鉄筋量よりも少なめの配筋は不可。

　　　異形鉄筋を用いて4－D19（$a_t=1148$mm²）とする。

　　　また，上端筋は$\gamma=0.5$より2－D19とする。

⑥ 配筋図

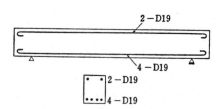

あばら筋の算定はまだ行なっていないのでここでは主筋のみを図示してある。

〔略算式で主筋量を求めてみる〕

$$a_t = \frac{M}{f_t \cdot j}$$

$M = 85.4 \text{kN} \cdot \text{m}$

$f_t = 200 \text{N/mm}^2$

$j = \frac{7}{8}d = \frac{7}{8} \times 450\text{mm} = 394\text{mm}$

$a_t = \frac{85.4 \times 10^6 \text{N} \cdot \text{mm}}{200 \text{N/mm}^2 \times 394\text{mm}} = 1080\text{mm}^2$

$p_t = 1080\text{mm}^2 / 400\text{mm} \times 450\text{mm} = 0.60\% < p_{tb} = 0.75\%$ （$\gamma = 0.5$ として

故に主筋量は $a_t = 1080\text{mm}^2$ でよい。　　　　　　図2.4.2(a)より）

以上の計算結果より略算式を用いて求めた主筋量は，図2.4.2の計算図表を用いて求めた主筋量と一致した値を示すことが判ります。

〔図1.5.1の計算例の解説〕

　図1.5.1の計算例は，長期および短期荷重時応力を受ける場合のものです。一般のラーメン骨組のはり主筋量の計算は，通常の場合，はり両端部とはり中央の3ヵ所の断面について行ないます。

　その理由は，一般のラーメン骨組では，はり端部で短期荷重時曲げモーメント

が最大になること，また，はり中央で長期荷重時曲げモーメントが最大になるためです。しかし，その他の断面でも曲げモーメントが特に大きくなる所では算定の必要があります。図1.5.1と見合せながら以下の説明を読んでください。

① 設計用曲げモーメント
両端部と中央の3ヵ所について計算を行なう。ただし，曲げモーメントが左右対称あるから，左半分のみを検討する。曲げモーメント図が下図のようになるから，設計用曲げモーメントは，下表のようになる。地震力は建物の左右から交互に作用するので水平荷重時曲げモーメント図は実線と破線の2種になる。

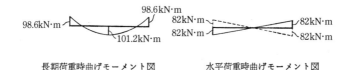

長期荷重時曲げモーメント図　　水平荷重時曲げモーメント図

短期荷重時曲げモーメント図

○ 実線は地震力が建物の左側から作用した時の曲げモーメント図。
○ 破線は地震力が右側から作用した時のもの。

短期荷重時曲げモーメント＝（長期荷重時曲げモーメント）＋（水平荷重時曲げモーメント）

	設計用曲げモーメント		左　　端	中　　央
長　期	M_L (kN·m)	上端 下端	−98.6* ——	—— 101.2
水　平	M_E (kN·m)	上端 下端	−82* +82	0 0
短　期	M_S (kN·m)	上端 下端	−180.6* ——	—— 101.2

＊ マイナスの記号は値がマイナスということではなく，曲げモーメントの符号である。曲げモーメントの符号は，通常下側が凸に曲がる場合をプラス（⌣ 下凸）上側が凸に曲がる場合をマイナス（⌢ 上凸）とする。断面計算では−Mに対して上端筋を，＋Mに対して下端筋を求めることになる。

② M/bd^2 を求める

$bd^2=300\text{mm}\times550^2\text{mm}=90.75\times10^6\text{mm}^3$

計算例中の算定表には，端部の短期，中央は長期の値しか書いていないが，それは結果だけを書いたためである。本当は下表のように長期と短期の両者について計算を行なう。

		端　部	中　央　部
長期　M/bd^2　(N/mm^2)	上端	1.09	——
	下端	——	1.12
短期　M/bd^2　(N/mm^2)	上端	1.99	——
	下端	——	1.12

③ γ の仮定

通常は $\gamma=0.5$ 程度に仮定する。

ここでも $\gamma=0.5$ とする。

④ p_t を表2.2.3(a)，(b)の計算図表より求める。

		端　部	中　央　部
長　期　p_t (%)	上端	0.61	——
	下端	——	0.63
短　期　p_t (%)	上端	0.76	——
	下端	——	0.42

⑤ 主筋量の算定

④の計算結果より採用する p_t は，長期・短期のうち最も不利なものを取る。

		端　部	中　央　部
p_t (%)	上端	0.76（短）	——
	下端	——	0.63（長）

上表より引張鉄筋量は次のように決定される。

		端　部	中　央　部
a_t (mm^2)	上端	$0.0076\times300\text{mm}\times550\text{mm}=1260\text{mm}^2$	$1040\times0.5=520\text{mm}^2$（$\gamma=0.5$）
	下端	$1260\times0.5=630\text{mm}^2$　（$\gamma=0.5$）	$0.0063\times300\text{mm}\times550\text{mm}=1040\text{mm}^2$

以上の結果より配筋を次のように決定する。

		端　　　部	中　　央　　部
配　筋	上端	3−D25　(a_t=1521mm^2)	2−D25　(a_e=1014mm^2)
	下端	2−D25　(a_e=1014mm^2)	3−D25　(a_t=1521mm^2)

⑥　配筋図

実際の配筋では，下図のように鉄筋を途中でカットして配筋する．例えばこの計算例でも，上端筋は端部で3−D25，中央で2−D25となるので，D25を1本だけ途中でカットして配筋することになる．下端筋もD25を1本途中でカットする．カットする位置については付着の検定や余長を考えて決めなければならない．

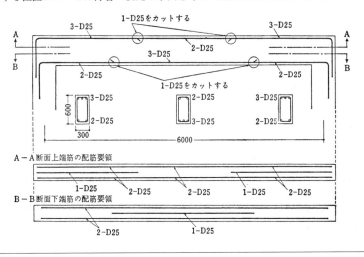

2.5 使用する鉄筋径および鉄筋本数は付着設計をして決める

図1.2.1の計算例を用いて具体的に説明しましょう。図1.2.1の計算例の必要主筋量は，$a_t=1080\text{mm}^2$と求められ，計算例では，異形鉄筋D19（鉄筋径19mm）を用いて設計しましたが，実は，必要主筋量$a_t=1080\text{mm}^2$を満足する鉄筋径と鉄筋本数の組合せは多数あります。例えば表2.2.3(b)より，図2.5.1に示した2－D32（$a_t=1588\text{mm}^2$），6－D16（$a_t=1194\text{mm}^2$）は，いずれも$a_t=1080\text{mm}^2$を満足しています。

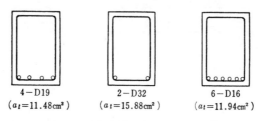

図2.5.1　どの鉄筋径を用いたらよいのか？

それでは，4－D19，2－D32，6－D16のうち，設計用の鉄筋径および鉄筋本数としてどれを採用すればよいのか，あるいはどの鉄筋径，鉄筋本数でもよいのかということが問題になりますが，鉄筋径，鉄筋本数は適当に決めてはならないのです。鉄筋径と鉄筋本数は，付着の検定をして決定しなければならないし，さらに鉄筋本数は施工性も考慮して鉄筋間のあきが充分とれるような本数としなければなりません。

i)　まず，付着の必要性を理解しよう

鉄筋コンクリートは1.3節vi)で述べたように，鉄筋とコンクリートが良く付着している必要があります。

ここでは，まず何故付着が必要なのかを簡単に説明しますので十分理解してく

ださい。

　例えば図2.5.2のようなはりがあったとしましょう。図2.5.2(a)のＡＢ区間を切り出して，Ａ断面とＢ断面に作用している応力状態を示したのが(b)です。(b)の引張鉄筋の部分だけを取り出して考えたのが(c)です。

　(c)のように，鉄筋は右側にdT $(T+dT-T=dT)$の力で引抜かれようとします。もし，付着がなければ，鉄筋は(d)のようにdTの力で右側の方へ飛んで行ってしまいます。しかし，鉄筋コンクリートの建物の中で鉄筋が飛んでいるのは見たこともありません。その理由は(e)のようにdTの力を付着力が支えているためです。

　このように，付着力は鉄筋コンクリートにおいては大変重要なものなのです。

　付着が何故必要なのかを，簡単に説明するために図2.5.2のような単純ばりを使

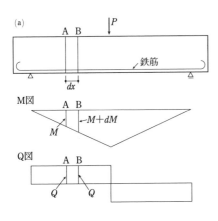

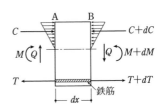

(b) 断面に作用している応力

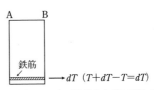

(c) dTの力が鉄筋を右側に引抜くように作用している。

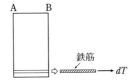

(d) もし，付着力がないと鉄筋はdTの力で右側へ飛んでいく。

(e) しかし，付着力があるのでdT＝付着力となって鉄筋は飛ばずにおさまっている。

図2.5.2　付着の必要性を理解しよう

用しましたが，付着は鉄筋とコンクリートが存在するかぎり必ず生じているものですから，図2.5.2で説明したことは，全ての骨組の全ての部分に当てはまることです．

ii) 付着力とは「コンクリートが鉄筋をつかまえている力」である

図2.5.3は図2.5.2(e)の図を立体的に示したものです．

図2.5.3(a)を見て分るように，鉄筋はコンクリートに包まれています．このように，鉄筋がコンクリートに包まれていて，はじめて付着力が発生します．このことは言葉を変えて表現すれば，鉄筋に生ずる付着力はコンクリートがあればこそであり，「付着力とは，コンクリートが鉄筋が抜け出さないようにつかまえている

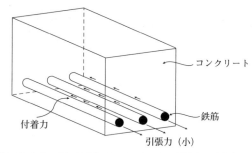

(a) 鉄筋はコンクリートに包まれていて，はじめて付着力が発生する．

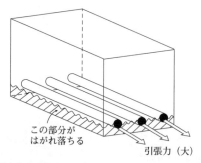

(b) 引張力が大きくなると，かぶりコンクリートがはがれ落ちコンクリートは鉄筋をつかまえられなくなり付着破壊を生じる．

図2.5.3 付着力とはコンクリートが鉄筋をつかまえている力

力」と言えます。即ち，付着力においてはコンクリートが主役ということになります。

鉄筋の引抜き力が小さいうちは図2.5.2(a)のように，コンクリートが鉄筋を十分つかまえていることができますが，鉄筋の引抜き力が大きくなると，コンクリートのつかまえている力にも限度があるので，コンクリートのつかまえている力が限度になった時点で付着破壊を起し，部材が破壊してしまいます。

このように，コンクリートのつかまえる力（付着強度）以内におさまるように設計しなければなりません。

iii) 何故付着強さには限界があるのか

付着力，即ち，コンクリートが鉄筋をつかまえている力にも限度があります。何故付着力の大きさに限度があるのかを説明しましょう。

最初に結論を言っておきます。「付着力の限度，即ち付着力強度はコンクリートのかぶりがはがれ落ちることによって決まります」

このことを説明したのが図2.5.4です。

コンクリートのかぶりがはがれ落ちるケースは大きく分けて2種類あります。1つは図2.5.4(a)のように断面のコーナ部分が三角形にはがれ落ちるケースです。もう1つは，(b)のように鉄筋の並びぞいにコンリートのかぶり全体がはがれ落ちるケースです。

一般に，コーナ部分のかぶりがはがれ落ちるような破壊のし方をコーナー割裂（コーナースプリット）と呼んでいます。

また，鉄筋の並びぞいにかぶり全体がはがれ落ちる破壊を側面割裂（サイドスプリット）と呼んでいます。

図2.5.4(a)のようなコーナースプリットは，太径の鉄筋を隅に配筋した時に発生しやすい破壊で，(b)のサイドスプリットは鉄筋を多数本一列に配筋した場合に発生しやすい破壊です。

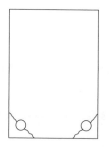
コーナーの斜め方向にひび割れが入る。

鉄筋の並びぞいに水平方向にひび割れが入る。

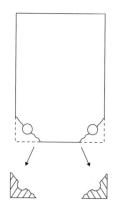
三角形部分のコンクリートかぶりがはがれ落ちる。

(a) コーナースプリット

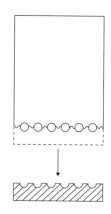
鉄筋ぞいにコンクリートかぶり全体がはがれ落ちる。

(b) サイドスプリット

図2.5.4　何故，付着強さには限界があるのか？

2章 鉄筋コンクリート部材の設計方法をマスターする章　　　77

それでは何故，このようなかぶりコンクリートの割裂が発生するのでしょうか。その理由は付着力が発生する機構にさかのぼらなければなりません。

図2.5.3のように鉄筋がコンクリートに包まれて鉄筋が引抜かれると付着力が発生するということは前述した通りです。

単に，「付着力が発生する」と書かれてみればそうだろうなと思ってしまいます。その思いは決して誤まってはいないのですが，それ以上のことは分らずじまいになってしまいます。全てのものがそうですが，「何故，付着力が発生するのだろう？」と，もう一歩進んで考えてみることは大変重要なことです。

図2.5.5(a)のように鉄筋が引抜かれたとします。図2.5.5(a)は図2.5.2(e)をそのまま再記したものです。

問題は図2.5.5(a)に示されている，鉄筋の引き抜き力に抵抗する付着力がどのようにして発生しているかです。

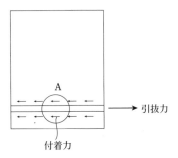
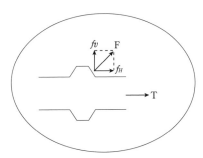

(a) 引抜力に抵抗する付着力　　(b) A部分の拡大。鉛直分力 f_V がかぶりをはがすように作用する。

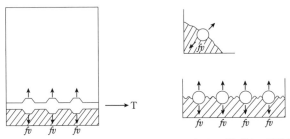

(c) かぶり部分が鉛直分力 f_V に抵抗でもなくなると，かぶりがはがれ落ち，破壊する。

図2.5.5　付着力の発生メカニズムとかぶりコンクリートの破壊

図2.5.5(b)は(a)のA部分を拡大して示したものです。異形鉄筋のふしの形状は山型をしており、決して直角ではありません。この山型の形状がコンクリートかぶりをはがれ落す主な原因なのです。もう少し、詳しく説明しましょう。

これまで単に付着力という表現をしてきたので、皆さんは、付着力とはコンクリートの表面と鉄筋の表面がセメントペーストで接着されて生じているのではないかと誤解されているのではないでしょうか。

異形鉄筋の付着力は、そのようなものではありません。

異形鉄筋のふし（突起）がコンクリートの中でくさび状に働き、支圧力によって鉄筋の引抜力に抵抗しているのです。

そのふしの抵抗状態を詳細に示したのが図2.5.5(b)です。

ふしの抵抗力は、山型の斜面に直角に働くFの力です。Fの力の水平方向の分力f_H（支圧力）は引抜力Tに抵抗します。しかし、Fにはもう一つ鉛直方向の分力f_Vがあります。このf_Vの分力が実はくせもので、コンクリートのかぶりを鉛直方向にはがすように作用します。コンクリートのかぶり部分がこの鉛直分力f_Vに抵抗できなくなった時点でかぶりがはがれ落ち、付着破壊が生じます。

iv）付着強さ（付着強度）を求めてみよう

付着強さ（付着強度）に、限度があるという話しは、図2.5.4で述べました。

ここでは、もう少し詳しく付着強度について解説しておます。そして、付着強度を求めてみることにしましょう。

それでは、まず図2.5.4をもう一度よく見てください。図2.5.4の断面には、せん断補強筋が入っていないことに気付くはずです。しかし、一般の図面は図2.5.6の示すようにせん断補強筋が入っています。

このせん断補強筋が付着強度の増強に役立つのです。役立つ理由は図2.5.7に示すように、せん断補強筋に引張力が作用し、その引張力が鉄筋をコンクリートに押しつ

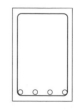

一般の断面にはせん断補強筋が入っている。

図2.5.6　一般の断面

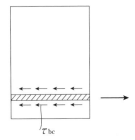

(a) コンクリートによる付着強度（τ_{bc}）

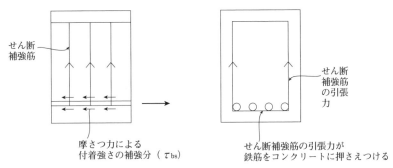

(b) せん断補強筋の引張力による付着強さの増強分（τ_{bs}）

図2.5.7　コンクリートによる付着強度とせん断補強筋による付着強さの増強

ける役目をします。鉄筋がせん断補強によってコンクリートに押しつけられると，鉄筋とコンクリートの間には摩さつ力が働きます。この摩さつ力が付着強度を増強させる働きをします。

即ち，付着強度は（2.5.1）式に示すように，コンクリートかぶりによる付着強さとせん断補強筋による増強分を加算したものということになります。

$$
\begin{aligned}
\text{付着強度}（\tau_u）&=（\text{コンクリートによる付着強さ}）\\
&\quad +（\text{せん断補強筋による付着強さの増強分}）\\
&= \tau_{bc}+\tau_{bs} \quad\cdots\cdots\cdots\cdots\cdots\cdots\cdots\cdots\cdots\cdots\cdots\cdots (2.5.1)
\end{aligned}
$$

コンクリートかぶりによる付着強さは（2.5.2）式で求められます。

$$\tau_{bc}=\left(0.3\frac{C}{d_b}+0.4\right)\left(\frac{F_c}{40}+0.9\right) \cdots\cdots\cdots\cdots\cdots\cdots\cdots\cdots (2.5.2)$$

ここで

　c：鉄筋間のあき，もしくは最小かぶり厚さの3倍のうちの小さいほうで，鉄筋径の5倍を超える値としてはならない。

　d_b：主筋径

　F_c：コンクリートの設計基準強度

また，せん断強補強筋による付着強さの増強分は（2.5.3）式で求められます。

$$\tau_{bs}=\left(0.3\frac{W}{d_b}\right)\left(\frac{F_c}{40}+0.9\right) \cdots\cdots\cdots\cdots\cdots\cdots\cdots (2.5.3)$$

（2.5.2）式と（2.5.3）式を加算して，付着強度は（2.5.4）式で求められます。

$$\tau_u=\tau_{bc}+\tau_{bs}$$
$$=\left\{0.3\left(\frac{C+W}{d_b}\right)+0.4\right\}\left(\frac{F_c}{40}+0.9\right) \cdots\cdots\cdots\cdots (2.5.4)$$

$$W=80\frac{A_{st}}{S\times N} \cdots\cdots\cdots\cdots\cdots\cdots\cdots\cdots\cdots (2.5.5)$$

ここで

　W：付着割裂面を横切るせん断補強筋効率を表わす換算長さで，（2.5.5）式から求める。但し，鉄筋径の2.5倍を超える値としてはならない。

　A_{st}：当該鉄筋列の想定される付着割裂面を横切る1組のせん断補強筋全断面積

　N：当該鉄筋列の想定される付着割裂面における鉄筋本数

　S：せん断補強筋の間隔

　（2.5.4）式を一般に（2.5.6）式のように表わします。

2章 鉄筋コンクリート部材の設計方法をマスターする章　　　　81

$$\tau_u = K \cdot f_b \quad \cdots\cdots\cdots\cdots\cdots\cdots\cdots\cdots\cdots\cdots\cdots\cdots\cdots\cdots\cdots\cdots\cdots\cdots\cdots\cdots (2.5.6)$$

(2.5.6) 式のKおよびf_bは長期荷重時と短期荷重時で次のよう使い別けます。

長期荷重時

$$K = 0.3 \frac{c}{d_b} + 0.4 \quad \cdots\cdots\cdots\cdots\cdots\cdots\cdots\cdots\cdots\cdots\cdots\cdots\cdots\cdots\cdots (2.5.7)$$

f_b：長期許容付着応力度

$K \leqq 2.5$

短期荷重時

$$K = 0.3 \left(\frac{C+W}{d_b} \right) + 0.4 \quad \cdots\cdots\cdots\cdots\cdots\cdots\cdots\cdots\cdots\cdots\cdots (2.5.8)$$

f_b：短期許容付着応力度

$K \leqq 2.5$

図2.5.1に示した3種の配筋における付着強度を求めてみることにしましょう。
以下においては短期荷重時，として求めてみます。

①

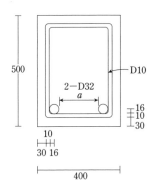

短期荷重時

$F_c = 21 \text{N/mm}^2$

鉄筋間のあき　$a = 400\text{mm} - 40\text{mm} \times 2 - 32\text{mm} \times 2$
　　　　　　　　　$= 256\text{mm}$

最小かぶり厚さの3倍 $= 40\text{mm} \times 3 = 120\text{mm}$

鉄筋径の5倍 $= 32\text{mm} \times 5 = 160\text{mm}$

$c = 120\text{mm}$（最小値を採用）

cが最小かぶり厚さの3倍で決まるということは

この断面はコーナー割裂で付着破壊することを意味しています。

$$W=80\,\frac{A_{st}}{S\times N}=80\,\frac{144mm^2}{200mm\times 2}=28.6mm$$

$A_{st}=2\times D10=143mm^2$

$N=2$

$S=200mm$とする。

$$K=0.3\left(\frac{C+W}{d_b}\right)+0.4$$

$$\quad=0.3\left(\frac{120mm+28.6mm}{32mm}\right)+0.4$$

$$\quad=0.3\times 4.64+0.4=1.39+0.4$$

$$\quad=1.79<2.5\cdots\cdots\cdots\cdots\cdots\cdots\cdots\cdots\cdots OK$$

$$f_b=（短期，下端）=\left(\frac{Fc}{60}+0.6\right)\times 1.5$$

$$\quad=\left(\frac{21}{60}+0.6\right)\times 1.5=（0.35+0.6）\times 1.5$$

$$\quad=1.43N/mm^2$$

$$\tau_u=K\cdot f_b=1.79\times 1.43N/mm^2=2.56N/mm^2$$

②

鉄筋間のあき　$a=\dfrac{400mm-40mm\times 2-19mm\times 4}{3}$

$\quad\quad\quad\quad\quad\quad=81.3mm$

最小かぶり厚さの3倍＝40mm×3＝120mm

鉄筋径の5倍＝19mm×5＝95mm

c＝81.3mm（最小値を採用）

cが鉄筋間のあきで決まるということは，この断面はサイド割裂で付着破壊することを意味しています。

$W = 80 \dfrac{A_{st}}{S \times N} = 80 \dfrac{143 mm^2}{200mm \times 4} = 14.3mm$

$A_{st} = 2 \times D10 = 143mm^2$

$N = 4$

$S = 200mm$ とする。

$K = 0.3 \left(\dfrac{C+W}{d_b} \right) + 0.4$

$\quad = 0.3 \left(\dfrac{81.3mm + 14.3mm}{19mm} \right) + 0.4$

$\quad = 0.3 \times 5.03 + 0.4 = 1.90 < 2.5$ ……………………………… OK

$f_b =$ (短期, 下端) $= 1.43 N/mm^2$

$\tau_u = K \cdot f_b = 1.90 \times 1.43 N/mm^2 = 2.72 N/mm^2$

③

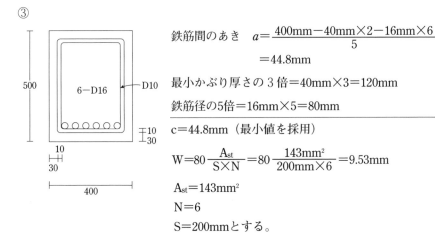

鉄筋間のあき　$a = \dfrac{400mm - 40mm \times 2 - 16mm \times 6}{5}$

$\qquad\qquad\qquad = 44.8mm$

最小かぶり厚さの3倍 $= 40mm \times 3 = 120mm$

鉄筋径の5倍 $= 16mm \times 5 = 80mm$

$c = 44.8mm$ （最小値を採用）

$W = 80 \dfrac{A_{st}}{S \times N} = 80 \dfrac{143mm^2}{200mm \times 6} = 9.53mm$

$A_{st} = 143mm^2$

$N = 6$

$S = 200mm$ とする。

$K = 0.3 \left(\dfrac{C+W}{d_b} \right) + 0.4$

$\quad = 0.3 \left(\dfrac{44.0mm + 9.53mm}{16mm} \right) + 0.4$

$\quad = 0.3 \times 3.40 + 0.4 = 1.42 < 2.5$ ……………………………… OK

$f_b=$（短期，下端）$=1.43\text{N/mm}^2$

$\tau_u=K\cdot f_b=1.42\times1.43\text{N/mm}^2=2.03\text{N/mm}^2$

以上の計算より，3つの断面の付着強度は図2.5.8のようになり，6-D16で配筋したものが，付着強度が最も不利になることが分ります。

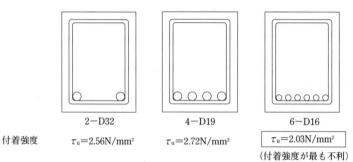

	2-D32	4-D19	6-D16
付着強度	$\tau_u=2.56\text{N/mm}^2$	$\tau_u=2.72\text{N/mm}^2$	$\tau_u=2.03\text{N/mm}^2$

（付着強度が最も不利）

図2.5.8　どれが付着強度が最も不利でしょう？

v)　付着設計の方法

付着強度の求め方は分ったでしょうか。付着強度の求め方が理解できたら，次は，その付着強度を用いていよいよ付着設計に入ります。

即ち，使用する主筋の鉄筋径および鉄筋本数は以下の付着設計を行って最終的に決定します。

① 必要付着長さの求め方

付着設計にいきなり入ると分らなくなる可能性もありますので，次のようなことを簡単に考えてみましょう。

図2.5.8では3つの断面について付着強度を求めてみました。その3つの断面が，いまそれぞれ200mmの長さの部材であったとしましょう。

その状態を示したのが図2.5.9です。図2.5.9の寸法のプロポーションが多少おかしいのですががまんしてください。

図2.5.9のA断面，B断面，C断面の鉄筋をT_A，T_B，T_Cで引張したとします。

2章 鉄筋コンクリート部材の設計方法をマスターする章

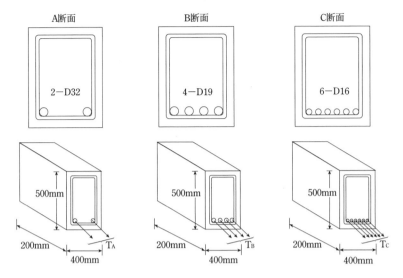

図2.5.9 付着強度で決まるT_A, T_B, T_Cはいくらか？

部材長さが20mmしかありませんから，鉄筋の引張力は付着破壊で決まるはずです。

求め方はA～C断面とも同じ順序で求められますから，A断面について詳しく説明します。

A断面の鉄筋の付着強度は前述のiv）より次のようになります。

付着強度＝2.56N/mm²

この付着強度は1mm²単位面積当りの応力度で示されていますので，付着長さ区間（ℓ_{d0}）で働く全付着力は（2.5.9）式で求められることになります。

$$\begin{bmatrix}付着長さ区間\\で働く付着力\end{bmatrix} = （付着強度）\times（付着長さ区間の鉄筋の表面積） \quad\quad (2.5.9)$$

（2.5.9）式は（2.5.10）式のように表わされます。

付着力＝（付着強度）×（付着長さ区間の鉄筋の表面積）
　　　＝$\tau_u \times (\Psi \times \ell_{d0})$ ……………………………………… (2.5.10)

86

（2.5.6）式より

$\tau_u = K \cdot f_b$

であるから，（2.5.10）式に代入すると付着力は（2.5.11）式として求められます。

付着力＝（$K \cdot f_b$）×（$\Psi \times \ell_{d0}$）……………………………………（2.5.11）

以上のことが分かれば，（2.5.11）式より図2.5.9の200mm区間での付着力は簡単に次のように求められることが分ります。

A断面

$\tau_u = K \cdot f_b = 2.57 \text{N/mm}^2$

$\Psi = 2 - D32 = 200\text{mm}$

$\ell_{d0} = 200\text{mm}$

$T_A = $付着力$= 2.57 \text{N/mm}^2 \times 200\text{mm} \times 200\text{mm}$

$\quad = 102.8\text{kN}$

B断面

$\tau_u = K \cdot f_b = 2.72 \text{N/mm}^2$

$\Psi = 4 - D19 = 240\text{mm}$

$\ell_{d0} = 200\text{mm}$

$T_B = $付着力$= 2.72 \text{N/mm}^2 \times 240\text{mm} \times 200\text{mm}$

$\quad = 130.6\text{kN}$

C断面

$\tau_u = K \cdot f_b = 2.03 \text{N/mm}^2$

$\Psi = 6 - D16 = 300\text{mm}$

$\ell_{d0} = 200\text{mm}$

T_C=付着力=2.03N/mm²×300mm×200mm
　　　=121.8kN

以上のことをまとめて示したのが図2.5.10です。図2.5.10には図2.5.8の付着強度も同時に示してあります。

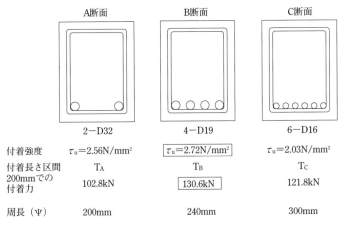

図2.5.10　T_A，T_B，T_Cの解答

図2・5・10から分るように，付着に有利な設計をするためには，基本的には付着強度が大きくなるような，鉄筋径と鉄筋本数の選択が重要です。

以上のことが理解できれば，必要付着長さ（ℓ_{db}）が次のように求められることは分るはずです。

必要付着長さ（ℓ_{db}）とは，鉄筋に作用する引張力Tを付着力で止めておくのに必要な長さのことです。

このことを式で表わすと（2.5.12）式のようになります。

［鉄筋に作用する引張力T］＝［必要付着長さ（ℓ_{db}）での付着力］… (2.5.12)

$T = \sigma_t \cdot A_s$ ……………………………………………………………… (2.5.13)

ここで

σ_t：鉄筋の存在応力度

A_s：鉄筋の全断面積

付着力＝$(K \cdot f_b) \times (\Psi \cdot \ell_{db})$ ……………………………………… (2.5.14)

(2.5.13) 式，(2.5.14) 式より必要付着長さ (ℓ_{db}) は (2.5.15) 式で求められます。

$\sigma_t \cdot A_s = (K \cdot f_b) \times (\Psi \cdot \ell_{db})$

∴ $\ell_{db} = \dfrac{\sigma_t \cdot A_s}{K \cdot f_b \cdot \Psi}$ ……………………………………………………… (2.5.15)

② 付着長さの求め方

必要付着長さ (ℓ_{db}) が (2.5.15) 式で求められましたので，それ以上のことは必要ないように思いますが，そうもいきません。

何故，そうもいかないのかを説明しましょう。簡単に図2.5.11の単純ばりで説明します。

図2.5.11の単純ばりの中央に荷重が作用すると，(a)のような曲げモーメントが生じます。

その曲げモーメントに対してはりにひび割れが生じない場合には鉄筋の引張存

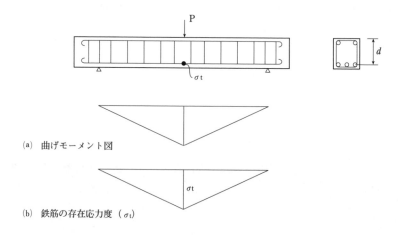

(a) 曲げモーメント図

(b) 鉄筋の存在応力度 (σ_t)

2章 鉄筋コンクリート部材の設計方法をマスターする章　　　　89

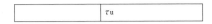

(c) 付着応力の分布

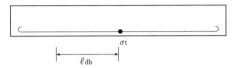

(d) 必要付着長さ（ℓ_{db}）で十分な場合

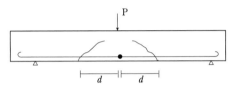

(e) ひび割れが発生した状態

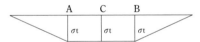

(f) 鉄筋の存在応力度の分布

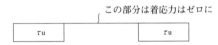

(g) 付着応力の分布

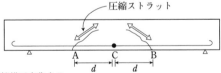

(h) せん断力の伝達機構が変化する。

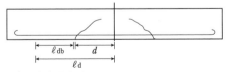

(i) 付着長さ（ℓ_d）は（$\ell_{db}+d$）となる。

図2.5.11　付着長さ（ℓ_d）の考え方

在応力度（σ_t）は曲げモーメントに比例して(b)のような分布になります。

付着応力は鉄筋の存在応力σ_tの勾配（即ち，せん断力の大きさ）によって生じますから，付着応力の分布は(c)のようになります。

このように，はりにひび割れが発生せず付着応力がはり全長にわたって生じている場合には(e)のように（2.5.15）式から求められる必要付着長さ（ℓ_{db}）以上の付着長さを確保してあれば付着に対しては十分安全な設計であるといえます。

しかし，RCのはりでは荷重Pが大きくなると，必ず断面にひび割れが発生します。

その状態を示したのが図2.5.11(e)です。ひび割れは鉄筋の最大存在応力の位置から有効せい d 離れた所から生ずる場合が多い。

その時の鉄筋の存在応力度（σ_t）の分布は(f)のようになります。

その場合の付着応力の分布は(g)のように(c)の場合とは異なった分布を示します。その理由は，A～B区間において鉄筋の存在応力が同一の値を示すためです。付着応力は鉄筋の応力の勾配ですから，勾配のないA～B区間では付着応力がゼロになるという不思議な現象が起ります。

この現象はコンクリートが壊われるなどということが原因ではなく，ひび割れの発生によって(h)のように，せん断力の伝達機構が変化するためです。即ち，ひび割れが入る前は，各断面がせん断力を負担していたのですが，ひび割れが発生することによりコンクリートに圧縮ストラットが発生し，その圧縮ストラットがせん断力を負担することになるため，AC区間およびBC区間は鉄骨トラスと同様，鉄筋が引張弦材となり，圧縮ストラットがラテス材を形成することになるわけです。

そこで，付着長さ（ℓ_d）は，付着のない d の部分を除いておかないといけないので，（2.5.16）式として求めます。

付着長さ（ℓ_d）

$$\ell_d = \ell_{db} + d \hspace{3cm} (2.5.16)$$

ℓ_{db}：必要付着長さ

2章 鉄筋コンクリート部材の設計方法をマスターする章　　91

　図2.5.12は単純ばりではなく，一般的な骨組のはり材端での付着長さ（ℓ_d）の求め方を示したものです。

　図2.5.12も図2.5.11の単純ばりの場合と同様の考え方で付着長さ（ℓ_d）を求めることができます。

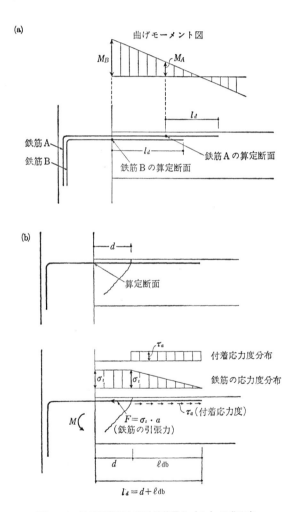

図2.5.12　はり材端における付着長さ（ℓ_d）の求め方

③ いよいよ付着設計に入ります。

付着設計の計算手順を表2.5.1に示しました。

具体的に図1.2.1の計算例をやってみましょう。

[図1.2.1の計算例の解説]

　この例題の場合は主筋の最大応力は中央部の下端筋のA点に生ずるのでA点の存在応力（σ_t）を付着するのに必要な付着長さ（ℓ_d）が1500mmのスパン内に収まっていることを検定すればよいことになります。

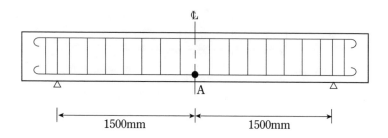

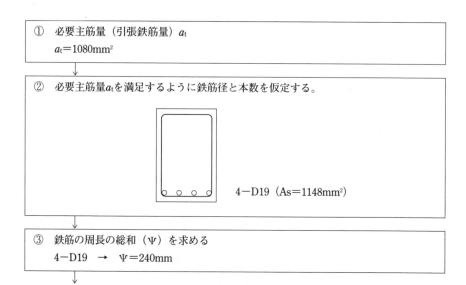

① 必要主筋量（引張鉄筋量）a_t
　　$a_t = 1080mm^2$

② 必要主筋量a_tを満足するように鉄筋径と本数を仮定する。

　　　4-D19（As=1148mm^2）

③ 鉄筋の周長の総和（Ψ）を求める
　　4-D19　→　Ψ=240mm

2章 鉄筋コンクリート部材の設計方法をマスターする章   93

④ 主筋の存在応力度（σ_t）を求める。
長期荷重時の例ですから，σ_tを長期許容引張応力度と仮定します。（この仮定は安全側の仮定になります）
$\sigma_t = f_t = 200\text{N/mm}^2$（SD295A）

⑤ 許容付着応力度を求める。（$F_c = 21\text{N/mm}^2$）長期，下端筋ですから
$f_b = \dfrac{F_c}{60} + 0.6 = \dfrac{21}{60} + 0.6$
$= 0.95\text{N/mm}^2$

⑥ せん断補強筋を決める，せん断補強筋はD10を150mmピッチとします。

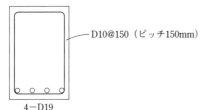

D10@150（ピッチ150mm）

4－D19

（実はこの例題は長期荷重時の例ですから，せん断補強筋を決める必要はないのですが，短期荷重時のことも考えて，一応書いておきます）

⑦ 修正係数Kを求める。
断面のコンクリートかぶりは下図のとおりです。

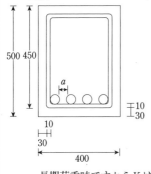

$d = 500\text{mm} - 30\text{mm} - 10\text{mm} - 19\text{mm}/2$
$= 450.5\text{mm} \rightarrow 450\text{mm}$として計算する。

鉄筋間のあき　$a = \dfrac{400\text{mm} - 40\text{mm} \times 2 - 19\text{mm} \times 4}{3}$
$= 81.3\text{mm}$

最小かぶり厚さの3倍 $= 40\text{mm} \times 3 = 120\text{mm}$
鉄筋径の5倍 $= 19\text{mm} \times 5 = 95\text{mm}$
$c = 81.3\text{mm}$（最小径を採用）

長期荷重時ですからKは（2.5.7）式を用います。
$K = 0.3 \dfrac{c}{d_b} + 0.4 = 0.3 \dfrac{81.3\text{mm}}{19\text{mm}} + 0.4$
$= 0.3 \times 4.28 + 0.4 = 1.28 + 0.4$
$= 1.68 < 2.5 \cdots\cdots\cdots\cdots\cdots\cdots\cdots\cdots\cdots\cdots\cdots\cdots$ OK

⑧ 必要付着長さ（ℓ_{db}）を求める。

$$\ell_{db} = \frac{\sigma_t A_s}{K \cdot f_b \cdot \Psi} = \frac{200\text{N/mm}^2 \times 1148\text{mm}^2}{1.68 \times 0.95\text{N/mm}^2 \times 240\text{mm}}$$
$$= 229600\text{N}/383\text{N/mm}$$
$$= 599\text{mm}$$

⑨ 付着長さ（ℓ_d）を求める。

$\ell_d = \ell_{db} + d$
$= 599\text{mm} + 450\text{mm} = 1049\text{mm}$

⑩ 付着長さがOKかを検定する。

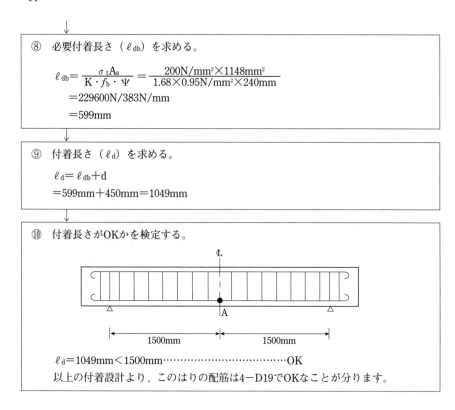

$\ell_d = 1049\text{mm} < 1500\text{mm}$ ……………………………… OK

以上の付着設計より，このはりの配筋は4－D19でOKなことが分ります。

[図1.5.1の計算例の解説]

　図1.5.1の例題のはりの配筋は下図のようになっています。ここでは，はり材端の上端筋（B－B断面）の付着設計について示します。勿論中央部下端筋についても付着設計は必要ですから，この解説を参考にして各自計算してみてください。

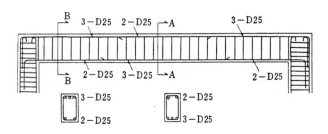

2章　鉄筋コンクリート部材の設計方法をマスターする章　　　95

① 必要主筋量a_tを求める。

a_t (mm²)		端　　　部	中　　　央
	上端	1260mm²	——
	下端	——	1040mm²

↓

② 必要主筋量a_tを満足するように鉄筋径と本数を仮定する。

配　　　筋		端　　　部	中　　　央
	上端	3－D25（As＝1521mm²）	2－D25
	下端	2－D25	3－D25（As＝1521mm²）

↓

③ 鉄筋の周長の総和（Ψ）を求める。

配　　　筋		端　　　部	中　　　央
	上端	3－D25（ψ＝240mm）	2－D25
	下端	2－D25	3－D25（ψ＝240mm）

↓

④ 主筋の存在応力度（σ_t）を求める。

短期荷重時について検討するので，σ_tを短期許容引張応力度と仮定する（この仮定は安全側の仮定になります）

$\sigma_t＝f_t＝295$N/mm²（SD295A）

↓

⑤ 許容付着応力度を求める（Fc＝21N/mm²）

短期，上端筋であるから（端部の上端筋につい検定する）

$$f_b＝0.8\left(\frac{Fc}{60}＋0.6\right)×1.5$$

$$＝0.8\left(\frac{21}{60}＋0.6\right)×1.5$$

$$＝0.8\ (0.95)\ ×1.5＝1.14\text{N/mm}²$$

↓

⑥　せん断補強筋を決める。
　　せん断補強筋はD10を200mmピッチで配筋する。

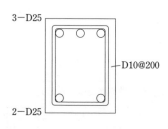

⑦　せん断補強筋による修正係数Kを求める。
　　断面のコンクリートかぶりは下図のとおりとする。

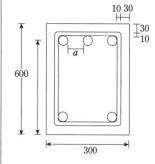

$d = 600mm - 30mm - 10mm - 25mm/2$
$\quad = 548mm → 550mm$ として計算している。

鉄筋間のあき　$a = \dfrac{300mm - 40mm \times 2 - 25mm \times 3}{2}$
$\qquad\qquad\qquad = 72.5mm$

最小かぶり厚さの3倍 $= 40mm \times 3 = 120mm$
鉄筋径の5倍 $= 25mm \times 5 = 125mm$

$c = 72.5mm$

短期荷重時ですからKは（2.5.8）式を用います。

$K = 0.3 \left(\dfrac{C+W}{d_b} \right) + 0.4$
$A_{st} = 2 \times D10 = 143mm^2$
$N = 3$
$S = 200mm$
$W = 80 \dfrac{A_{st}}{S \times N} = 80 \dfrac{143mm^2}{200mm \times 3} = 19.1mm$
$K = 0.3 \left(\dfrac{C+W}{d_b} \right) + 0.4$
$\quad = 0.3 \left(\dfrac{72.5mm + 19.1mm}{25mm} \right) + 0.4$
$\quad = 0.3\ (3.66) + 0.4 = 1.50 < 2.50$ ……………………OK

⑧ 必要付着長さ（ℓ_{db}）を求める。

$$\ell_{db} = \frac{\sigma_t \cdot A_s}{K \cdot f_b \cdot \Psi} = \frac{295\text{N/mm}^2 \times 1521\text{mm}^2}{1.50 \times 1.14\text{N/mm}^2 \times 240\text{mm}}$$

$$= 448695\text{N}/410.4\text{N/mm} = 1094\text{mm}$$

⑨ 付着長さ（ℓ_d）を求める。

$\ell_d = \ell_{db} + d = 1094\text{mm} + 550\text{mm}$

　$= 1644\text{mm}$

⑩ 付着長さがOKかを検定する。

下図のように3-D25のうち，2本は通し鉄筋になっているので問題ない，残りの1本は途中でカットオフするので，その長さを1700mmとする。

1700mm＞1644mm……………………………OK

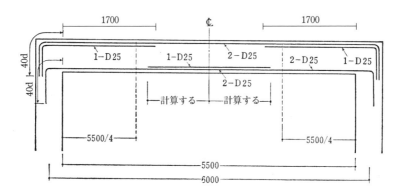

勿論，中央部分下端についても付着の検討が必要であり，カットオフ筋の付着長さは計算のうえ決める必要がある。

表2.5.1 付着設計の計算手順
（鉄筋径および鉄筋本数の決定）

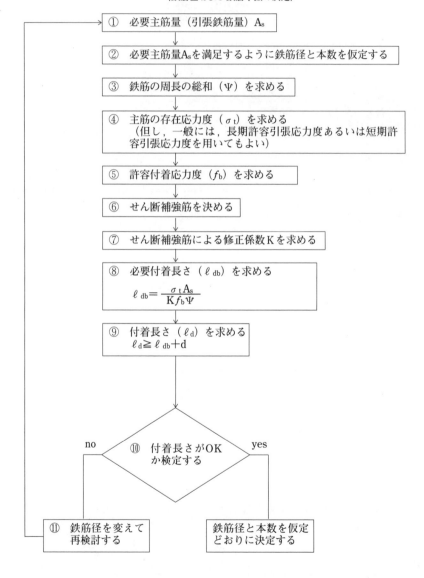

2.6 柱の主筋量の求め方

　柱の主筋量も，2.4節で述べたはりの場合と同様，2.3節の「鉄筋量の求め方」に関する基本的な考え方に従って算定することになります。即ち，(2.3.1) 式の条件を用いて求めるわけです。そのためには，柱断面のコンクリートと鉄筋に生ずる応力度の求め方を知っておく必要があります。以下にそれらの応力度の求め方を説明しましょう。

〔曲げモーメント，軸力によって柱断面のコンクリートと鉄筋に生ずる応力度の求め方について〕

　はりに作用する軸力は比較的小さいので，はりの主筋量を求める場合は軸力を無視して計算を行いました。しかし，柱に作用する軸力は非常に大きいので，柱の主筋量を求める場合は，軸力を無視できません。一定の曲げモーメントが作用している柱断面で，軸力の大きさが変化した場合の柱断面の応力分布は，図2.6.1のように変化します。図2.6.1(a)，(b)から判るように，軸力が非常に大きい場合は，全断面が圧縮応力を受けることになり，コンクリートに引張きれつが生じません。しかし，軸力が小さいと(c)(d)のように，はりの場合と同様，引張応力が生じ，コ

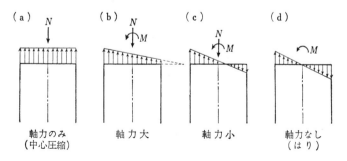

図2.6.1　軸力の大きさの違いによる柱の応力分布の相違

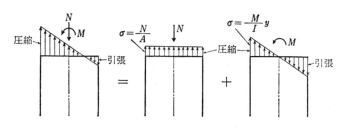

図2.6.2　柱断面応力の求め方

ンクリートにきれつが生じます。このように柱断面の曲げ性状は，軸力の大きさによって大きく異なります。柱断面の応力は，図2.6.2のように，軸力のみによる応力と曲げモーメントのみによる応力（はり断面の応力）とに分けて考えることができます。すなわち，柱断面の応力度は（2.6.1）式で求められます。

$$\sigma = \frac{N}{A} \pm \frac{M}{I} y \quad \cdots\cdots\cdots\cdots\cdots\cdots\cdots\cdots\cdots\cdots\cdots\cdots\cdots (2.6.1)$$

以上のことを考慮して，鉄筋コンクリート柱断面のコンクリートおよび鉄筋の応力度を求めると，(2.6.2) 式〜 (2.6.4) 式になります。図2.6.3は，鉄筋コンクリート柱断面のひずみ度および応力度分布の一例を示したものです。

$$_c\sigma_c = \frac{N}{S_n} \chi_n \quad \cdots\cdots\cdots\cdots\cdots\cdots\cdots\cdots\cdots\cdots\cdots\cdots\cdots (2.6.2)$$

$$_s\sigma_c = \frac{N}{S_n} (\chi_n - d_c) \times n \quad \cdots\cdots\cdots\cdots\cdots\cdots\cdots\cdots\cdots (2.6.3)$$

$$_s\sigma_t = \frac{N}{S_n} (D - \chi_n - d_t) \times n \quad \cdots\cdots\cdots\cdots\cdots\cdots\cdots (2.6.4)$$

χ_n は（2.6.5）式で求めます。

$$\chi_n - \frac{D}{2} + e = I_n / S_n \quad \cdots\cdots\cdots\cdots\cdots\cdots\cdots\cdots\cdots\cdots (2.6.5)$$

$$e = M/N$$

ここで，$_c\sigma_c$：コンクリート圧縮縁応力度
　　　　$_s\sigma_c$：圧縮鉄筋応力度
　　　　$_s\sigma_t$：引張鉄筋応力度

N：作用軸方向力

M：作用曲げモーメント

D：柱全せい

d_c：圧縮縁から圧縮鉄筋重心位置までの距離

d_t：引張縁から引張鉄筋重心位置までの距離

x_n：中立軸距離

n：ヤング係数比

S_n：中立軸に関する等価断面一次モーメント

I_n：中立軸に関する等価断面2次モーメント

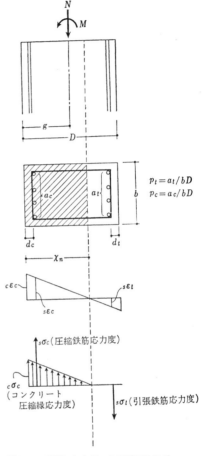

図2.6.3 鉄筋コンクリート柱断面のひずみ度および応力分布

〔主筋量の求め方〕

柱の主筋量は，はりの場合と同様，(2.3.1) 式の条件，即ち (2.6.6) 式の3条件を同時に満足するように決定しなければなりません。

(1) コンクリートについて　$_c\sigma_c \leqq f_c$
(2) 引張鉄筋について　$_s\sigma_t \leqq f_t$
(3) 圧縮鉄筋について　$_s\sigma_c \leqq _rf_c$

　　　　　　　　　　　　　　　　　　　(2.6.6)

ここで，$_c\sigma_c, _s\sigma_t, _s\sigma_c$ はそれぞれ (2.6.2)，(2.6.3)，(2.6.4) 式の値

f_c：コンクリートの許容圧縮応力度

f_t：鉄筋の許容引張応力度

$_rf_c$：鉄筋の許容圧縮応力度

(2.6.6) 式の3条件を同時に満足する主筋量を (2.6.2) ～ (2.6.5) 式から直接求めるのは計算が非常に繁雑ですから，はりの場合と同様，計算図表を用いて，主筋量の算定を行ないます。図2.6.4(a)(b)は計算図表の一例です。コンクリート強度 $F_c=21N/mm^2$，鉄筋ＳＤ295Ａ（ＳＤ295Ｂ）の場合の長期，短期設計用のものです。図2.6.5は，図2.6.4の特定の p_t における図表を模式化して示したものですが，図中Ａ線は (2.6.6) 式の(1)の条件より求められる線であり，Ｂ線は(2)の条件から決められる線です。また，(3)の条件は(1)の条件が満足されると，はりの場合と同様な理由で自動的に満足される性質をもっていますから，上記3条件を同時に満足する範囲は，図の太実線の部分となります。Ａ線とＢ線の交点をつりあい中立軸位置といい，圧縮コンクリートと引張鉄筋が同時に許容応力度に達する点です。

　柱の主筋量の算定は，通常図2.6.4の柱断面計算図表を用いて，表2.6.1の計算手順に従って行います。

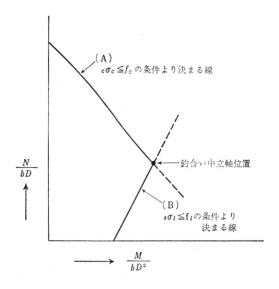

図2.6.5　柱断面計算図表の模式化図

図2.6.4 長方形柱の断面計算図表

(a)　　　　$F_c=21$　　長　期
　　　　　$f_c=7$　　$f_t=200$　　$n=15$

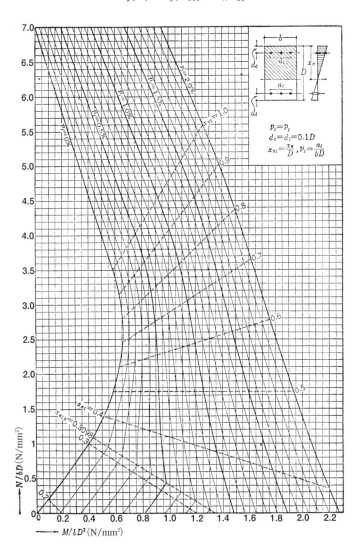

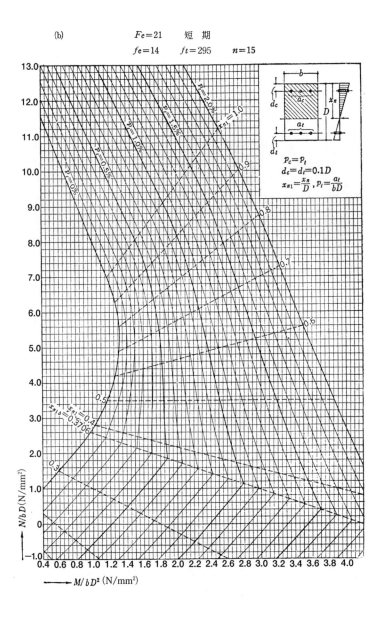

表2.6.1 柱の主筋量を求める計算手順

① 設計用軸方向力，曲げモーメント

　　　長期設計用軸方向力　　N_L
　　　　　曲げモーメント　　M_L
　　　短期設計用軸方向力　　N_S
　　　　　曲げモーメント　　M_S

↓

② 長期・短期応力それぞれに対して $\dfrac{N}{bD}$, $\dfrac{M}{bD^2}$, を求める。

　b：柱幅
　D：柱全せい

↓

③ これ以下の③〜④の計算は，長期，短期応力別に行なう。
　計算図表の矢印の操作より補強する引張鉄筋比 p_t を求める。

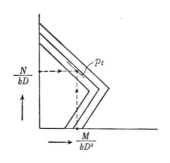

↓

④ 主筋量
　$a_t = p_t \times bD$
　長期と短期の鉄筋量を比較し，大きい方の値を設計用として採用する。

↓

⑤ 配筋図を書く。

〔柱部材設計上の最小必要規定について〕

柱部材の設計に当っては，下記の最小必要規定（RC規準）に従わなければな

りません。

⑴ 材の最小径とその主要支点間距離の比は，鉄筋普通コンクリートでは1/15以上，鉄筋軽量コンクリートでは1/10以上とする。ただし，柱の有効細長比を考慮した構造計算によって，構造耐力上安全であることが確かめられた場合においてはこのかぎりでない。

⑵ コンクリート全断面積に対する主筋全断面積の割合は，0.8%以上とする。コンクリートの断面積を必要以上に増大した場合には，この値を適当に減少させることができる。

⑶ 主筋は，異形鉄筋D13以上，かつ4本以上とし，主筋は帯筋により相互に連結する。

⑷ 主筋のあきは，2.5cm以上，かつ異形鉄筋の径（呼び名の数値mm）の1.5倍以上とする。

〔鉄筋径および鉄筋本数の決め方〕

　柱主筋の鉄筋径および本数は，はりの場合と全く同様に，付着設計により決定する。

〔図1.5.1の計算例の解説〕

　ここでは，図1.5.1の計算例の柱主筋の求め方および鉄筋径，鉄筋本数の算定方法について説明しましょう。主筋量の計算は表2.6.1で，鉄筋径および本数の決定は表2.5.1に従って行ないます。

a) 主筋量の算定

---

① 計用軸方向力および曲げモーメント
　長期荷重時曲げモーメントは左右対称であるから，左側柱のみを計算し，右側柱の設計は左側柱にならうものとする。
　実線は地震力が建物左側から作用した時のものであり，
　破線は右側から作用した時のものである。

2章　鉄筋コンクリート部材の設計方法をマスターする章

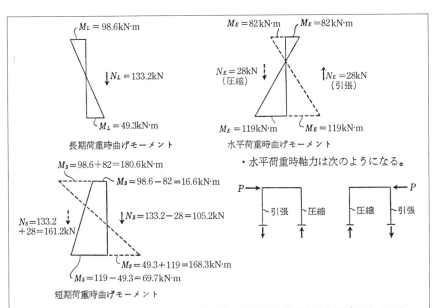

設計用軸方向力と曲げモーメントを以上の結果より整理すると下表のようになる。短期設計用曲げモーメントは上図から判るように破線（地震力が右側から作用した場合）のものが実線の場合よりも大きくなる故、破線のものを採用する。

	長　期		水　平		短　期	
	N_L (kN)	M_L (kN·m)	N_E (kN)	M_E (kN·m)	N_S (kN)	M_S (kN·m)
T	133.2	98.6	±28	± 82	161.2	180.6
B	133.2	49.3	±28	±119	161.2	168.3

T：柱頭　　B：柱脚

↓

② N/bD, M/bD^2を求める。
　　$bD = 500 \times 500 = 2.5 \times 10^5 \mathrm{mm}^2$
　　$bD^2 = 500 \times 500^2 = 1.25 \times 10^8 \mathrm{mm}^3$

	長　期		短　期	
	N_L/bD (N/mm²)	N_L/bD^2 (N/mm²)	N_S/bD (N/mm²)	N_S/bD^2 (N/mm²)
T	0.54	0.79	0.65	1.44
B	0.54	0.39	0.65	1.35

↓

③ p_tを図2.6.4(a)(b)より求める。

	長　　期	短　　期
	p_t (%)	p_t (%)
T	0.35	$\boxed{0.50}$
B	0.1	0.45

ここでは，長期の場合のp_tの求め方を右図に示した。矢印の操作によりp_tを求めればよい。

通常の場合，柱主筋の配筋は，柱頭，柱脚とも同一配筋にするので，この例題の場合には，上表□で囲んだ短期の柱頭の$p_t=0.50\%$を採用する。

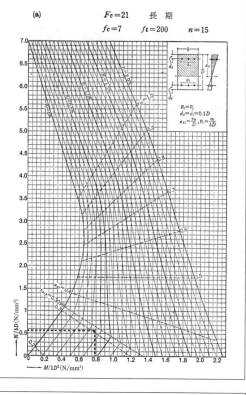

④⑤　補強すべき引張鉄筋比がpt＝0.50%であるから主筋量は次のようになる。
　　$a_t=0.0050 \times 500\mathrm{mm} \times 500\mathrm{mm} = 1250\mathrm{mm}^2$
　　表2.2.3(b)より設計は4－D22（$a_t=1548\mathrm{mm}^2$）とする。
　　柱主筋の配筋は，通常右図のように左右対称に配筋する。

4－D22　　4－D22

2章　鉄筋コンクリート部材の設計方法をマスターする章 109

b) 鉄筋径および鉄筋本数の決定（付着の検定、表2.5.1による）

A_s, Ψ　（①②③④）

A_s	A_s＝1548mm²
	4－D22
Ψ	Ψ＝280mm
	σ_t＝295N/mm²

f_b, K　（⑤⑥⑦）

f_b	短期　1.43N/mm²（F_c＝21N/mm²）
K	せん断補強筋　2－D10@100

$$\text{鉄筋のあき}\quad a＝(500mm－40mm×2－22mm×4)/3$$
$$=332/3＝111mm$$
$$\text{最小かぶりの3倍}＝40mm×3＝120mm$$
$$\text{鉄筋径の5倍}＝22mm×5＝110mm$$

$$c＝110mm$$
$$A_{st}＝2×D10＝143mm²$$
$$N＝4$$
$$S＝100mm$$
$$W＝80\frac{A_{st}}{S×N}＝80×\frac{143mm²}{100mm×4}＝28.6mm$$
$$K＝0.3\left(\frac{C+W}{d_b}\right)+0.4$$
$$＝0.3\left(\frac{110mm＋28.6mm}{22mm}\right)+0.4＝0.3×6.3＋0.4$$
$$＝2.29＜2.5\cdots\cdots\cdots\cdots\cdots\cdots\cdots\cdots\text{OK}$$

ℓ_{db}, ℓ_d　（⑧⑨⑩）

$$A_s＝1548mm²$$
$$K＝2.29$$
$$f_b＝1.43N/mm²$$
$$\Psi＝280mm$$
$$\ell_{db}＝\frac{295N/mm²×1548mm²}{2.29×1.43N/mm²×280mm}$$
$$＝498mm$$
$$\ell_d＝498mm＋450mm＝948mm$$
$$948mm＜\text{内法階高}\cdots\cdots\cdots\cdots\cdots\cdots\cdots\cdots\text{OK}$$

2.7 はり,柱部材のせん断補強筋量(あばら筋,帯筋)の求め方

ここでは,はり,柱部材のせん断補強筋量の求め方について説明します。せん断補強筋の算定方法も基本的には,曲げモーメントに対して主筋量を求める場合の考え方と同様です。すなわち,(2.7.1)式の2つの条件を同時に満足するように,せん断補強筋量の算定を行なえばよいわけです。

$$\left.\begin{array}{l}長期設計用せん断力 \leq 長期許容せん断力 \\ 短期設計用せん断力 \leq 短期許容せん断力\end{array}\right\} \cdots\cdots\cdots\cdots\cdots\cdots\cdots (2.7.1)$$

〔許容せん断力について〕

はり,柱部材には曲げモーメント,軸方向力と同時にせん断力も作用します。はり,柱部材がせん断力を受けると,曲げきれつのほかにせん断力による斜めきれつが発生します。せん断補強筋のない部材は,図2.7.1(a)のようにせん断きれつ発生と同時にもろいせん断破壊を起こします。しかし,せん断補強筋を配筋した部材は,図2.7.1(b)のようにせん断きれつ発生後もせん断力に充分抵抗を示し,ねばりのある部材となります。せん断補強筋は,通常図2.7.1(b)のように,はり,柱主筋と直角方向に配筋します。はり,柱部材は,せん断力に対して,コンクリートとせん断補強筋の両者で抵抗します。それ故許容せん断力は(2.7.2)式で求め

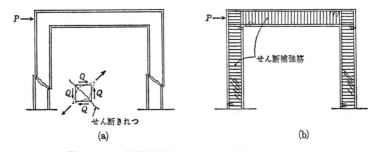

図2.7.1 せん断破壊を防ぐためにはせん断補強筋が必要である

られます。

　許容せん断力＝（コンクリートが負担する許容せん断力）
　　　　　　　＋（せん断補強筋が負担する許容せん断力）………（2.7.2）

a）はりの許容せん断力

はり部材の許容せん断力は（2.7.3）式で求めます。
(2.7.3) 式の右辺第1項は，コンクリートが負担する許容せん断力であり，第2項は，せん断補強筋が負担する許容せん断力です。

$$Q_A = bj\{\alpha f_s + 0.5 \cdot _wf_t(p_w - 0.002)\} \quad \cdots\cdots\cdots\cdots\cdots\cdots\cdots (2.7.3)$$

ただし，$\alpha = 4/(M/Qd+1)$ かつ $1 \leq \alpha \leq 2$，

　　　p_w が1.2%以上のときは1.2%として計算する。

ここで，Q_A：許容せん断力

　　　　b：はり幅

　　　　j：はりの応力中心間距離 $(=\frac{7}{8}d)$

　　　　d：はりの有効せい

　　　　f_s：コンクリートの許容せん断応力度

　　　　$_wf_t$：あばら筋のせん断補強用許容引張応力度

　　　　p_w：あばら筋比 $(=a_w/bx)$

　　　　a_w：1組のあばら筋断面積（図2.7.2参照）

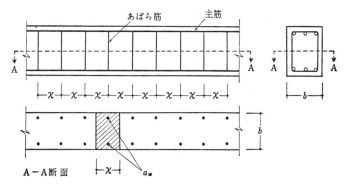

図2.7.2　あばら筋の算定

x：あばら筋間隔

α：はりのせん断スパン比M/Qdによる割増し係数

M，Q：設計するはりの最大曲げモーメント，および最大せん断力

b) 柱の許容せん断力

柱の許容せん断力は，長期許容せん断力を (2.7.4) 式で，短期許容せん断力を (2.7.5) 式で求めます。

長期許容せん断力　　$Q_{AL}=bj\alpha f_s$ ·· (2.7.4)

短期許容せん断力　　$Q_{AS}=bj\{f_s+0.5_wf_t(p_w-0.002)\}$ ·················· (2.7.5)

ただし，$\alpha=4/(M/Qd+1)$ かつ $1\leq\alpha\leq2$

　　　　p_wが1.2%以上のときは1.2%として計算する。

〔設計用せん断力について〕

はり，柱の設計用せん断力は，(2.7.6)式～(2.7.9)式に従って求めます。

a) はりの設計用せん断力

長期　　$Q_D=Q_L$ ···············(2.7.6. a)

短期　　$Q_{D1}=Q_L+1.5^*Q_E$
　　　　$Q_{D2}=Q_L+\dfrac{\Sigma M_y}{l'}$ 　(2.7.6. b)

短期に関してはQ_{D1}，Q_{D2}のうち小さい方の値を用いてよい。

ここで，Q_L：長期荷重時せん断力

　　　　Q_E：水平荷重時せん断力

　　　　ΣM_y：はり両端断面の降伏曲げモーメントの和の最大値（図2.7.3のΣM_{y1}，ΣM_{y2}のうち大きい方の値）

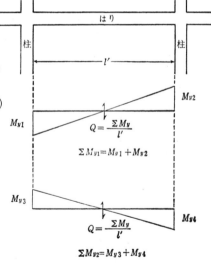

$M_{y1}, M_{y2}, M_{y3}, M_{y4}$は端部の降伏曲げモーメント

図2.7.3

───────────────────────────────

＊　この割増し係数は1.5以上とする。低層建物の場合には2.0程度の値を採るのが望ましい。

l'：はりの内のりスパン長さ

はりの降伏曲げモーメントは，(2.7.7) 式より求めます。

$$My=0.9a_t\sigma_y d \cdots\cdots\cdots\cdots\cdots\cdots\cdots\cdots\cdots\cdots\cdots\cdots\cdots (2.7.7)$$

ここで，M_y：はりの降伏曲げモーメント

　　　a_t：引張鉄筋断面積

　　　σ_y：鉄筋の降伏点強度（短期許容引張応力度）

　　　d：有効せい

b）柱の設計用せん断力*

　　長期　$Q_D=Q_L \cdots\cdots\cdots\cdots\cdots\cdots\cdots\cdots\cdots\cdots\cdots\cdots\cdots\cdots\cdots (2.7.8)$

　　短期　$Q_{D1}=Q_L+1.5^{**}Q_E$

$$Q_{D2}=\frac{\Sigma M_{Cy}}{h'}$$

$$Q_{D3}=\frac{M_{Cy}'+C(\Sigma M_{By})}{h'}$$

$\cdots\cdots\cdots\cdots\cdots\cdots\cdots\cdots (2.7.9)$

短期に関してはQ_{D1}，Q_{D2}，Q_{D3}のうち最小の値を採用してよい（図2.7.4参照）。

$\begin{cases} C=1/2 \cdots\cdots\cdots\cdots\underline{上階に柱がある場合} \\ C=1 \cdots\cdots\cdots\cdots\underline{上階に柱がない場合} \end{cases}$

ここで，ΣM_{Cy}：柱頭，柱脚の降伏曲げモーメントの和

　　　　M_{Cy}'：柱脚降伏曲げモーメント

　　　　ΣM_{By}：柱頭に接続するはりの降伏曲げモーメントの和

柱部材の降伏曲げモーメントは (2.7.10) 式より求めます。

　　　$N\leq 0.4BDF_c$の場合

$$M_{Cy}=0.8a_t\sigma_y D+0.5ND\left(1-\frac{N}{bDF_c}\right) \cdots\cdots\cdots\cdots\cdots (2.7.10)$$

ここで，M_{Cy}：柱の降伏曲げモーメント

　　b,D：柱幅，柱全せい

　　　F_c：コンクリートの設計基準強度

　　　N：柱の軸方向力

114

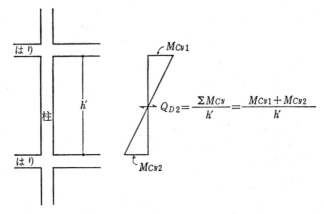

C=1/2の場合

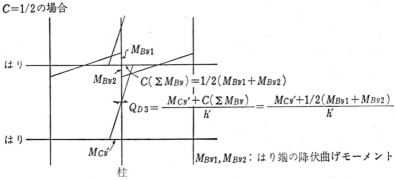

M_{By1}, M_{By2}：はり端の降伏曲げモーメント

C=1の場合

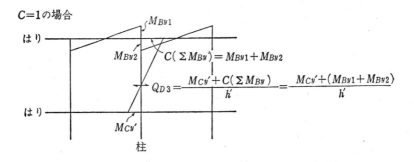

図2.7.4

2章 鉄筋コンクリート部材の設計方法をマスターする章

表2.7.1 はり，柱部材のせん断補強筋量（あばら筋・帯筋）を求める計算手順

以下の計算は長期・短期応力別に行ないます。

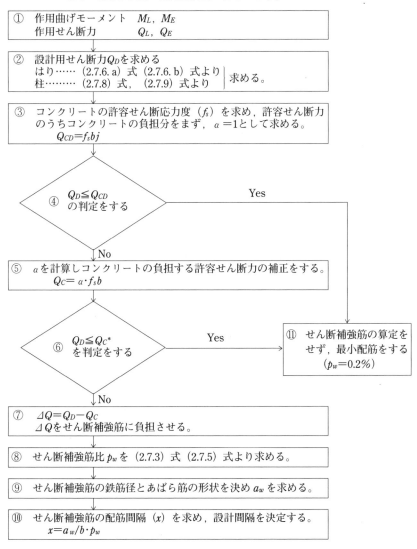

① 作用曲げモーメント M_L, M_E
作用せん断力 Q_L, Q_E

② 設計用せん断力Q_Dを求める
はり……(2.7.6.a) 式 (2.7.6.b) 式より | 求める。
柱………(2.7.8) 式，(2.7.9) 式より

③ コンクリートの許容せん断応力度（f_s）を求め，許容せん断力のうちコンクリートの負担分をまず，$\alpha=1$として求める。
$Q_{CD}=f_s b j$

④ $Q_D \leqq Q_{CD}$ の判定をする

⑤ αを計算しコンクリートの負担する許容せん断力の補正をする。
$Q_C = \alpha \cdot f_s b j$

⑥ $Q_D \leqq Q_C{}^*$ を判定をする

⑪ せん断補強筋の算定をせず，最小配筋をする ($p_w=0.2\%$)

⑦ $\varDelta Q = Q_D - Q_C$
$\varDelta Q$をせん断補強筋に負担させる。

⑧ せん断補強筋比p_wを (2.7.3) 式 (2.7.5) 式より求める。

⑨ せん断補強筋の鉄筋径とあばら筋の形状を決めa_wを求める。

⑩ せん断補強筋の配筋間隔（x）を求め，設計間隔を決定する。
$x = a_w / b \cdot p_w$

* 柱部材では，長期設計用せん断力が長期許容せん断力以上の場合には，断面寸法を変更しなければならない。

a_t：引張鉄筋面積

σy：鉄筋の降伏点強度（短期許容引張応力度）

　はり，柱とも，短期の設計用せん断力Q_Dは，その部材の両端が曲げ降伏する場合に対応するせん断力を用いることになっています。そして，$Q_D \leqq Q_{AS}$ということは，部材のせん断破壊より曲げ降伏を先行させ，構造物に粘りを与えようという思想です。$Q_D = Q_L + 1.5 Q_E$は，降伏曲げモーメントを求めないときの略算式です。

〔せん断補強筋量の求め方〕

　はり，柱のせん断補強筋量の算定は，(2.7.3) 式〜 (2.7.10) 式を用いて表2.7.1の計算手順に従って行います。

〔せん断補強筋の最小必要規定について〕

　はり，柱部材のせん断補強筋は，前述の算定のほかに次の最小必要規定にも従わなければなりません。（RC規準）

〔はりのせん断補強筋に関する最小規定〕

(1)　あばら筋は軽微な場合を除き，直径9mm以上の丸鋼，またはD10以上の異形鉄筋を用いる。

(2)　あばら筋の間隔は，直径9mmの丸鋼またはD10の異形鉄筋を用いる場合に (1/2) D以下，かつ，250mm以下とする。ただし，その他の直径の鉄筋を用いるか，あるいはこれと同等以上の補強効果のある配筋を用いる場合には (1/2) Dあるいは450mmをこえない範囲で前記の数値250mmを適当に増大させることができる。

(3)　あばら筋比は，0.2％以上とする。

(4)　あばら筋は引張鉄筋および圧縮鉄筋を包含し，主筋内部のコンクリートを十分に拘束するように配置し，その末端は135°以上に曲げて定着するか，ま

2章　鉄筋コンクリート部材の設計方法をマスターする章　　　117

たは相互に溶接する。

〔**柱のせん断補強筋に関する最小規定**〕

(1)　帯筋の直径は軽微な場合およびらせん筋を用いる場合を除き，直径9mm以上の丸鋼またはD10以上の異形鉄筋を用いる。

(2)　帯筋の間隔は，直径9mmの丸鋼またはD10の異形鉄筋を用いる場合に100mm以下とする。ただし，柱の上下端より柱の最大径の1.5倍に等しい範囲外では，帯筋間隔を前記数値の1.5倍まで増大することができる。また，前記の直径より大きい鉄筋を用いるか，あるいは，これらと同等以上の補強効果のある配筋を用いる場合には200mmをこえない範囲で前記の数値を適当に増大させることができる。

(3)　帯筋比は0.2％以上とする。

(4)　帯筋は主筋を包含し，主筋内部のコンクリートを十分に拘束するように配置し，その末端は135°以上に曲げて定着する。せん断力や圧縮力が特に増大するおそれのある柱には，鉄筋端部を溶接した閉鎖形帯筋を主筋を包含するように配置したり，副帯筋を使用するなど，靭性を確保できるように努めることが望ましい。

〔**図1.2.1の計算例の解説**〕

　ここでは図1.2.1の計算例の，はりのあばら筋量の求め方について説明しましょう。

　計算手順は表2.7.1に従って行います。

①　作用曲げモーメント　　M_L＝85.4kN·m 　　作用せん断力　　　　　Q_L＝87.2kN

②　設計用せん断力 　　　Q_D＝Q_L＝87.2kN

③ コンクリートの許容せん断応力度とコンクリートの負担せん断力

F_c21N/mm^2

$$f_s = \frac{1}{30}F_c = \frac{1}{30} \times 21 = 0.7N/mm^2$$

$\alpha = 1$として

$$Q_{CD} = f_sbj = 0.7N/mm^2 \times 400mm \times \left(\frac{7}{8} \times 450mm\right) = 110kN$$

---

④ 判定

$Q_D = 87.2kN < 110kN$…………OK

---

⑩ 故にあばら筋は最小配筋$P_w = 0.2\%$とする。

あばら筋として型のものを用いる。

2-D10　$a_w = 143mm^2$

あばら筋間隔（x）は

$$x = \frac{a_w}{bp_w} = \frac{143mm^2}{400mm \times 0.002} = 179mm \longrightarrow 150mm$$

あばら筋の設計は2-D10@150とする

配筋図は図1.2.1を参照のこと。

〔**図1.5.1の計算例の解説**〕

ここでは図1.5.1の計算例の，はりのあばら筋および柱の帯筋の求め方について説明します。計算手順は表2.7.1に従って行います。

a) **はりのあばら筋の算定**

① 作用曲げモーメント

			端　　部	中　　央
長　期	M_L (kN・m)	上	-98.6	——
		下	——	101.2
水　平	M_E (kN・m)	上	-82	0
		下	82	0
短　期	M_S (kN・m)	上	-180.6	——
		下	——	101.2

2章 鉄筋コンクリート部材の設計方法をマスターする章

作用せん断力

		端　部	中　央
長　期	Q_L (kN)	133.2	0
水　平	Q_E (kN)	28	28

② 設計用せん断力

長期　$Q_D = Q_L = 133.2\mathrm{kN}$

短期　$Q_{D1} = Q_L + 1.5Q_E = 133.2 + 1.5 \times 28 = 133.2 + 42 = 175.2\mathrm{kN}$

$Q_{D2} = Q_L + \Sigma M_y/l'$

$M_y = 0.9 a_t \sigma_y d$

$M_{y1} = 0.9 \times (2-\mathrm{D}25) \times (\mathrm{SD}295) \times 550\mathrm{mm}$
$\phantom{M_{y1}} = 0.9 \times 1014\mathrm{mm}^2 \times 295\mathrm{N/mm}^2 \times 550\mathrm{mm} = 148.1\mathrm{kN \cdot m}$

$M_{y2} = 0.9 \times (3-\mathrm{D}25) \times (\mathrm{SD}295) \times 550\mathrm{mm}$
$\phantom{M_{y2}} = 0.9 \times 1521\mathrm{mm}^2 \times 295\mathrm{N/mm}^2 \times 550\mathrm{mm} = 222.1\mathrm{kN \cdot m}$

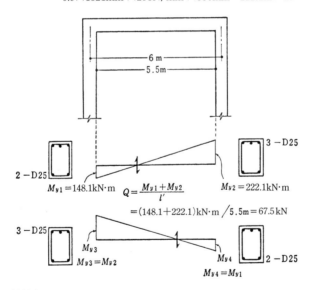

この計算例では $M_{y1} = M_{y4}$, $M_{y2} = M_{y3}$

$\Sigma M_y = M_{y1} + M_{y2} = 148.1 + 222.1 = 370.2\mathrm{kN \cdot m}$

$l' = 6\mathrm{m} - 0.5\mathrm{m} = 5.5\mathrm{m}$

$\Sigma M_y/l' = 370.2\mathrm{kN \cdot m}/5.5\mathrm{m} = 67.3\mathrm{kN}$

$Q_{D2}=133.2\text{kN}+67.3\text{kN}=200.5\text{kN}$

$Q_{D1}<Q_{D2}$であるから設計用せん断力として

$Q_D=Q_{D1}=175.2\text{kN}$を採用する。

---

③④　コンクリートの許容せん断応力度とQ_{CD}の算定および判定

$$f_s\ (\text{N/mm}^2)\begin{cases}\text{長期}\quad \dfrac{1}{30}F_c=0.7\text{N/mm}^2\\[2mm]\text{短期}\quad \dfrac{1.5}{30}F_c=1.05\text{N/mm}^2\end{cases}$$

$\alpha=1$として

$Q_{CD}=f_s bj$

長期　$Q_{CD}=0.7\text{N/mm}^2\times300\text{mm}\times\dfrac{7}{8}\times550\text{mm}=101.1\text{kN}<133.2\text{kN}\cdots\cdots$N O

短期　$Q_{CD}=1.05\text{N/mm}^2\times300\text{mm}\times\dfrac{7}{8}\times550\text{mm}=151.6\text{kN}<175.2\text{kN}\cdots\cdots$N O

---

⑤⑥　αの計算とQ_Cの計算および判定

長期　$\alpha=\dfrac{4}{\dfrac{M}{Qd}+1}=\dfrac{4}{\dfrac{98.6\text{kN}\cdot\text{m}}{133.2\text{kN}\times550\text{mm}}+1}=\dfrac{4}{1.34+1}=1.71$

$Q_C=\alpha\cdot f_s bj=1.71\times101.1\text{kN}=172.8\text{kN}$

$Q_L=133.2\text{kN}<172.8\text{kN}\cdots\cdots$OK

故に長期に関しては最小配筋（$p_w=0.2\%$）でOK

短期　$\alpha=\dfrac{4}{\dfrac{M}{Qd}+1}=\dfrac{4}{\dfrac{(98.6+82)^*\text{kN}\cdot\text{m}}{(133.2+28)\text{kN}\times550\text{mm}}+1}=\dfrac{4}{2.04+1}=1.32$

$Q_C=\alpha f_s bj=1.32\times151.6\text{kN}=200.1\text{kN}$

$Q_D=175.2\text{kN}<200.1\text{kN}\cdots\cdots$OK

故に短期に関しても最小配筋でOK

* 短期荷重時応力のαを計算する場合には通常設計に用いる柱面位置における曲げモーメントおよびせん断力の存在応力を用いればよい。本計算例では，水平荷重時応力を節点位置で取っているので，αの値が多少小さめに評価されている。

---

⑩　あばら筋は最小配筋 $p_w=0.2\%$でよい。

2-D10（$a_w=143\text{mm}^2$）を用いると，あばら筋間隔は

$$x=\frac{143}{300\text{mm}\times0.002}=238\text{mm}\longrightarrow 200\text{mm}$$

故にあばら筋を2-D10@200と決定

b) 柱の帯筋量の算定

① 作用軸方向力（柱頭，柱脚共通）
　　　長期　N_L＝133.2kN
　　　短期　N_S＝161.2kN
　作用せん断力
　　　長期　Q_L＝37kN
　　　水平　Q_E＝50kN

② 設計用せん断力
　　　長期　Q_D＝Q_L＝37kN
　　　短期　Q_{D1}＝Q_L＋1.5Q_E＝37＋1.5×50＝112kN
　　　　　　$Q_{D2} = \dfrac{\Sigma M_{cy}}{h'}$

柱頭，柱脚とも同一配筋であるから，降伏曲げモーメントは柱頭，柱脚同一になる。

　　　a_t＝1548mm^2（4－D22）
　　　σ_y＝295N/mm^2（SD295）
　　　h'＝4m－0.6m/2＝3.7m

$$M_{Cy} = M_{Cy}' = 0.8 a_t \sigma_y D + 0.5 ND \left(1 - \dfrac{N}{bDF_c}\right)$$

　　　　　＝0.8×1548mm^2×295N/mm^2×500mm＋0.5×161.2kN×500mm

　　　　　　　$\times \left(1 - \dfrac{161.2\text{kN}}{500\text{mm} \times 500\text{mm} \times 21\text{N/mm}^2}\right)$

　　　　　＝182.7kN・m＋39kN・m＝221.6kN・m

$Q_{D2} = \dfrac{\Sigma M_{cy}}{h'} = \dfrac{2 \times M_{cy}}{3.7\text{m}} = \dfrac{2 \times 221.6\text{kN} \cdot \text{m}}{3.7\text{m}} = 119.8\text{kN}$

$Q_{D3} = \dfrac{M_{cy'} + C(\Sigma M_{By})}{h'}$

C＝1

$\Sigma M_{By} = M_{By}$＝222.1kN・m（はりのあばら筋量の算定より）

$Q_{D3} = \dfrac{221.6\text{kN} \cdot \text{m} + 222.1\text{kN} \cdot \text{m}}{3.7\text{m}} = 119.9\text{kN}$

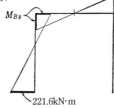

221.6kN・m

以上の計算結果より短期設計用せん断力として Q_{D1} を採用する
　　　Q_D＝Q_{D1}＝112kN

③ コンクリートの許容せん断応力度とコンクリートの負担せん断力

$f_s \begin{cases} \text{長期} & 0.7\text{N/mm}^2 \\ \text{短期} & 1.05\text{N/mm}^2 \end{cases}$

$Q_{CD} = f_s b j \begin{cases} \text{長期} & Q_{CD} = 0.7\text{N/mm}^2 \times 500\text{mm} \times \left(\dfrac{7}{8} \times 450\text{mm}\right) = 137.8\text{kN} \\ \text{短期} & Q_{CD} = 1.05\text{N/mm}^2 \times 500\text{mm} \times \left(\dfrac{7}{8} \times 450\text{mm}\right) = 206.7\text{kN} \end{cases}$

$d = 500\text{mm} - 50\text{mm} = 450\text{mm}$

---

④ 判定

長期　$Q_L = 37\text{kN} < 137.8\text{kN} \cdots\cdots\cdots$OK

短期　$Q_D = 112\text{kN} < 206.7\text{kN} \cdots\cdots$OK

---

⑪ 帯筋は最小配筋でよいから，帯筋比を$p_w = 0.2\%$とする。

2-D10 $(a_w = 143\text{mm}^2)$ を用いると，帯筋間隔は

$$x = \frac{a_w}{b \cdot p_w} = \frac{143\text{mm}^2}{500\text{mm} \times 0.002} = 143\text{mm} \longrightarrow 100\text{mm}$$

故に設計は2-D10@100とする

2.8 床スラブおよび小ばりの設計

ここでは,床スラブと小ばりの設計方法について説明します。床スラブや小ばりに配筋する鉄筋量を求めるのが目的ですが,そのためには,スラブの厚さ,小ばりの断面寸法の決め方,設計用曲げモーメントの計算方法なども知らなければなりません。それらを含めて以下に鉄筋量の求め方を説明します。床スラブも,小ばりも一般には長期荷重に対してのみ設計しておけばよい部材です。

i) スラブの種類

一般に大ばり,小ばり,壁などによって支持されている水平版状のものを総称してスラブと呼んでいます。

スラブにはその用途に応じて床スラブ,階段スラブ,基礎スラブ等があります。床スラブは,スラブ端の支持条件によって図2.8.1のように分類しています。

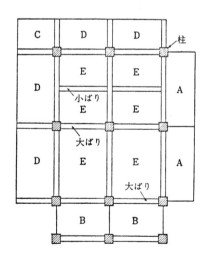

図2.8.1 床スラブの種類

ii) 床スラブの最小厚さ

床スラブの厚さは，スラブの強度だけではなく，長期荷重に対するたわみ防止や，衝撃荷重などによる振動障害を起こさない程度の厚さにしなければなりません。即ち，建築構造物のスラブ厚さは，80mm以上かつ，表2.8.1以上の値にする必要があります。

表2.8.1 スラブの最小厚さ （ＲＣ規準）

支 持 条 件	スラブ厚さ t（mm）
周 辺 固 定	$t=0.02\left(\dfrac{\lambda-0.7}{\lambda-0.6}\right)\left(1+\dfrac{w_p}{10}+\dfrac{l_x}{10\,000}\right)l_x$
片 持	$t=\dfrac{l_x}{10}$

[注] （1） $\lambda=l_y/l_x$　l_x：短辺有効スパン（mm）l_y：長辺有効スパン（mm）
ただし，有効スパンとは，はり，その他支持部材間のうちのり寸法をいう。
（2） w_p：積載荷重と仕上荷重との和（kN/m²）
（3） 片持スラブの厚さは支持端について制限する。その他の部分の厚さは適当に低減してよい。

また，軽量コンクリートを用いた場合には，100mm以上かつ表2.8.1の値の1.1倍以上の値にする必要があります。

iii) スラブに生ずる応力と配筋要領

床スラブは，はり，柱同様，曲げ，軸方向力，せん断力を同時に受けますが，軸方向力は比較的小さいので設計上無視します。またせん断力に対しても，スラブの断面積が相当に大きくなることを考えて一般に補強は行ないません。ただし，片持スラブ，両端固定スラブ等の場合にはせん断耐力が不足する場合も考えられますので注意が必要です。以上のことから，通常スラブ配筋は曲げモーメントに対してのみ行ないます。周辺固定スラブに荷重が作用した場合，図2.8.2(a)の矢印のように力は2方向に流れますが，短辺方向に流れる力のほうが長辺方向に流れる力よりも大きくなります。それゆえ，曲げモーメントの大きさも，図2.8.2(b)のように短辺方向のほうが大きくなります。曲げモーメント分布は，図2.8.2(b)のよ

2章 鉄筋コンクリート部材の設計方法をマスターする章　　125

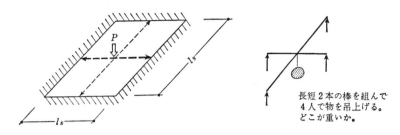

(a) 力の流れ（力は x, y 両方向に流れる……2方向板）

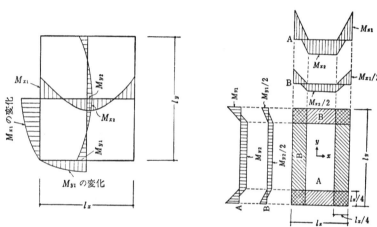

(b) 曲げモーメント分布（短辺方向の曲げモーメントの方が大きくなる）

(c) 設計用曲げモーメント（周辺固定スラブ）

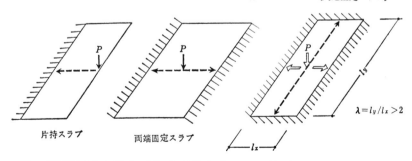

(d) 一方向板のスラブ（力は一方向にしか流れない）

(e) $\lambda > 2$ の2方向板では短辺方向にほとんどの力が流れる

図2.8.2　スラブの応力

うにスラブ中央部分で最も大きく，周辺部分に近づくにつれて小さくなります。そのため設計上は，図2.8.2(c)のように周辺部分（$l_x/4$の部分）の曲げモーメントを中央部の1/2として計算します。周辺固定スラブのように，作用荷重の力が2方向に流れるスラブを2方向板といい，図2.8.2(d)の片持スラブ，両端固定スラブなどのように，作用荷重の力が一方向にしか流れないものを1方向板といいます。2方向板でも，$l_y/l_x>2$のものは作用荷重の力の大部分が図2.8.2(e)のように短辺方向にしか流れませんので$\lambda>2$以上の形状をしたスラブの力学的性状は1方向板のそれとほぼ同一になります。

各種スラブの曲げモーメント図とスラブの配筋要領は図2.8.3のようになります。鉄筋コンクリートの原理からいえば図2.8.3の実線の配筋のみで十分なのですが，

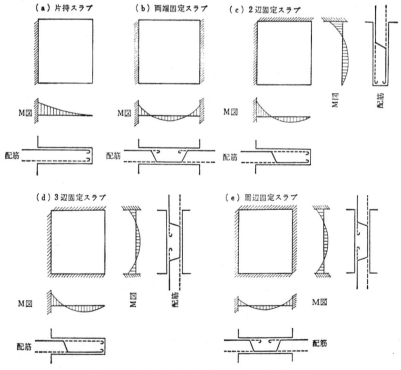

図2.8.3　スラブに生ずる曲げモーメント図と配筋要領

通常は予期せぬ応力にも対処できるよう点線で示した鉄筋も用心筋として入れておきます。

iv) スラブの設計用曲げモーメントとスラブ筋量の算定

床スラブには，図2.8.1に示したように種々の支持条件のものがありますが，いずれのスラブにおいても設計（スラブ筋量の算定）に当っては，単位幅（通常は1m幅にとる）のはり（スラブ厚がはり丈となる）が連結してならんでいるものと考えて行ないます。それ故，曲げモーメントの大きさが同じスラブの設計は1m幅のスラブについて行ない，他の部分は，その設計にならって配筋をすればよいわけです。このことを，最も簡単な片持スラブの場合を例にとって，図2.8.4に示してあります。周辺固定スラブなどの場合も図2.8.5に示すように，片持スラブと同様1m幅について鉄筋量の計算を行なえばよいわけです。ただし，周辺固定スラブなどは作用荷重の力が，2方向に流れる2方向板ですから，x方向，y方

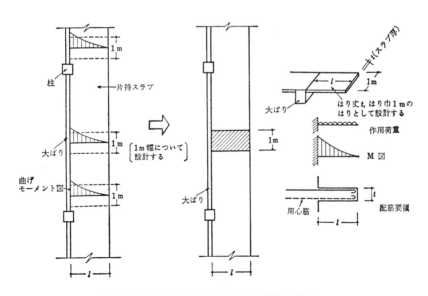

図2.8.4　スラブの設計は1m幅について行なえばよい

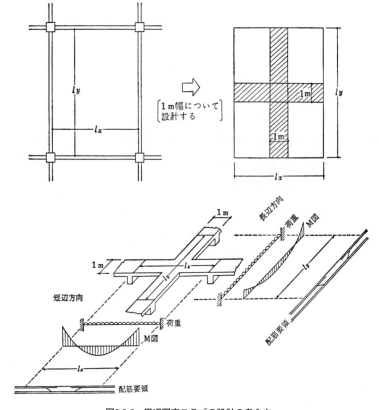

図2.8.5 周辺固定スラブの設計の考え方

向の両方向について鉄筋量を計算してやる必要があります。

　スラブに生ずる曲げモーメントの大きさを精度よく計算するためには，平版理論によらなければなりませんが，計算が非常に繁雑なので，通常，設計用曲げモーメントは計算図表（各種スラブの計算図表は，「RC規準」に示されています）を用いて求めます。図2.8.6は，1例として周辺固定スラブの計算図表を示したものです。ただし，周辺固定スラブの場合の曲げモーメントは (2.8.1) 式，(2.8.2) 式を用いて求めることもできます。

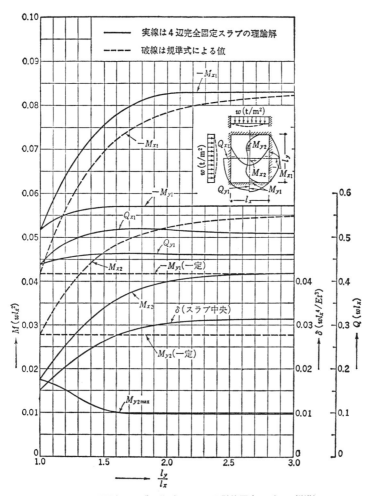

図2.8.6 周辺固定スラブの曲げモーメント計算図表 （RC規準）

短辺方向の曲げモーメント（単位幅につき）

$$\left.\begin{array}{l}\text{両端最大曲げモーメント}\\ M_{x1}=-\dfrac{1}{12}w_x l_x{}^2\\ \text{中央部最大曲げモーメント}\\ M_{x2}=\dfrac{1}{18}w_x l_x{}^2\end{array}\right\} \quad\cdots\cdots\cdots\cdots\cdots\cdots\cdots\cdots\cdots\cdots\cdots (2.8.1)$$

長辺方向の曲げモーメント（単位幅につき）

両端最大負曲げモーメント

$$M_{y1} = -\frac{1}{24}wl_x^2$$

中央部最大正曲げモーメント

$$M_{y2} = \frac{1}{36}wl_x^2$$

$$\left.\rule{0pt}{60pt}\right\} \cdots\cdots\cdots\cdots\cdots\cdots\cdots\cdots\cdots (2.8.2)$$

ただし，l_x：短辺有効スパン（有効スパンとは，支持部材間の内のりスパンをいう）

l_y：長辺有効スパン

w：単位面積についての全荷重

$$w_x = \frac{l_y^4}{l_x^4 + l_y^4}w$$

周辺よりの$l_x/4$幅の部分については，M_x，M_y の値を1/2にしてもよい（図2.8.2 (c)参照）。

前述したように，スラブの設計は，スラブ厚をはりせいとしたはり部材として設計すればよいわけですから，スラブ筋量の算定は，2. 4節のはり主筋量の算定方法に従えばよいわけです。スラブの引張鉄筋比は，通常，つりあい鉄筋比以下となるので，（2.4.3. b）式の略算式の使用が可能になります。すなわち，スラブ筋量は（2.8.3）式で求められます。

$$a_t = \frac{M}{f_t j} \cdots\cdots\cdots\cdots\cdots\cdots\cdots\cdots\cdots\cdots\cdots\cdots\cdots\cdots\cdots\cdots (2.8.3)$$

M：単位幅当りの曲げモーメント

a_t：単位幅当りのスラブ筋量

f_t：鉄筋の長期許容引張応力度

j：スラブの応力中心間距離

スラブの設計は，表2.8.2の計算手順に従って行ないます。

また，スラブの設計に当っては，時の最小必要規定（ＲＣ規準）も考慮しなければなりません。

2章　鉄筋コンクリート部材の設計方法をマスターする章　　　131

表2.8.2　スラブの計算手順

① スラブの大きさを決定する。
　　　l_x, l_y, $\lambda = l_y/l_x$

↓

② スラブ厚を決定する。
　（表2・13より）

↓

③ 設計用曲げモーメントの算定
　　スラブの設計図表（例えば，周辺固定の場合は図2.8.6より）から，1m幅当りの設計用曲げモーメントを求める。
　　　短辺方向　　　　長辺方向
　　　M_{x1}, M_{x2}　　　M_{y1}, M_{y2}

↓

④ スラブ筋量（1m幅当りの）を求める。
　　　$a_t = \dfrac{M}{f_t \cdot j}$

↓

⑤ 最小必要鉄筋量の0.2％について検定する。

↓

⑥ 配筋図を書く。

〔スラブ設計最小必要規定〕

(1) スラブの引張鉄筋は，D10以上の異形鉄筋あるいは鉄線の径が6mm以上の溶接金網を用い，正負最大曲げモーメントをうける部分にあっては，その間隔を下表に示す値とする。

	鉄筋普通コンクリート	鉄筋軽量コンクリート
短辺方向	200mm 以下 径9mm未満の溶接金網では150mm 以下	200mm 以下 径9mm未満の溶接金網では150mm 以下
長辺方向	300mm 以下，かつスラブ厚さの3倍以下 径9mm未満の溶接金網では200mm 以下	250mm 以下 径9mm未満の溶接金網では200mm 以下

(2) スラブ各方向の全幅について，鉄筋全断面積のコンクリート全断面積に対する割合は，0.2％以上とする。

v) スラブの設計例

ここでは，右図のような周辺固定スラブの設計例について説明しましょう。

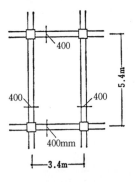

コンクリートの設計基準強度　$F_c=21\mathrm{N/mm^2}$
鉄　　筋　　　　　　　　　　SD295A
$w_p=5.12\mathrm{kN/m^2}$（積載荷重）

---

① スラブの大きさを決定する。
$l_x=3.4\mathrm{m}-0.4\mathrm{m}=3.0\mathrm{m}$
$l_y=5.4\mathrm{m}-0.4\mathrm{m}=5.0\mathrm{m}$
$\lambda=l_y/l_x=5/3=1.67$

---

② スラブ厚を120mmと仮定する。
表2.8.1より
$\lambda=1.67,\quad l_x=3\mathrm{m},\quad w_p=5.12\mathrm{kN/m^2}$
$t=0.02\left(\dfrac{1.67-0.7}{1.67-0.6}\right)\left(1+\dfrac{5.12}{10}+\dfrac{300}{10000}\right)\times 3000\mathrm{mm}$
$=0.02\times 0.907\times 1.812\times 3000$
$=99\mathrm{mm}<120\mathrm{mm}$
故に，スラブ厚は120mmでよい。

---

③ 設計用曲げモーメントを求める。
$w=5.12\mathrm{kN/m^2}+24\mathrm{kN/m^3}\times 0.12\mathrm{m}=8\mathrm{kN/m^2}$
図2.8.6より　　$wl_x^2=8\mathrm{kN/m^2}\times 32=72\mathrm{kN}$

	短 辺 方 向		長 辺 方 向	
	両端（M_{x1}）	中央（M_{x2}）	両端（M_{y1}）	中央（M_{y2}）
M/wl^2x	0.074	0.049	0.042	0.028
M^*（kN・m/m）	5.4	3.6	3.1	2.1

*　1m幅当りの設計用曲げモーメント

↓

2章 鉄筋コンクリート部材の設計方法をマスターする章　　　　133

④ スラブ筋量の算定

	短辺方向		長辺方向	
	両端	中央	両端	中央
f_t (N/mm²)	200			
d (mm)	90		80	
j (mm)	78		70	
a_t (mm²)	350	230	220	150
配筋	D10－@200 (a_t=357mm²)	D10－@200 (a_t=357mm²)	D10－@250 (a_t=285mm²)	D10－@250 (a_t=285mm²)

⑤ 配筋図

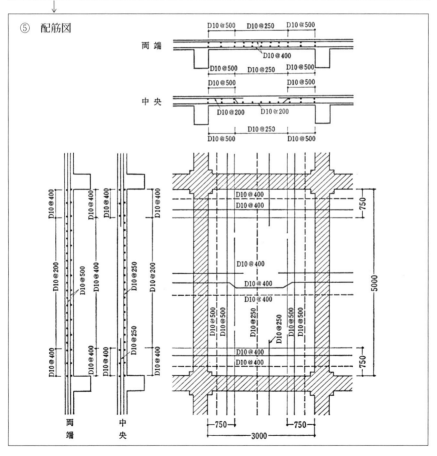

vi) 小ばりの設計

　小ばりとは，図2.8.7に示すように，大ばり同志を結ぶように配置されたはりをいいます。ちなみに，大ばりは柱同志を結んだはりをいいます。小ばりを入れる目的は，スラブに作用する荷重をスムーズに大ばりへ伝達するためと，スラブの大きさを分割して，スラブの設計応力やたわみを小さくしたり，振動障害を防止することです。

a) 小ばりの断面寸法の制限

　図2.8.7において，小ばりの断面寸法がある程度大きい場合には，大ばりと小ば

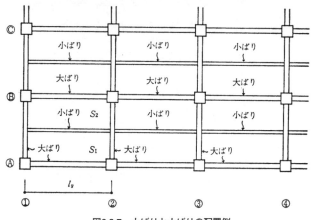

図2.8.7　小ばりと大ばりの配置例

りで囲まれた例えばS_1，S_2スラブなどは周辺固定の条件に近いのですが，小ばりの断面が小さいと，小ばりもスラブと一緒に大きくたわんでしまい，図2.8.8に示すように大ばり周辺に曲げきれつが生じます。このような現象を生じさせないためには，小ばりの断面寸法をある程度大きくして曲げ剛性を高めておく必要があります。

　そのような意味で，小ばりの断面寸法は表2.8.3に従って検定しなければなりません。

2章 鉄筋コンクリート部材の設計方法をマスターする章　　135

表2.8.3　小ばりの断面寸法を検定する手順

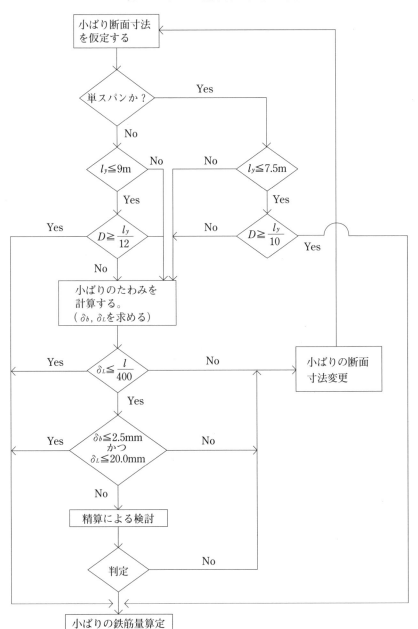

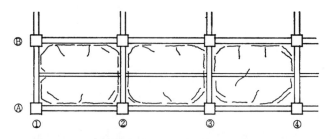

図2.8.8 小ばり断面寸法が小さいために入ったスラブのきれつ例

　しかし，通常の建物では，小ばりスパンはさほど大きくありませんので，表2.8.3での単スパンの場合の$l_y≦7.5$m，あるいは，多スパンの場合の$l_y≦9$mに該当する場合が多いと思います。それ故，小ばりのせいは下記の制限値以上に設計すれば，表2.8.3の検定は特に必要ありません。

　　　単スパンの場合……………………………………$D≧l_y/10$ （小ばりせい）

　　　その他の場合………………………………………$D≧l_y/12$

表2.8.3の検定については，ここでは詳細をふれませんが，非常スパンの長い小ばりを設計しなければならない場合（設計としてはあまり好ましくない）は「ＲＣ規準」を参考にして設計してください。

　b) **小ばりの設計用曲げモーメント**

　一般に小ばりは，図2.8.7に示すように大ばりで支持された連続ばりになっている場合が多い。このような連続ばりに等分布的な床荷重が作用したときの曲げモーメント図は通常図2.8.9のようになります。

図2.8.9 連続ばりの曲げモーメント図

支持している大ばり断面が，小ばりの断面寸法に比べて非常に大きい場合には，図2.8.9に示したA点は完全固定と見なしてもよいが，通常の大ばり断面は小ばりに比べてさほど大きくなく，最外端の大ばりは小ばりからの力を受けて多少ねじれ変形を生ずるため，端部の支持剛性が低下します。それ故，最外端での応力は剛性の低下分だけ小さくなり，最外端部の応力低下分は中央部分および他端に最分配されるので，中央および他端の曲げモーメントはその分大きくなります。

(a) 連続スパンの場合

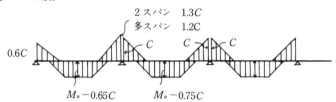

C：固定端モーメント
M_0：単純ばりとした時の中央曲げモーメント

(b) 単スパンの場合

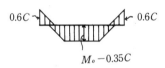

図2.8.10　小ばりの設計用曲げモーメント図

上記のようなことから，連続ばりになっている小ばりの設計用曲げモーメントは図2.8.10(a)のように，また，単スパンの場合には図2.8.10(b)のように仮定して設計します。

c) 鉄筋量の算定

小ばりの主筋量およびせん断補強筋量の算定は2.4～2.7節のはりの場合と同一の手順で算定します。

2.9 耐震壁の設計

　耐震壁とは，読んで字のごとく，地震に抵抗するために入れる壁のことです。鉄筋コンクリートの建物は非常に重い構造*なので，地震時に大きな水平力（地震力）が作用します。このような大きい地震力に抵抗するためには，柱部材などよりも耐震壁の方が効率よいことが知られています。実際，過去の十勝沖地震，宮城県沖地震などの地震被害調査でも耐震壁の多いＲＣ造は，被害が少ないことが指摘されています。

　このように，耐震壁は建物の耐震性能を増強するための有用な手段ですから，できるだけ耐震壁をもうけるように構造計画をすべきです。

i) 耐震壁の性質

　鉄筋コンクリートの建物のなかには，壁が沢山入っていますが，構造設計上，地震力を負担させる壁を耐震壁と呼び，一般の壁とは区別しています。耐震壁は，図2.9.1(a)のように，地震時に水平力を受けます。その時の応力は，図2.9.1(b)のように片持ばりとみなして計算できます。それ故，耐震壁は曲げモーメントとせん断力を同時に受けることになります。曲げに対してはスパン l をせいとした非常にせいの高いはりとみなせるため，一般に曲げ補強は行ないません。このことは，

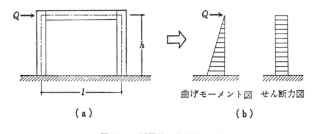

図2.9.1　耐震壁に作用する応力

---

*積載荷重も含めた建物の全重量の平均は，ほぼ10〜15kN/m²の重さがある。

2章 鉄筋コンクリート部材の設計方法をマスターする章　　　139

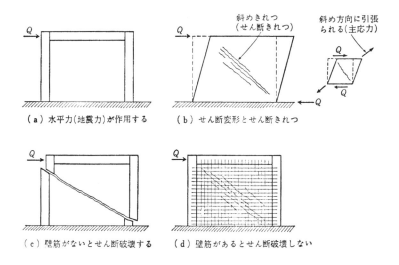

図2.9.2　耐震壁のせん断変形とせん断破壊

　耐震壁の破壊形式をみてもわかります。すなわち図2.9.2(a)に示すように，耐震壁が大きい水平力を受けると，図2.9.2(b)のようなせん断変形が生じ，斜めきれつ（せん断きれつ）が発生し，せん断破壊を起こします。このような場合，もし耐震壁に壁筋が入っていないと，図2.9.2(c)のように，無筋コンクリートのはり，柱の場合と同様，せん断きれつの発生と同時に，もろいせん断破壊を生じてしまいます。しかし，図2.9.2(d)のように，壁筋で十分補強された耐震壁は，せん断きれつが入った後も壁筋がせん断力に抵抗するため，強度が低下することなく，ねばりのあるせん断抵抗を示します。このようなもろいせん断破壊を防止するために，耐震壁には必ず壁筋を入れる必要があります。耐震壁には，図2.9.3に示すように無開口のものと有開口のものとがあります。開口周比$\sqrt{h_0 l_0 / h l} \leq 0.4$以下のものを耐震壁として扱い，それ以上大きい開口をもつものは，剛域をもつラーメンとして扱います。耐震壁の強度は，当然開口の大きいものほど低下し，その強度低下の割合を表わすのに，無開口壁の強度を1とした場合の強度低減率を用います。低減率は（2.9.1）式で求めます。

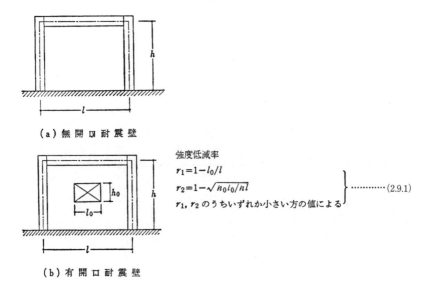

図2.9.3　無開口耐震壁と有開口耐震壁および強度低減率

ii) 耐震壁の許容水平せん断力と壁筋量の算定

前述したように，耐震壁は，せん断きれつ発生以前と，以後ではせん断力に対する抵抗のしかたが多少異なるので，その強度も異なります。すなわち，きれつ発生以前は，図2.9.4(a)に示すように，コンクリートのみがせん断力に抵抗するので，その許容水平せん断力は（2.9.2）式で求められます。通常，（2.9.2）式を耐震壁のせん断初きれつ強度と呼んでいます。せん断きれつ発生以後は，壁部分のコンクリートのせん断力に対する抵抗が減少し，せん断力は壁筋と耐震壁に接続している周辺柱（付帯ラーメン）で負担されるようになります（図2.9.4(b)）。その時の許容水平せん断力は，（2.9.3）式で求められます。

耐震壁の許容水平せん断力は，（2.9.2）式と（2.9.3）式のうちの大きい方の値を採用してよい。

壁筋量の計算は，以上の諸式を用いて表2.9.1の計算手順に従って行います。

2章 鉄筋コンクリート部材の設計方法をマスターする章

表2.9.1 耐震壁の壁筋量の計算手順

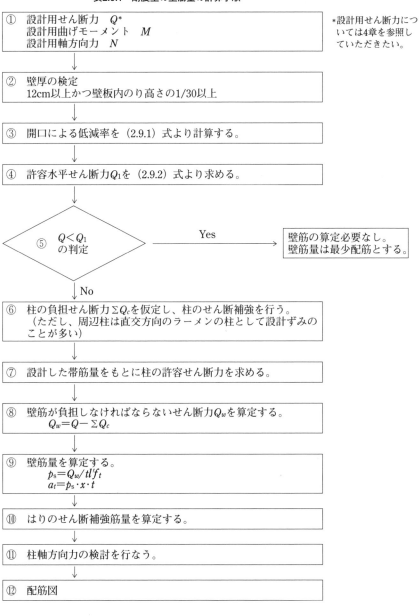

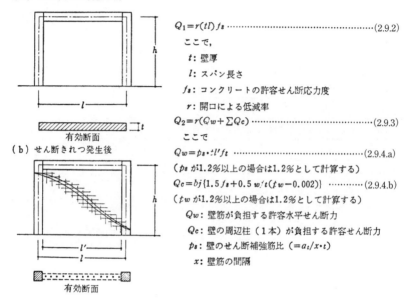

図2.9.4 耐震壁の許容水平せん断力の求め方

iii) 耐震壁の最小必要規定

耐震壁の設計に当っては，上記の設計の他に次の最小必要規定を考慮しなければなりません。（ＲＣ規準）

(1) 壁板の厚さは120mm以上，かつ壁板の内のり高さの1/30以上とする。
(2) 壁板のせん断補強筋比は，直交する各方向に関し，それぞれ0.25％以上とする。
(3) 壁板の厚さが200mm以上ある場合は，壁筋を複筋配置とする。
(4) 壁筋は，D10以上の異形鉄筋あるいは素線の径が6mm以上の溶接金網を用い，壁の見付け面に関する間隔は300mm以下とする。ただし千鳥状に複配筋を行なう場合は，片面の壁筋の間隔は450mm以下とする。

(5) 開口周囲の補強筋は，D13以上かつ，壁筋と同径以上の異形鉄筋を用いる．
(6) 壁板周辺のはりおよび柱の主筋はそれぞれの最小規定に従うほか，スラブ部分を除くはりのコンクリート全断面積に対する主筋全断面積の割合は0.8%以上とする．
(7) 壁板周辺のはりのあばら筋および柱の帯筋は，それぞれの最小せん断補強規定に従う．
(8) 壁板に開口がある場合，壁板周辺のはりおよび柱の設計にあたっては，適切な靭性が確保できるよう，特に配慮する必要がある．

iv) 無開口耐震壁の設計例

下図の無開口耐震壁の設計をしてみよう．

コンクリートの設計基準強度 $F_c 21$，柱主筋はＳＤ295A，はり，柱のあばら筋，帯筋および壁筋はＳＤ295Aとする．設計は表2.9.1に従って行なえばよい．

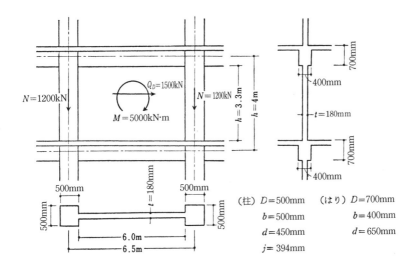

① 設計用せん断力　$Q=1500$kN

　設計用曲げモーメント　$M=5000$kN・m

　設計用軸方向力　$N=1200$kN（柱1本当り）

↓

② 壁厚を180mmと仮定

　$t=180$mm＞120mm

　　　　　＞$(4m-0.7m)/30=110$mm $\Bigg\}$ ……OK

↓

③ 無開口壁であるから開口による低減率はない。

　それ故　　$r=1$

↓

④ 　$Q_1=rtlf_s$

　$r=1$，$t=180$mm，$l=6.5$m

　$f_s=\dfrac{1}{30}F_c\times1.5=\dfrac{21}{20}=1.05$N/mm²（コンクリートの短期許容せん断応力度）

　$Q_1=1\times180$mm$\times6500$mm$\times1.05$N/mm²$=1228.5$kN

↓

⑤⑥　　$Q=1500$kN＞1228.5kN

　故に壁筋算定の必要がある。

　柱にせん断力の5割を負担させると仮定すると，

　　　$\Sigma Q_c=1500$kN$\times0.5=750$kN

　故に柱1本当りのせん断力は

　　　$Q_c=\dfrac{750\text{kN}}{2}=375$kN

　　　$Q_c/bj=375$kN$/(500$mm$\times394$mm$)=1.91$N/mm²

　柱に補強すべき必要帯筋比は　(2.9.4.b) 式より

　　　$Q_c=bj\{1.5f_s+0.5_wft(p_w-0.002)\}$

　　　$p_w=(Q_c/bj-1.5f_s)0.5_wft+0.002$

　　　　$=(1.91-1.5\times1.05)/(0.5\times295)+0.002=0.00223+0.002=0.423$%

　帯筋として3－D10（$a_w=214$mm²）を用いると

　　　$x=\dfrac{214\text{mm}^2}{500\text{mm}\times0.00423}=101.2$mm

　設計は3－D10@100とする。

↓

⑦ 柱の設計の帯筋比は 3－D10@100 より

$$p_w = \frac{214\text{mm}^2}{500\text{mm} \times 100\text{mm}} = 0.43\%\text{となる。}$$

柱の許容せん断力は

$$Q_c = bj\{1.5f_s + 0.5{}_wf_t(p_w - 0.002)\}$$
$$= 500\text{mm} \times 394\text{mm}\{1.5 \times 1.05\text{N/mm}^2 + 0.5 \times 295\text{N/mm}^2(0.0043 - 0.002)\}$$
$$= 500 \times 394\{1.57 + 0.339\}$$
$$= 376.0\text{kN}$$
$$\Sigma Q_c = 2 \times Q_c = 2 \times 376.0\text{kN} = 752\text{kN}$$

↓

⑧⑨ 壁が負担しなければならないせん断力は

$$Q_w = Q - \Sigma Q_c$$
$$= 1500\text{kN} - 752\text{kN} = 748\text{kN}$$

壁筋量の算定

$$Q_w = p_s tl'f_t \text{ より}$$
$$p_s = \frac{Q_w}{tl'f_t} = \frac{748\text{kN}}{180\text{mm} \times 6000\text{mm} \times 295\text{N/mm}^2}$$
$$= 0.235\%$$

壁筋はD10をダブルで配筋するとすれば，壁筋間隔は

$$x = \frac{143\text{mm}^2}{180\text{mm} \times 0.00235} = 338\text{mm}$$

設計は 2－D10@200 とする。

↓

⑩ はりのせん断補強筋の算定
柱のせん断補強筋比と同程度の補強とする。

3－D10@100 として

$$p_w = \frac{214\text{mm}^2}{400\text{mm} \times 100\text{mm}} = 0.54\%$$

↓

⑪ 柱の軸方向力の検討
壁に作用する曲げモーメントにより，柱の軸方向力は次のようになる。

圧縮側　$N + M/l = 1200\text{kN} + 5000\text{kN·m}/6.5\text{m} = 1969.2\text{kN}$

引張側　$N - M/l = 1200\text{kN} - 5000\text{kN·m}/6.5\text{m} = 430.8\text{kN}$（引抜きなし）……OK

柱の許容軸方向力は次のようになる。

$N_A = f_c(bD + na_g)$

　　　$= 14\text{N/mm}^2 (500\text{mm} \times 500\text{mm} + 15 \times 3870^*\text{mm}^2)$

　　　$= 3500\text{kN} + 812.7\text{kN} = 4312.7\text{kN} > 1969.2\text{kN}$

ここで，a_g：柱主筋断面積の総和

＊柱主筋は直交方向のラーメン応力より算定され配筋は10−D22（$a_g =$ 3870mm²）とする。

故に柱の軸方向力は許容軸方向力以内におさまっていることが判る。

はり主筋は，耐震壁の最少必要規定の(6)項より

　　$p_g \geqq 0.8\%$の最小配筋とする。

　　$a_g = p_g bD = 0.008 \times 400\text{mm} \times 700\text{mm} = 2240\text{mm}^2 \longrightarrow 6-\text{D}22$（$a_g = 2322\text{mm}^2$）

⑫ 配筋図

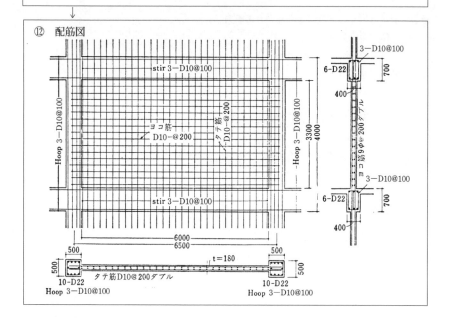

2.10 基礎の設計

　基礎の役目は，建物に作用する荷重（鉛直荷重，水平荷重など）によって，建物自身が水平方向に移動したり，沈下したり，浮き上ったりしないように，地盤上にしっかりと建物を支えることです。

　基礎の設計手順は表2.10.1に示すように，まず，建物をしっかりと地盤上に支えるために必要な基礎スラブの大きさを決定し，ついで，その基礎スラブが破壊しないように配筋設計をするという順序で行ないます。

　基礎の種類には，図2.10.1に示すようなものがあります。建設される建物の規模，地形，地盤種別などに応じて適切なものを選択しなければなりません。

i)　基礎の種類

　基礎は，基礎スラブの形式から次のように分類されます（図2.10.1）。
- (a)　独立基礎
- (b)　複合基礎
- (c)　連続基礎
- (d)　べた基礎

独立基礎は，最も一般的に用いられる基礎です。複合基礎は，エキスパンション・ジョイントのように柱が隣接して建っているようなときに用いられます。独立基礎，複合基礎の場合とも基礎同志を剛な基礎ばりでしっかりと連結する必要があります。

　連続基礎は，通称，布基礎とも呼ばれ，比較的小規模な建物や，壁式建物の基礎として用いられます。

　べた基礎は地下階をもつ建物などに多く用いられます。

148

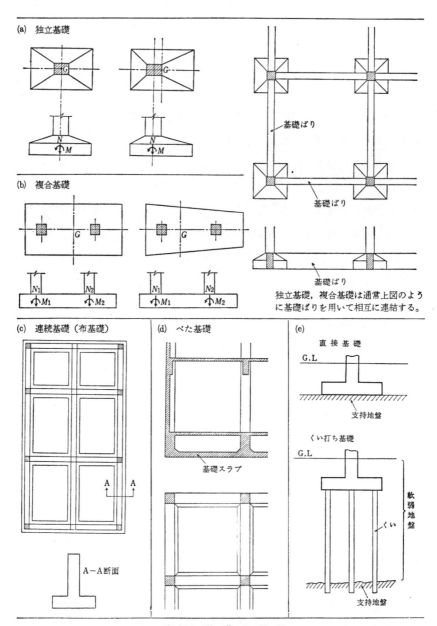

図2.10.1 基礎の種類

上記(a)～(d)の基礎を地盤の悪い所に用いるときには，基礎スラブの下に支持地盤までくい打ちをする場合があり，このような基礎を，くい打ち基礎と呼びます（図2.10.1(e)）。

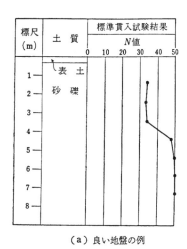

(a) 良い地盤の例

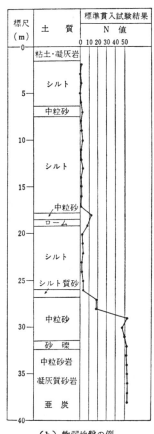

(b) 軟弱地盤の例

図2.10.2 柱状図の一例

図2.10.2は地盤の性状を示した柱状図の一例です。

(a)の場合には，1m程度で砂礫になりN値が30程度ですから，くいなしの直接基礎で十分です。

(b)の場合は，深さ29mぐらいまでN値が10以下の軟弱地盤であり，くい打基礎にする必要があります。

150

このように，基礎を設計をする場合には，通常，ボーリング試験などを行ない，地盤性状のデータをもとに，直接基礎にするか，くい打ち基礎にするかなどの検討を行ないます。

ii)　基礎の設計に関する基本的な考え方

図2.10.1のように，基礎の形式には種々ありますが，その目的は，建物の沈下，移動を防止するということで共通ですから，その設計要領はいずれの基礎の場合も同一で，下記の2つの条件を満足するように設計すればよいわけです。

(i)　基礎スラブ下に生ずる接地圧*（あるいはくい反力）の最大値が，その地盤の許容地耐力（あるいはくいの許容支持力）以下であること。

(ii)　基礎スラブが，接地圧（くい反力）などの作用によって生ずる曲げモーメント，せん断力に対して安全であること。

通常，上記のことを表2.10.1の計算手順に従って検討します。

iii)　独立基礎の設計

〔設計手順の説明〕

ここでは，鉄筋コンクリート構造の基礎として，最も多く用いられている，独立基礎の設計ついて説明しましょう。

以下の説明は，表2.10.1の計算手順の順序に従って行なってあります。

① 基礎スラブに作用する荷重と許容地耐力の決定

基礎スラブに作用する荷重は，図2.10.3のとおりです。地盤の許容地耐力は，ボーリング，あるいは載荷試験などを行ない決定します。

許容地耐力には長期許容地耐力と短期許容地耐力があります。

---

*基礎スラブ下に生ずる地盤反力のこと

表2.10.1　基礎設計の計算手順

┌───┐
│ ①　基礎スラブに作用する荷重（図2.10.3）   │
│ 　　および地盤の許容地耐力，あるいはくいの許容支持力の決定 │
└───┘
　　　　　　　　↓
┌───┐
│ ②　基礎スラブ底面積あるいはくい本数の算定   │
│ 　　最大接地圧≦許容地耐力   │
│ 　　最大くい反力≦くいの許容支持力   │
│ 　　の条件を満足するように決定する。   │
└───┘
　　　　　　　　↓
┌───┐
│ ③　基礎スラブに作用する曲げモーメントとせん断力の算定 │
└───┘
　　　　　　　　↓
┌───┐
│ ④　基礎スラブの配筋設計   │
│ 　　・主筋量の算定   │
│ 　　・せん断力に対する検定   │
│ 　　・付着力に対する検定   │
│ 　　・パンチングシヤーに対する検定   │
└───┘
　　　　　　　　↓
┌───┐
│ ⑤　配筋図   │
└───┘

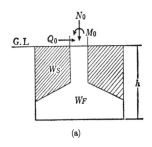

N_0：柱から基礎スラブへ伝達される軸方向力
M_0：柱から基礎スラブへ伝達される曲げモーメント
Q_0：柱から基礎スラブへ伝達されるせん断力
W_S：基礎上の埋めもどし重量
W_F：基礎の自重

図2.10.3　基礎に作用する荷重

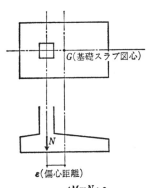

$\Delta M = N \cdot \varepsilon$

(b)　鉛直荷重の合力と基礎スラブの図心が偏心している場合

② 基礎スラブ底面積の決定

接地圧の算定は，以下の荷重と計算仮定を用いて行ないます（図2.10.3）。

作用荷重 $\begin{cases} N=N_0+W_S+W_F \\ M=M_0+Q_0h+\Delta M \end{cases}$

ΔM：鉛直荷重の合力と基礎スラブの図心が偏心しているために生ずる偏心モーメント（図2.10.3(b)）。

仮　定 $\begin{cases} \text{i)} \ 地盤には圧縮力のみ生ずる。 \\ \text{ii)} \ 接地圧の分布は直線とする。 \end{cases}$

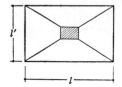

A：基礎スラブ底面積（$=l \times l'$）
N：基礎スラブに作用する軸方向力
M：基礎スラブに作用する曲げモーメント

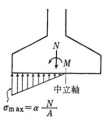

(a) 中立軸が底面内にある場合

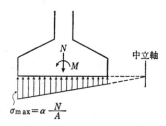

(b) 中立軸が底面外にある場合

図2.10.4　接地圧の分布

接地圧は，図2.10.4のように直線分布すると仮定していますから，その分布は，鉄筋コンクリート柱断面で引張鉄筋の応力を無視した場合の応力分布と一致します。それ故，柱の断面算定の理論をそのまま応用して求めることができます。すなわち，接地圧の最大値は（2.6.2）式より（2.10.1）式で求められます。

$$\sigma_{max} = \frac{N}{S_n} x_n \qquad\qquad\qquad (2.10.1)$$

ただし，x_nは（2.6.5）式より求めます。

2章　鉄筋コンクリート部材の設計方法をマスターする章　　153

(2.10.1) 式を整理すると，最大接地圧は，(2.10.8) 式，(2.10.13) 式で求められます。

$\dfrac{e}{l} < \dfrac{1}{6}$ の場合（中立軸が底面外にある場合）

$$S_n = \left(x_n - \frac{l}{2} \right) l l' \quad\cdots\cdots\cdots\cdots\cdots\cdots\cdots\cdots\cdots\cdots\cdots (2.10.2)$$

$$I_n = \left| \frac{l^2}{12} + \left(x_n - \frac{l}{2} \right)^2 \right| l l' \quad\cdots\cdots\cdots\cdots\cdots\cdots\cdots (2.10.3)$$

$$g = \frac{l}{2} \quad\cdots\cdots\cdots\cdots\cdots\cdots\cdots\cdots\cdots\cdots\cdots\cdots\cdots\cdots (2.10.4)$$

$$e = \frac{M}{N} \quad\cdots\cdots\cdots\cdots\cdots\cdots\cdots\cdots\cdots\cdots\cdots\cdots\cdots (2.10.5)$$

$$x_n = \frac{l}{2} \left(1 + \frac{l}{6e} \right) \quad\cdots\cdots\cdots\cdots\cdots\cdots\cdots\cdots\cdots (2.10.6)$$

$x_n \geqq l$ なるためには

$$\frac{e}{l} \leqq \frac{1}{6} \quad\cdots\cdots\cdots\cdots\cdots\cdots\cdots\cdots\cdots\cdots\cdots\cdots\cdots (2.10.7)$$

最大接地圧は

$$\left. \begin{array}{l} \sigma_{max} = \alpha \dfrac{N}{A} \\[2mm] \alpha = 1 + 6 \dfrac{e}{l} \end{array} \right\} \quad\cdots\cdots\cdots\cdots\cdots\cdots\cdots\cdots (2.10.8)$$

$\dfrac{e}{l} > \dfrac{1}{6}$ の場合（中立軸が底面内にある場合）

$$S_n = \frac{1}{2} x_n^2 l' \quad\cdots\cdots\cdots\cdots\cdots\cdots\cdots\cdots\cdots\cdots\cdots\cdots (2.10.9)$$

$$I_n = \frac{1}{3} x_n^3 l' \quad\cdots\cdots\cdots\cdots\cdots\cdots\cdots\cdots\cdots\cdots\cdots (2.10.10)$$

$$g = \frac{l}{2} \quad\cdots\cdots\cdots\cdots\cdots\cdots\cdots\cdots\cdots\cdots\cdots\cdots\cdots (2.10.11)$$

$$x_n = 3l \left(\frac{1}{2} - \frac{e}{l} \right) \quad\cdots\cdots\cdots\cdots\cdots\cdots\cdots\cdots\cdots (2.10.12)$$

最大接地圧は

$$\left.\begin{array}{l}\sigma_{max} = \alpha \dfrac{N}{A} \\ \alpha = \dfrac{2}{3\left(\dfrac{1}{2} - \dfrac{e}{l}\right)}\end{array}\right\} \quad\cdots\cdots\cdots\cdots\cdots\cdots\cdots\cdots\cdots\cdots\cdots\cdots\cdots\cdots\cdots\cdots\cdots (2.10.13)$$

(2.10.8) 式，(2.10.13) 式の，α の値を図表化したのが，図2.10.5です。実際の構造計算のときによく利用します。

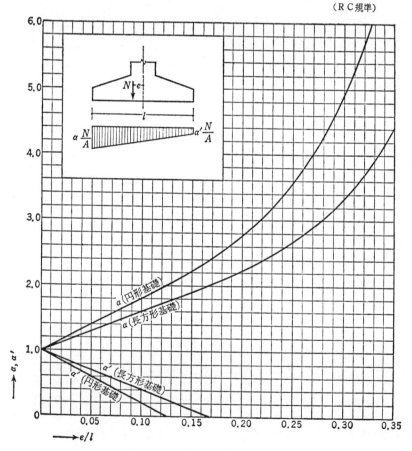

図2.10.5　最大および最小接地圧を求める時の α の値〔(2.10.8) 式，(2.10.13) 式〕
（RC規準）

基礎スラブ底面積は，(2.10.14) 式のように，最大接地圧の σ_{max} が許容地耐力 f_e 以下になるように決定します。

$$\sigma_{max} \leq f_e \dotfill (2.10.14)$$

通常の建物の基礎は継ぎばりで連結されている。このように基礎が継ぎばりで連結されている場合には，図2.10.6(a)に示すように，柱脚の曲げモーメントはすべて基礎ばりに伝達し，基礎は鉛直荷重のみに対して設計します。それ故鉛直荷重の合力と基礎スラブの図心が一致している場合には，接地圧は図2.10.6(b)のように等分布になり，その大きさは簡単に (2.10.15) 式で求められます。

$$\sigma = \frac{N}{A} \dotfill (2.10.15)$$

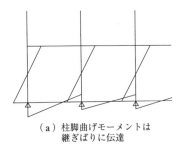
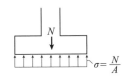

（a）柱脚曲げモーメントは継ぎばりに伝達　　（b）接地圧は等分布になる

図2.10.6　継ぎばりで連結された基礎の接地圧

③　基礎スラブに作用する曲げモーメント，せん断力の算定

基礎スラブに作用する曲げモーメント，せん断力は，図2.10.7(b)に示すように，柱面（ＡＢおよびＣＤ断面）を固定とし，4方向に持出された片持ばりが，上方から基礎自重と埋めもどし土の重量を，下方から接地圧を受けるものとして求めます。

例ば，図2.10.7の基礎スラブの x 方向を設計する場合には，ＡＢ断面を固定とし，はり幅 l' ，はり丈 D ，スパン h の片持ばりとして設計すればよいわけです。

M 図，Q 図は図2.10.7(c)のようになります。曲げモーメントおよびせん断力は柱面で最大になるのでこれを設計用曲げモーメントおよびせん断力とします。

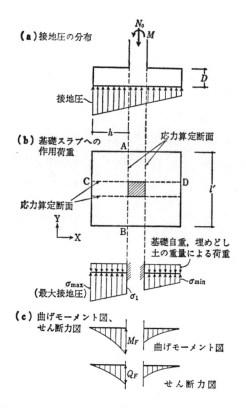

図2.10.7 基礎スラブに作用する曲げモーメント，せん断力の求め方

　設計用曲げモーメント，せん断力は接地圧による応力から，基礎自重と埋もどし土の重量による応力を差引いたものとして求められる。接地圧のみによる曲げモーメント，せん断力は図2.10.9より (2.10.16)式〜(2.10.19)式で求められ，それらの式を図表化したのが図2.10.8(a)(b)である。設計用曲げモーメント，せん断力は基礎自重，埋もどし重量の影響を考慮して次のように分けて考えるのがよい。

(1) 最小接地圧が基礎自重などによる圧より大きい場合には，(2.10.16)式，(2.10.17)式のNを柱軸方向力N_0に置き換えて，$e'=M/N_0$として図2.10.8より求める。

(2) 上記とは逆に，最小接地圧が小さい場合には，$e' = M/N$ として図2.10.8(a)より接地圧のみによる応力を求め，次に基礎自重などによる応力を図2.10.8(b)より求め，それら両者の差より設計応力を求める。

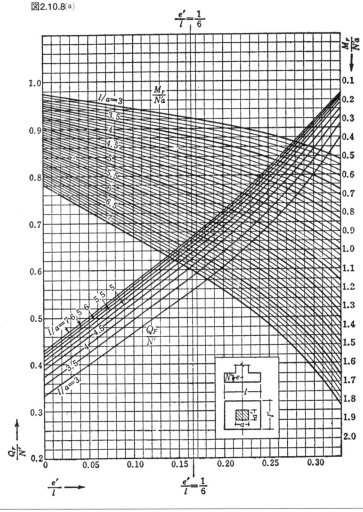

図2.10.8(a)

図2.10.8の N' は本文の N_0 と同一値

柱面での接地圧が $\sigma_1>0$ の場合（図2.10.9）

$$\frac{Q_F}{N}=\frac{\alpha}{2}\left(1-\frac{1}{4}\frac{l-a}{x_n}\right)\frac{l-a}{l} \quad \cdots\cdots\cdots\cdots\cdots\cdots\cdots (2.10.16)$$

$$\frac{M_F}{N\cdot a}=\frac{\alpha}{8}\frac{(l-a)^2}{l\cdot a}\left(1-\frac{1}{6}\frac{l-a}{x_n}\right) \quad \cdots\cdots\cdots\cdots\cdots\cdots\cdots (2.10.17)$$

ただし $\sigma_{max}=\alpha\dfrac{N}{A}$

図2.10.8(b)

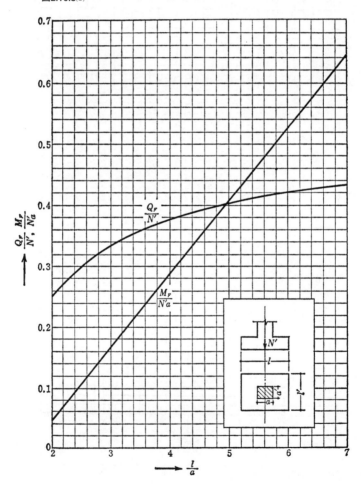

接地圧が等分布の場合（図2.10.6）

$$\frac{Q_F}{N} = \frac{1}{2}\frac{l-a}{l} \quad\cdots\cdots\cdots\cdots\cdots\cdots\cdots\cdots\cdots\cdots\cdots\cdots\cdots\cdots\cdots\cdots (2.10.18)$$

$$\frac{M_F}{N\cdot a} = \frac{1}{8}\frac{(l-a)^2}{l\cdot a} \quad\cdots\cdots\cdots\cdots\cdots\cdots\cdots\cdots\cdots\cdots\cdots\cdots\cdots (2.10.19)$$

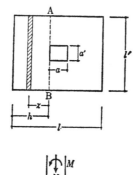

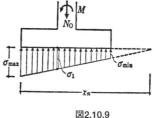

図2.10.9

④ 基礎スラブの設計

基礎スラブの設計は次の4項目について算定する必要があります。

イ）主筋量の算定

ロ）せん断力に対する検定

ハ）付着に対する検定

ニ）パンチングシヤーに対する検定

基礎スラブの設計は，前述したように，片持ばりとして行なうことになりますから，上記イ）ロ）ハ）の項目については，はり部材の設計と同様に取り扱ってよいわけです。

主筋量の算定は柱面の設計用曲げモーメントに対して行ないます。

主筋量は（2.4.3.b）式のはりの略算式より（2.10.20）式で求められます。

$$\left.\begin{array}{l} M = a_t f_t j \\ a_t = \dfrac{M}{f_t j} \end{array}\right\} \cdots\cdots\cdots\cdots\cdots\cdots\cdots\cdots\cdots\cdots\cdots\cdots\cdots\cdots\cdots\cdots (2.10.20)$$

　　　　j：基礎スラブの応力中心間距離（$=\dfrac{7}{8}d$）

　　　　d：基礎スラブの有効せい

せん断力に対しては基礎スラブにせん断きれつを生じさせないように，コンクリートのみでせん断力を負担できるよう(2.10.21)式の許容せん断力を用いて(2.10.22)式の条件を満すように基礎スラブの厚さを決定します。

$$Q = f_s \cdot \ell \cdot j \quad \text{または} \quad f_s \cdot \ell' \cdot j \cdots\cdots\cdots\cdots\cdots\cdots\cdots\cdots (2.10.21)$$

　　　　f_s：コンクリートの許容せん断応力度

　　　ℓ，ℓ'：基礎スラブの全幅（図2.10.9）

　　　　j：基礎スラブの応力中心間距離（$=\dfrac{7}{8}d$）

$$\text{設計用せん断力} \leqq \text{許容せん断力}（(2.10.21)\text{式}）\cdots\cdots\cdots\cdots (2.10.22)$$

付着の検定は，はり部材の設計と同様2.5節に従って行なえばよい。

即ち，付着長さ（ℓ_d）は次式により求めます。

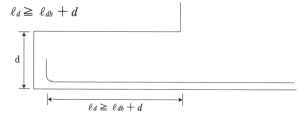

パンチングシヤーの検定

基礎スラブが極端に薄い場合などは，柱の軸方向力によって，図2.10.10に示す破線部分のスラブが打ち抜かれるような破壊が生じます。このようにスラブの底が抜けてしまうような破壊をパンチングシヤー破壊といいます。

パンチンクシヤーの許容せん断力Q_{PA}は(2.10.24)式で求めます。

$$Q_{PA} = \alpha \cdot b_0 \cdot j \cdot f_s \cdots\cdots\cdots\cdots\cdots\cdots\cdots\cdots\cdots\cdots\cdots\cdots (2.10.24)$$

ここで，$\alpha = 1.5$

2章 鉄筋コンクリート部材の設計方法をマスターする章　　161

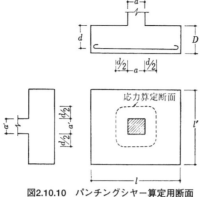

図2.10.10　パンチングシヤー算定用断面

b_0：設計用せん断力算定位置の延べ長さ（図2.10.10の破線の延べ長さ）

j：基礎スラブの応力中心間距離 $(=\frac{7}{8}d)$

d：基礎スラブの有効せい

f_s：コンクリートの許容せん断応力度

即ち，パンチングシヤーの検定は(2.10.25)式が満足されるように基礎スラブ厚さを決定すればよいわけです。

$$Q_{PD} \leqq Q_{PA} \cdots\cdots (2.10.25)$$

Q_{PD}：パンチングシヤーに対する設計用せん断力

Q_{PA}：パンチングシヤーの許容せん断力（(2.10.24)式）

⑤　配筋

独立基礎の基礎スラブ主筋は配筋は次の要領に従って行ないます。

主筋を2方向に配筋する場合には，長辺方向の鉄筋は短辺方向の幅に等間隔に配置し，短辺方向の鉄筋は短辺の長さに相当する幅に（2.10.26）式で求められる鉄筋量を等間隔に，残りを両側に等間隔に配筋します。

$$\frac{短辺長さ幅に相当する幅に入れる鉄筋量}{短辺方向の鉄筋全所要量} = \frac{2}{\beta+1} \cdots\cdots\cdots (2.10.26)$$

ここで，β：長辺の短辺に対する比

第3章
２次設計をマスターするための章

第3章　2次設計をマスターするための章

　1章，2章を読破された皆さんは，鉄筋コンクリートの常識はもちろんのこと，構造計算手順の概略（表1.1.1）や，鉄筋コンクリート部材の設計（鉄筋量の求め方）についても充分理解していただけたことと思います。

　しかし，鉄筋コンクリートの建物を実際に構造計算しようとなると，もう少し知識を吸収していただかなければなりません。その理由は，表1.1.1の構造計算手順をもう一度見てもらうと判ると思いますが，皆さんが1章，2章で学んだことは主に**1次設計**の部分であって，**2次設計**といわれる部分については全然ふれられていませんでした。構造計算は1次設計と2次設計が結び合わさって成立っているわけですから，2次設計の部分についても勉強しなければならないということになります。

　そこで本章では主に2次設計に当って必要な知識について勉強していただくということになります。

　具体的には，壁量の検討，層間変形角の求め方，剛性率，偏心率の求め方，および保有水平耐力の求め方などについて勉強することになります。特に，保有水平耐力の求め方は2次設計の中でも重要な部分ですから，ページ数も多く取ってできるだけ詳細に説明したつもりです。しかし，保有水平耐力を求めるということは建物の破壊強度を求めるということですから，なかなか一朝一夕にマスターできるとは思われませんので，根気よく読破されんことを期待します。

3.1　構造計算の必要性は建築基準法で決められている

　建築に関する法律にはいろいろありますが，一番の基本になるのは建築基準法です。

憲法や刑法などは聞いたことがあると思いますが，建築基準法はあまり耳慣れない法律だと思います。

建築基準法も法律ですから，違反すれば罰せられます。

建築基準法は建物を造る時に国民として最小限守らなければならない事項を決めている法律で，全部で103条から構成されています。

建築基準法で決められている事項の内容をより詳細に示してあるのが，建築基準法施行令（149条から構成されています）です。即ち，建物を造るに当っては，建築基準法と建築基準法施行令の２つが最も重要なものとなります。

建築基準法第20条に次のような事項が明記されています。これが，構造計算書が必要な理由です。

建築基準法第20条
　建築物は，自重，積載荷重，積雪，風圧，土圧及び水圧並びに地震その他の震動及び衝撃に対して安全な構造でなければならない。
2.第６条第１項第２号又は第３号に掲げる建築物に関する設計図書の作成にあたっては，構造計算によって，その構造が安全であることを確かめなければならない。

上記，建築基準法第20条の中で示されている，第６条第１項第２号又は第３号で規定されている建築物とは下表のものです。

構造計算の必要な建築物
(建築基準法第６条第１項第２号又は第３号に掲げる建築物)

(1)木造の建築物	・階数が３以上のもの ・延べ面積の合計が500m²を超えるもの ・高さが13mを超えるもの ・軒の高さが9mを超えるもの
(2)木造以外の建築物	・階数が２以上のもの ・延べ面積の合計が200m²を超えるもの
(3)石造・れんが造等の建築物	・高さが13m又は軒の高さが9mを超えるもの

鉄筋コンクリートの建物は上表の(2)に該当しますから,階数が2以上あるいは,延べ面積の合計が200m²を超える建物では構造計算が必要となります。

3.2　構造計算の方法は自分で選択して、自分で決める

　鉄筋コンクリートの建物は，建築基準法の中で構造計算が必要であることが規定されていることは，3.1節で述べたとおりです。

　構造計算に当っては図3.2.1に示す2つの方法のうちのどちらを採用してもよいことが建築基準法施行令第81条で決められています。

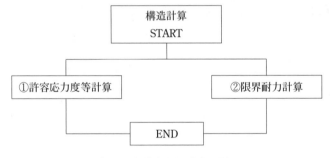

[図3.2.1]　構造計算の方法の選択

　「①許容応力度等計算」と「②限界耐力計算」の両者の構造計算の方法は同等な位置づけにあり，どちらを選択するかは自分で決めることができます。

　各構造計算方法の概略を図3.2.2および図3.2.3に示しました。「二次設計をマスターするための章」は，上記2つの方法のうちの許容応力度等計算の方法の2次設計の部分について説明しもたのです。許容応力度等計算による構造計算の手順の詳細は表3.5.1に示しております。

　それ故,限界耐力計算の方法について勉強したい方は大変申し訳ありませんが，本書以外の参考書で勉強してください。

　但し，本章で示してある保有耐力設計の部分は限界耐力計算の一部に利用できますのでしっかりと勉強してください。

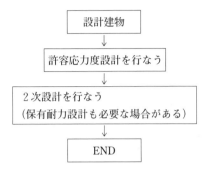

[図3.2.2] 許容応力度等計算の構造計算フロー

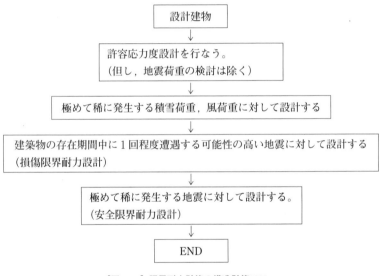

[図3.2.3] 限界耐力計算の構造計算フロー

3.3 2次設計とは？

　初心者は2次設計の目的を次のように理解するのがよいと思います。即ち「1次設計において設計した建物が大地震に対して充分安全なのかを1次設計よりも詳細に調べるのが2次設計の目的である。」

構造計算に慣れたベテランの方は構造計画の段階で２次設計のことも充分考えながら計算をしますので，実際の構造計算では１次と２次が平行して行われているのが実状ですが，初心者は上述のように２次設計の目的をとらえておくのがよいと思います。

　このようなことを言うと，「１次設計でも地震力を考慮して設計しているのに，１次設計で設計した建物は地震に対して安全でないのでしょうか？」という疑問を持たれる方もいるかと思いますが，実は，そうではなく，２次設計はあくまでも１次設計よりも詳細に大地震に対する安全性を確認する作業であって，１次設計で設計したものが安全でないということではありません。

　長期荷重に対する設計は１次設計で充分検討されていますので，２次設計においては長期荷重に関する検討はいっさい行ないません。

　２次設計では，１次設計でチェックされなかった以下のような事項について詳細に検討します。

イ）　地震のとき建物に極度に大きな水平たわみが生じないか？　──→層間変形角のチェック

ロ）　地震のとき建物に大きなねじれが生じないか？　──→偏心率のチェック

ハ）　地震のとき建物の特定階に大きな水平たわみが生じないか？　──→剛性率のチェック

ニ）　建物強度を壁量をもとに計算し，地震に対する安全性を検討する──→壁量による建物耐力のチェック

ホ）　建物の破壊強度を計算し，地震に対する安全性を検討する──→保有水平耐力のチェック

　２次設計の計算手順の詳細は，前述したように3.5節表3.5.1に示してありますのでそちらを参照してください。以下には，上記の各チェック項目について簡単に解説しておきます。

イ）′　層間変形角のチェック

　　　層間変形角は，図3.3.1に示すように地震時の建物の水平たわみを検討す

るためのものです。地震時に，水平たわみがあまり大きくなりますと図中(b)建物の内外装材，設備などに障害が生じたり，構造体に有害な影響が生じることも考えられますので，たわみの大きさが制限値内にあるかどうかを層間変形角を用いて検討しておく必要があります。

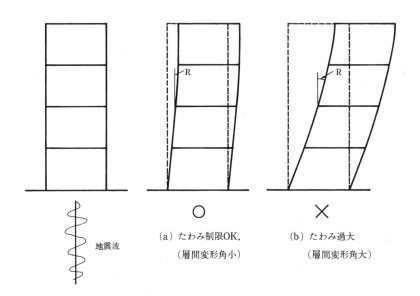

図3.3.1　地震時たわみと層間変形角（R）

ロ)´　偏心率のチェック

　一般の建物は，地震時に図3.3.2に示すようなねじれを生じます。(a)のように偏心率が小さく，ねじれの小さいものは問題ないのですが，(b)のようにねじれが大きくなりますと（偏心率の大きい建物），建物に局部的に大きな力が作用し，被害を受ける恐れがあります。それ故，偏心率を計算し，建物があまりねじれないことを確認する必要があります。

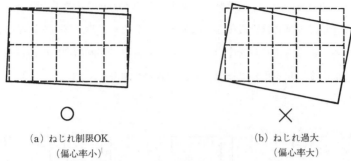

(a) ねじれ制限OK　　　　　　　　(b) ねじれ過大
　（偏心率小）　　　　　　　　　　（偏心率大）

図3.3.2　偏心率と建物のねじれ

ハ)′　剛性率のチェック

　全階とも均等な剛性を持つ建物においては,地震時の水平たわみは図3.3.3(a)のようにほぼ全階均等に生じますが，(b)のように他の階に比べて剛性の小さい階がある場合には，地震時にその階の水平たわみが大きくなり，大きな被害が発生することが考えられますから，各階の剛性率を検討し，局所的な水平たわみの増大が起こらないことを確認します。層間変形角,剛性率，偏心率の求め方の詳細については3.6節～3.8節を参照してください。

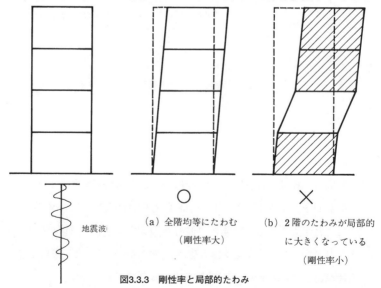

地震波

(a) 全階均等にたわむ　　(b) 2階のたわみが局部的
　（剛性率大）　　　　　　　に大きくなっている
　　　　　　　　　　　　　　　　（剛性率小）

図3.3.3　剛性率と局部的たわみ

ニ)´ 壁量による建物耐力のチェック

　耐震壁が沢山入ってる鉄筋コンクリートの建物が地震に強いことは，過去の大きな地震での被害調査結果などから認められています。

　これは耐震壁の沢山入っている建物は耐力が大きいからなのです。即ち，耐力の大きい建物は地震にも強いという当然のようなことなのですが，このことは建物の耐力が求められれば，ある程度その建物の地震に対する安全性が判定できることを示しています。

　一般に壁量の多い建物の場合には，図3.3.4の (3.3.1) 式, (3.3.2) 式で建物の耐力が求められます。これらの耐力を用いて安全性がチェックできるわけです。

　壁量の求め方と建物耐力の計算方法および安全性の判定の詳細については3.5節を参照してください。

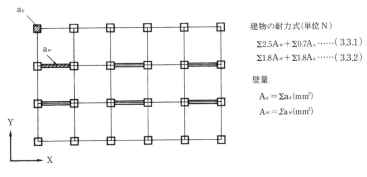

figure 3.3.4 壁量の求め方と建物の耐力式

建物の耐力式(単位 N)
$\Sigma 2.5 A_w + \Sigma 0.7 A_c \cdots\cdots (3.3.1)$
$\Sigma 1.8 A_w + \Sigma 1.8 A_c \cdots\cdots (3.3.2)$

壁量
$A_c = \Sigma a_c (mm^2)$
$A_w = \Sigma a_w (mm^2)$

・X方向は壁量大
・Y方向は壁量小

ホ)´ 保有水平耐力のチェック

　保有水平耐力とは，地震力を受けて建物が破壊する時の強度のことです。1次設計では地震に対する安全性の検討を主に許容応力度法によりチェックしたわけですが，保有水平耐力を用いた検討では，図3.3.5に示すように建物が破壊する状態まで想定して安全性を確認することになります。保有

水平耐力の求め方とそれを用いた安全性の確認方法の詳細については3.9節に示してありますので参照してください。

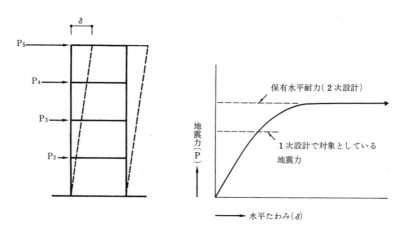

図3.3.5　保有水平耐力を用いた耐震設計

3.4　設計用地震力の求め方

　設計用地震力の説明は4章での方がよいと思いますが、2次設計の目的が地震に対する安全性のチェックですから、これから2次設計を勉強するに当って設計用地震力の知識があった方がよいと思いますので、ここで説明しておきます。

　前述したように、地震に対する安全性の検討は1次設計および2次設計の両者で行なわれますので、それらに応じて設計用地震力も次の2種があります。

$$\begin{cases} 1次設計 \longrightarrow 1次設計用地震力 \\ 2次設計 \longrightarrow 2次設計用地震力（必要保有水平耐力） \end{cases}$$

　2次設計用地震力は「保有水平耐力のチェック」に用いられるもので上記のように必要保有水平耐力と呼んでいます。

　建物に作用する地震力は、地震のとき建物がゆれるために、即ち、建物に加速度が生ずるために発生するものです。それ故、物理学的には地震力は (3.4.1) 式

の慣性力として求められます。

$$F_i = m_i a_i \quad\cdots\cdots\cdots\cdots\cdots\cdots\cdots\cdots\cdots\cdots\cdots\cdots\cdots\cdots\cdots\cdots\cdots\cdots\cdots (3.4.1)$$

ここで, F_i：i 階の地震力

a_i：i 階の建物質量（$=W_i/g$）

m_i：i 階に生ずる加速度

W_i：i 階の建物重量

g：重力加速度（980cm/sec²）

設計用地震力は，(3.4.2) 式により求めます。(3.4.2) 式の Q_i が i 階に作用する地震力の大きさということになります。i 階の地震力はその階の層せん断力係数（(3.4.3) 式）に最上階から i 階までの建物重量の総和 W_i を乗じて求めます。

$$Q_i = C_i W_i \quad\cdots\cdots\cdots\cdots\cdots\cdots\cdots\cdots\cdots\cdots\cdots\cdots\cdots\cdots\cdots\cdots (3.4.2)$$

$$C_i = Z \cdot R_t \cdot A_i \cdot C_o \quad\cdots\cdots\cdots\cdots\cdots\cdots\cdots\cdots\cdots\cdots\cdots\cdots (3.4.3)$$

ここに, Q_i：i 階の層せん断力（設計用地震力）

C_i：i 階の層せん断力係数

W_i：最上階から i 階までの建物重量の総和

Z：地震地域係数

R_t：地盤の特性および建物の固有周期に応じて決まる振動特性係数

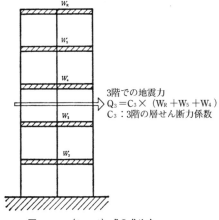

図3.4.1　(3.4.2) 式の求め方

A_i：層せん断力係数の高さ方向の分布を表わす係数

C_o：標準層せん断力係数

（3.4.2）式の求め方の1例を図3.4.1に示しておきます。

1次設計用地震力および2次設計用地震力（必要保有水平耐力）は（3.4.2）式を用いて，（3.4.4）式および（3.4.6）式で求められます。

1次設計用地震力

$$Q_i＝C_iW_i\cdots\cdots\cdots\cdots\cdots\cdots\cdots\cdots\cdots\cdots\cdots\cdots\cdots\cdots\cdots（3.4.4）$$

$$C_i＝Z\cdot R_t\cdot A_i×0.2\cdots\cdots\cdots\cdots\cdots\cdots\cdots\cdots\cdots\cdots\cdots（3.4.5）$$

1次設計用地震力は(3.4.3)式で$C_o＝0.2$(建築基準法では0.2以上となっている)として求められます。Z, R_t, A_iの係数は（3.4.3）式の場合と同一です。

必要保有水平耐力（2次設計用地震力）

$$Q_{un}＝D_s\cdot F_{es}\cdot Q_{ud}\cdots\cdots\cdots\cdots\cdots\cdots\cdots\cdots\cdots\cdots\cdots（3.4.6）$$

$$Q_{ud}＝C_iW_i\cdots\cdots\cdots\cdots\cdots\cdots\cdots\cdots\cdots\cdots\cdots\cdots\cdots\cdots（3.4.7）$$

$$C_i＝Z\cdot R_t\cdot A_i×1.0\cdots\cdots\cdots\cdots\cdots\cdots\cdots\cdots\cdots\cdots\cdots（3.4.8）$$

（3.4.7）式のQ_{ud}は（3.4.3）式で$C_o＝1$(建築基準法では1.0以上となっている)として求められます。また，（3.4.6）式のD_s, F_{es}は建物のねばりや形状によって決められる係数で，詳細は3.10節を参照してください。（3.4.8）式のZ, R_t, A_iの係数は（3.4.3）式の場合と同一です。

地震力は建物のゆれ方（加速度の大きさ）によって異なり，そのゆれ方には，地震動の大きさ，建物と地盤との相関性，建物の階数などいろいろな要因が影響します。それらの影響を整理し層せん断力係数として表したのが（3.4.3）式です。以下に，（3.4.3）式の各係数について簡単に説明しておきましょう。

地震地域係数（Z）

この係数は，大きい地震を受ける確率の大小を地域ごとに示したものです。即ち，大きい地震の起る確率の高い地域はZが大きく，確率の小さい地域はZが小

3章 2次設計をマスターするための章

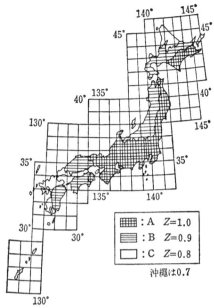

図3.4.2 地震地域係数の値

さいということになります。図3.4.2に地震地域係数（Z）の値を示してあります。例えば，東京ならば$Z=1.0$ということになります。

振動特性係数（R_t）

振動特性係数は（3.4.9）式より求めます。振動特性係数とは，建物と地盤との相互関係を考慮して，層せん断力係数を補正する係数です。地震のときに建物はゆれるわけですが，同一建物であっても，建物の建っている地盤の種別によってそのゆれ方（地震力）が多少異なってきます。即ち，建物の固有周期が地盤の周期より小さい場合には$R_t=1$でよいのですが，建物の固有周期が長い場合には建物に生ずる地震力が多少小さくなる傾向にあります。その効果を取り入れたのがR_tです。

$$R_t = \begin{cases} 1 & (T \leq T_c) \\ 1-0.2\left(\dfrac{T}{T_c}-1\right)^2 & (T_c \leq T \leq 2T_c) \\ \dfrac{1.6T_c}{T}，かつ0.25以上 & (2T_c \leq T_e) \end{cases} \quad \cdots\cdots(3.4.9)$$

T：建物の固有周期（ＲＣ造建物の場合は（3.4.10）式で求めてよい）

T_c：地盤周期

$T=0.02\mathrm{h}$ ·· (3.4.10)

h：建物の高さ（m）

T_cは表3.4.1により求めます。

表3.4.1　各種地盤のT_cの値

地盤種別	地 盤 構 成 お よ び 特 性	T_c (秒)
第 1 種	地盤が当該建物の周囲相当の範囲にわたって，岩地，硬質れき層，その他主として，第三紀以前の地層によって構成されているもの。又は，これと同程度の地盤周期を有すると認められるもの。	0.4
第 2 種	第1種，第3種に規定されている以外のもの。	0.6
第 3 種	腐植土，泥土その他これに類するもので構成されている沖積層（盛土がある場合にはこれを含む。）で，その深さが概ね30m以上のもの。泥沢，でい海等を埋め立てた地盤の深さが概ね3m以上であり，かつ，これらで埋め立てられてから概ね30年経過していないもの。又は，これと同程度の地盤周期を有すると認められるもの。	0.8

（3.4.9）式を図で示したのが図3.4.3です。

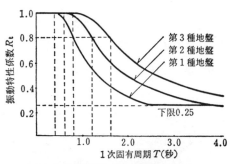

図3.4.3　各種地盤に対する振動特性係数R_t

層せん断力係数の高さ方向の分布を表す係数（A_i）

A_iは（3.4.11）式より求めます。層せん断力係数とは，各階に作用する地震

力を，最上階からその階までの建物重量で除した値です。建物は上層ほどよくゆれますから層せん断力係数は上階に行くにつれて大きくなります。1階では$A_i=1$となります。

$$A_i = 1 + \left(\frac{1}{\sqrt{\alpha i}} - \alpha i\right)\frac{2T}{1+3T} \quad \cdots\cdots\cdots\cdots\cdots\cdots\cdots\cdots\cdots\cdots\cdots\cdots (3.4.11)$$

ここで，T：建物の固有周期

α_i：最上階からi階までの建物重量を地上部分の総重量で割った値

【計算例（1次設計用地震力）】

ここでは，図3.4.4の5階建の建物の1次設計用地震力を求めてみます。各階の建物重量および階高は図のとおりです。

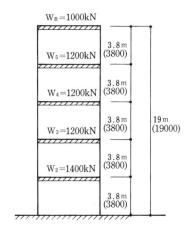

図3.4.4　1次設計用地震力の計算例

建設地域　東　京　　$Z=1.0$（図3.4.2より）

建設地盤　第1種　　$T_c=0.4\mathrm{sec}$（表3.4.1より）

建物の固有周期は（3.4.10）式より次のように求められます。

$T=0.02h=0.02\times 19\mathrm{m}=0.38\mathrm{sec}$

$T<T_c$ ですから

$R_t=1$

各階の α_i は表3.4.2のようになります。

表3.4.2 α_iの値

階	W_i (kN)	ΣW (kN)	$\alpha_i = W_i / \Sigma W$
5	1000	6000	0.167
4	2200	〃	0.367
3	3400	〃	0.567
2	4600	〃	0.767
1	6000	〃	1

ΣW : 地上部分の建物の総重量

例えば5階のA_iは（3.4.11）式より次のように求められます。

$$A_5=1+\left(\frac{1}{\sqrt{0.167}}-0.167\right)\frac{2\times0.38}{1+(3\times0.38)}=1.81$$

また各階のA_iは図3.4.5(a)のように，1階では必ず1となり，上階に行くに従って，1より大きい値を示します。以上の計算をもとに，1次設計用の各階の層せん断力係数C_iは$C_o=0.2$として（3.4.5）式より表3.4.3のようになります。

表3.4.3を図で示したのが図3.4.5(b)ですが，層せん断力係数も上階へ行くにつれて大きくなることが判ります。

表3.4.3 1次設計用の各階の層せん断力係数（C_i）

階	Z	R_t	A_i	C_o	$C_i = ZR_tA_i \times 0.2$
5	1	1	1.81	0.2	0.362
4	1	1	1.45	0.2	0.290
3	1	1	1.27	0.2	0.254
2	1	1	1.13	0.2	0.226
1	1	1	1	0.2	0.20

各階の1次設計用地震力は（3.4.2）式より表3.4.4のように求められます。図3.4.5(c)に1次設計用地震力の分布を示しました。

表3.4.4　1次設計用地震力

階	W_i (kN)	C_i	1次設計用地震力 $Q_i = C_i W_i$ (kN)
5	1000	0.362	362
4	2200	0.290	638
3	3400	0.254	864
2	4600	0.226	1040
1	6000	0.20	1200

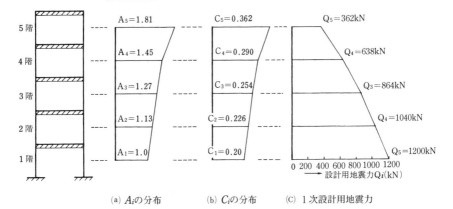

(a) A_i の分布　　(b) C_i の分布　　(c) 1次設計用地震力

図3.4.5　A_i, C_i の分布および1次設計用地震力

3.5　壁量による建物耐力の算定と設計ルートの決定

　表3.5.1は実際に構造計算をしようとするベテランの方がよく用いる構造計算手順の詳細を示したものです。構造計算の手順については表1.1.1で「すでに勉強したのではないか？」という方もいるかと思いますが，実は表1.1.1の手順は初心者に判り良く書いたものであって，実際に構造計算をする場合には表3.5.1のように，もっと詳細な手順が必要になります。即ち，表1.1.1は表3.5.1を多少簡略的に判りやすく示したものであるということです。皆さんはもう表1.1.1を卒業し，表3.5.1の段階にさしかかっているということになります。
　表3.5.1から判るように，鉄筋コンクリート建物の構造計算手順は，建物の高さ

および建物の壁量をもとにして求めた建物耐力の大きさ（壁量とは建物を支持している柱，壁などの鉛直部材の全断面）とによって，その計算ルートが多少異なってきます。即ち，計算ルートは表3.5.1より次のように分類されます。

i)　高さが 31m 以下の建物では，表3.5.1に示すように，建物の壁量をもとにした建物耐力の大きさに応じてルート①，ルート②−1，ルート②−2の計算手順で構造計算を簡略化することができます。

ii)　建物高さ（h）が 60m 以上のものは建設大臣の特別認可が必要です。高さが 31m ＜ h ＜ 60m の建物は必ず保有水平耐力の検定が必要です（ルート③）。

iii)　層間変形角，剛性率，偏心率が制限値を越えるような建物は，設計変更するとか，保有水平耐力の検定が必要です（ルート③）。

iv)　せん断破壊する部材が存在する建物では保有水平耐力の検定が必要です（ルート③）。

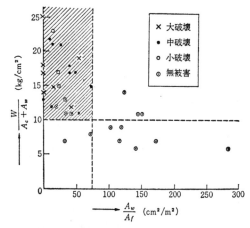

W：建物の全重量（1 ton/1m^2 と仮定して）(kg)
A_w：1階のけた行方向の壁断面積 (cm^2)
A_c：1階の柱断面積 (cm^2)
A_f：1階の床面積 (m^2)

図3.5.1　ＲＣ建物の震害と壁量（志賀，柴田，高橋氏）[*]

[*]志賀敏男，柴田明徳，高橋氏：ＲＣ建物の震害と壁量，昭和48年日本建築学会東北支部研究報告

3章 2次設計をマスターするための章

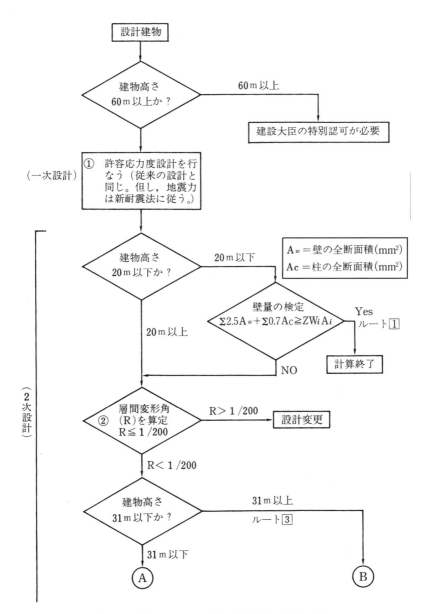

表3.5.1 鉄筋コンクリート建物の構造計算の詳細な手順

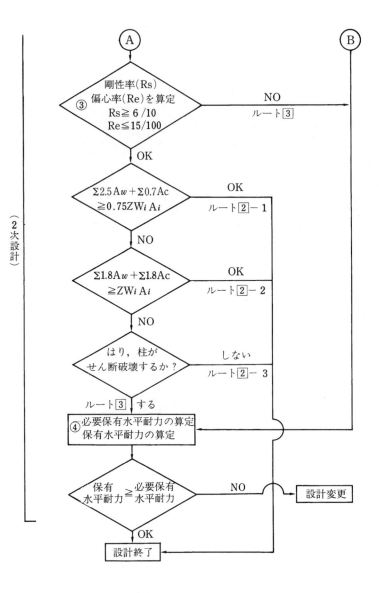

上記のように，高い建物あるいは，剛性率，偏心率などが制限値を越えるような建物などは構造計算を詳細に行うことが義務づけられております。

また，壁量が多く，耐力の大きい建物は地震に強いという理由から，構造計算を簡略化してもよいことになっています。

図3.5.1は，壁量の多い建物が地震に強いことを示した資料です。図3.5.1は，過去の比較的大きな地震（十勝沖地震，宮城県沖地震など）における鉄筋コンクリート建物の震害状況を壁量との関係で示したものです。図から判るように，**壁量の少ない建物には大破**（×印）が多く，**壁量の多い建物では無被害**（○印）が多くなっています。このことは明らかに，壁量をもとにして求めた建物耐力が，想定される地震力（表3.5.1のZW_iA_i, $0.75ZW_iA_i$）よりも大きければ地震に対して安全であることを示しているわけであり，このようなことから壁量のチェックにより建物の安全性が確認されたものは（ルート[1]，ルート[2]-1，ルート[2]-2）構造計算を簡略化してもよいことになっています。

しかし，ルート[1]，ルート[2]-1，ルート[2]-2で設計可能な建物であっても，3章で示すような「設計上の最小規定」は満足しなければなりません。

表3.5.2は，ルート[1]，ルート[2]-1，ルート[2]-2における壁量（A_c, A_w）の算定規準を示したものです。

壁量の算定および設計ルートの決定の計算例を図3.5.2に示しておきます。

表3.5.2 A_c, A_wの算定規準

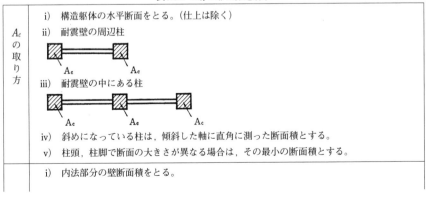

A_w の取り方	ii) 開口のある壁震壁の場合は，開口部分の断面積をとる。 iii) 袖壁長さが450mm以上，かつ，開口部の高さの30%の袖壁は壁と見なしてよい。 iv) 計算する方向から θ 傾いた壁の断面積は，ii) 項，iii) 項で計算される水平断面積の$\cos^2\theta$倍とする。 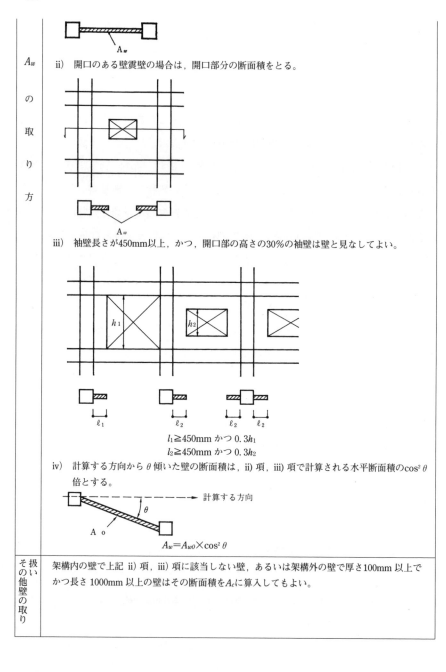
その他壁の取り扱い	架構内の壁で上記 ii) 項，iii) 項に該当しない壁，あるいは架構外の壁で厚さ100mm以上でかつ長さ1000mm以上の壁はその断面積をA_cに算入してもよい。

〔計算例（壁量の算定と設計ルートの決定）〕

図3.5.2に示すＲＣ造4階建の1階について，壁量の検討と設計ルートの決定方法の計算例を示しておきます．設計では全階についてチェックします．

建物条件

イ）　各階の地震用建物重量は$W_R = W_4 = W_3 = W_2 = 5000kN$とする．

ロ）　1階X方向には4枚の耐震壁（厚200mm）を設ける．

ハ）　1階Y方向は純ラーメンとする．

ニ）　1階の柱断面寸法は全て600mm×600mmとする．

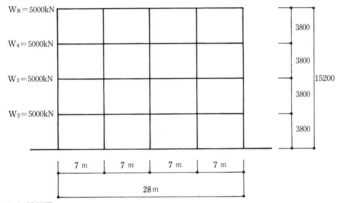

(a) 軸組図

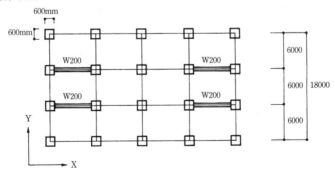

(b) 伏図

図3.5.2　壁量の算定と設計ルートの決定の計算例

X方向の検討

柱の全断面積

$$A_c＝(600\text{mm}×600\text{mm})×20本＝7.2×10^6\text{mm}^2$$

壁の全断面積

$$A_w＝(200\text{mm}×6400\text{mm})×4枚＝5.12×10^6\text{mm}^2$$

$$\begin{cases} Z＝1 \\ A_i＝1 \\ W_i＝5000\text{kN}×4＝20000\text{kN} \end{cases}$$

この建物は 20m 以下であるから

● ルート①の検討

$\Sigma 2.5A_w＋\Sigma 0.7A_c＝(2.5\text{N}/\text{mm}^2×5.12×10^6\text{mm}^2)＋(0.7\text{N}/\text{mm}^2×7.2×$
$10^6\text{mm}^2)＝12800\text{kN}＋5040\text{kN}＝17840\text{kN}$

$ZW_iA_i＝1×20000\text{kN}×1＝20000\text{kN}$

故に　17840kN＜20000kN　となりルート①は満足しない。

● ルート②−1の検討

$0.75ZW_iA_i＝0.75×20000\text{kN}＝15000\text{kN}$

故に　17840kN＞15000kN　となりルート②−1を満足していることが判る。

即ち，X方向の設計はルート②−1で行なえばよい。

Y方向の検討

Y方向は純ラーメンである。

● ルート①の検討

$\Sigma 2.5A_w＋\Sigma 0.7A_c＝(2.5\text{N}/\text{mm}^2×0)＋(0.7\text{N}/\text{mm}^2×7.2×10^6\text{mm}^2)＝5040\text{kN}$

故に　5040kN＜20000kN　となりルート①は満足しない。

● ルート②−1の検討

上記の計算結果を用いて，

5040kN＜15000kN

となるので，ルート②−1も満足しない。

● ルート②−2の検討

$\Sigma 1.8 A_w + \Sigma 1.8 A_c = (1.8 \text{N/mm}^2 \times 0) + (1.8 \text{N/mm}^2 \times 7.2 \times 10^6 \text{mm}^2) = 12960 \text{kN}$

故に 12960kN＜20000kN となりルート②−2も満足しない。

以上の結果より，X方向についてはルート②−3，あるいはルート③のいずれかで設計しなければなりません。

3.6 層間変形角の求め方と判定

建物に地震が作用すると，建物は図3.6.1のようにゆれます。その場合，図3.6.1に示すように，各階ごとに生ずる相対水平たわみ（δ_i）をその層（階）の**層間変形**といいます。**層間変形角**（R_i）とは，この相対水平たわみをその階の階高で割った値をいいます。即ち，その階の部材角ということになります。

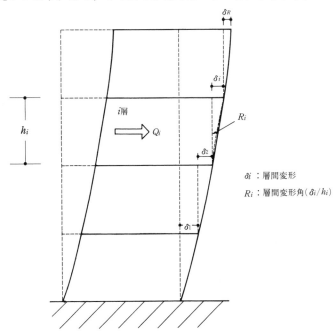

図3.6.1 層間変形および層間変形角

層間変形は (3.6.1) 式で，また，層間変形角は (3.6.2) 式で求められます。

$$\delta_i = \frac{Q_i}{K_H{}^i} = \frac{Q_i}{\Sigma D_i \left(\frac{12 E_c K_o}{h_i{}^2}\right)} \quad \cdots\cdots\cdots\cdots\cdots\cdots\cdots\cdots\cdots\cdots\cdots\cdots (3.6.1)$$

ここで，Q_i：i 階に作用する地震力（(3.4.4) 式より求める）

K_{Hi}：i 階の層剛性

ΣD_i：i 階の検討する方向の D 値の和（4 章を参照）

E_c：コンリートのヤング係数（$2.1 \times 10^4 \text{N/mm}^2$）

K_o：標準剛度

h_i：i 階の階高

$$R_i = \delta_i / h_i \quad \cdots\cdots\cdots\cdots\cdots\cdots\cdots\cdots\cdots\cdots\cdots\cdots\cdots\cdots\cdots\cdots (3.6.2)$$

層間変形角は (3.6.3) 式の制限を満足しなければなりません。この制限の意味は，あまり細い柱などで建物を設計すると，地震時での水平たわみが大きくなり，建物が倒壊するなどの被害を受ける恐れがあるためです。

$$R_i = \delta_i / h_i < 1/200 \quad \cdots\cdots\cdots\cdots\cdots\cdots\cdots\cdots\cdots\cdots\cdots\cdots (3.6.3)$$

以下に層間変形角の求め方と判定に関する計算例を示しておきます。

〔計算例（層間変形角）〕

ここでは図3.6.2に示すような D 値を持つ骨組に，図のような 1 次設計用地震力が作用した場合の 1 階での層間変形と層間変形角について検定してみましょう。2 階の場合も 1 階と同様の手順で計算すればよい。

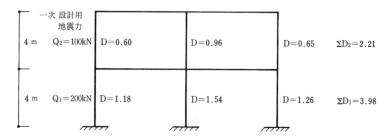

図3.6.2　層間変形角の計算例

3章　2次設計をマスターするための章　　　　　　　　　189

1階に作用する地震力Q_1＝200kNとすれば

ΣD_1＝3.98

K_o＝10^6mm³（剛比を求める時に設定する標準剛度）

E_c＝2.1×10^4N/mm²

h_1＝4000mm

Q_1＝200kN

（3.6.1）式より1階の層間変形は次のように求められます。

$$\delta_1 = \frac{Q_1}{\Sigma D_1 \left(\dfrac{12 E_c K_o}{h_i{}^2} \right)} = \frac{200\text{kN}}{3.98 \times \dfrac{12 \times 2.1 \times 10^4 \times 10^6}{4000^2}} = 3.2\text{mm}$$

層間変形角は（3.6.2）式より次のように求められます。

R_1＝δ_1/h_1＝3.2mm/4000mm＝1/1250

故に，R_1＝1/1250＜1/200　となりますから，1階の層間変形角は制限値を満足していることになります。

実施設計では，このような計算を各階について行なうことになります。

3.7　剛性率の求め方と判定

前述したように，建物に地震が作用すると，建物はゆれるわけですが，図3.7.1 (a)のように，下階から上階まで構造的にバランスのよいはり，柱断面寸法あるいは壁量で設計されている建物の場合には（剛性率が均等な建物の場合には），地震時における建物のゆれ（水平たわみ）がほぼ各階均等に生じますが，しかし，(b)のように**剛性率が極端に小さい階**を持つ建物の場合には，剛性の小さい階で**水平たわみが局所的に非常に大きくなり**，建物が破壊する原因になるので，剛性率の検討が必要なわけです。また，(C)のように1階がピロティになっているような建物では，地震時に1階の水平変形が大きくなり，倒壊などの地震被害が考えられますので特に注意が必要です。

剛性率（R_s）は（3.7.1）式で示すように，求めようとする階の水平剛性（r_s）

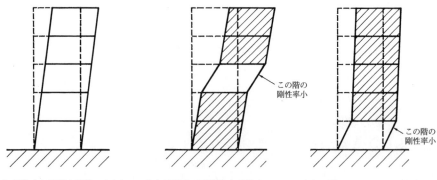

図3.7.1 剛性率の分布と建物のゆれ方

と建物全階の水平剛性の平均値（$\bar{r}_s$）との比率で求めます。

$$R_s = \frac{r_s}{\bar{r}_s} \quad \cdots\cdots\cdots\cdots\cdots\cdots\cdots\cdots\cdots\cdots\cdots\cdots\cdots\cdots\cdots\cdots\cdots (3.7.1)$$

ここで，r_s：各階の層間変形角の逆数（$=h_i/\delta_i$）

$\bar{r}_s$：各階のr_sの相加平均（$=\Sigma r_s/N$）（N：建物の階数）

(3.7.1)式で求められた剛性率が(3.7.2)式の制限を満足しない場合にはルート3で設計しなければなりません。

$$R_s \geqq 0.6 \quad \cdots\cdots\cdots\cdots\cdots\cdots\cdots\cdots\cdots\cdots\cdots\cdots\cdots\cdots\cdots\cdots\cdots\cdots (3.7.2)$$

(3.7.2)式の制限は，その階の水平剛性を建物全体の水平剛性の平均値の6割以上の大きさになるように設計することが好ましいことを意味しています。

以下に剛性率の求め方と判定に関する計算例を示しておきます。

〔計算例（剛性率）〕

図3.6.2の計算例について剛性率の検討をしてみましょう。2階の層間変形および層間変形角は次のように求められます。

$\Sigma D_2 = 2.21$

$K_o = 10^6 \text{mm}^3$

$E_c = 2.1 \times 10^4 \text{N/mm}^2$

$h_2 = 4000\text{mm}$

$Q_2 = 100\text{kN}$

$$\delta_2 = \frac{Q_2}{\sum D_2 \left(\dfrac{12 E_c K_o}{h_2^2} \right)} = \frac{100\text{kN}}{2.21 \times \left(\dfrac{12 \times 2.1 \times 10^4 \times 10^6}{4000^2} \right)} = 2.9\text{mm}$$

$R_2 = \delta_2 / h_2 = 2.9\text{mm} / 4000\text{mm} = 1/1379 < 1/200 \cdots\cdots \text{OK}$

$r_{s1} = \dfrac{1}{R_1} = 1250$ （R_1は3.6節より）

$r_{s2} = \dfrac{1}{R_2} = 1379$

$\bar{r}_s = (r_{s1} + r_{s2})/2 = (1250 + 1379)/2 = 1315$

2 階　$R_s = r_{s2}/\bar{r}_s = 1379/1315 = 1.05 > 0.6 \cdots\cdots \text{OK}$

1 階　$R_s = r_{s1}/\bar{r}_s = 1250/1315 = 0.95 > 0.6 \cdots\cdots \text{OK}$

故に，図3.6.2の計算例は剛性率の制限値を満足していることが判ります。

3.8 偏心率の求め方と判定

建物の**壁**などが偏在している場合には，図3.8.1(b)のように地震時に建物が**ねじれ振動**を起してしまいます。ねじれ震動が大きくなりますと，局所的に，柱などに大きなねじれが生じますので，建物の破壊原因になります。このようなことから，建物のねじれの度合を制限してやる必要があります。このねじれの度合を制限するのが**偏心率の規制**です。

偏心率（R_e）は（3.8.1）式より求めます。偏心率は x, y 両方向について求めます。

$$R_e = \frac{e}{r_e} \cdots\cdots\cdots\cdots\cdots\cdots\cdots\cdots\cdots\cdots\cdots\cdots\cdots\cdots\cdots\cdots\cdots (3.8.1)$$

ここで，e：各階の重心と剛心との距離（検討方向と直角方向の距離，偏心距離）

r_e：各階の剛心周りのねじり剛性を検討方向の水平剛性で除した値の平方根（弾力半径）

偏心率は（3.8.2）式の制限を満足するのが望ましい。

$$R_e \leqq 0.15 \quad\quad\quad\quad\quad\quad\quad\quad\quad\quad\quad\quad\quad\quad\quad\quad\quad (3.8.2)$$

重心，剛心，偏心距離（e），弾力半径（r_e）は図3·8·1をもとに次のようにして求められます。

重心

各階の重心は，鉛直荷重を支持する柱などの長期荷重時の軸方向力Nの重心として（3.8.3）式で求められます（図3.8.1(a)）。

$$\left.\begin{array}{l} g_x = \dfrac{\Sigma(N_i \times x_i)}{W} \\ g_y = \dfrac{\Sigma(N_i \times y_i)}{W} \end{array}\right\} \quad\quad\quad\quad\quad\quad\quad\quad\quad (3.8.3)$$

$W=$軸方向力の合計

N_i：支持部材 i の軸方向力

x_i：原点から支持部材 i までの x 方向の距離

y_i：原点からの支持部材 i までの y 方向の距離

G：重心
N_i：i の柱の軸力
D_{ix}：i の柱の x 方向の水平剛性
D_{iy}：i の柱の y 方向の水平剛性

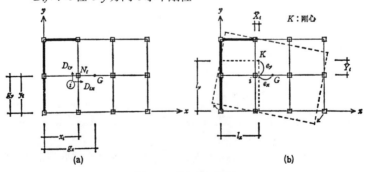

図3.8.1　偏心率の求め方

剛心

各階の柱，壁などの各耐震要素の水平剛性を用いて（3.8.4）式で求められます（図3.8.1(b)）。

$$\left.\begin{aligned} l_x &= \frac{\Sigma\,(D_{iy}\times x_i)}{\Sigma\,D_y} \\ l_y &= \frac{\Sigma\,(D_{ix}\times y_i)}{\Sigma\,D_x} \end{aligned}\right\} \quad\cdots\cdots\cdots\cdots\cdots\cdots\cdots\cdots\cdots\cdots\cdots(3.8.4)$$

ここで，D_{ix}：耐震要素 i の x 方向の水平剛性

D_{iy}：耐震要素 i の y 方向の水平剛性

x_i：耐震要素 i の原点からの x 方向の距離

y_i：耐震要素 i の原点からの y 方向の距離

$\Sigma\,D_x$：x 方向の水平剛性の和

$\Sigma\,D_y$：y 方向の水平剛性の和

偏心距離（e）

偏心距離（e）は（3.8.5）式より求められます（図3.8.1(b)）。

$$\left.\begin{aligned} e_x &= (l_x - g_x) \\ e_y &= (l_y - g_y) \end{aligned}\right\} \quad\cdots\cdots\cdots\cdots\cdots\cdots\cdots\cdots\cdots\cdots(3.8.5)$$

（3.8.5）式の値は全てプラスとして扱います。

ねじり剛性

剛心まわりのねじり剛性（K_R）は（3.8.6）式より求めます。

$$K_R = \Sigma\,(D_{ix}\cdot\bar{Y_i}^2) + \Sigma\,(D_{iy}\cdot\bar{X_i}^2)\cdots\cdots\cdots\cdots\cdots\cdots\cdots\cdots(3.8.6)$$

ここで，D_{ix}：耐震要素 i の x 方向の水平剛性

D_{iy}：耐震要素 i の y 方向の水平剛性

$\bar{X_i}$：耐震要素 i の x 方向の剛心からの距離

$\bar{Y_i}$：耐震要素 i の y 方向の剛心からの距離

弾力半径（r_e）

x 方向（r_{ex}）および y 方向（r_{ey}）の弾力半径は（3.8.7）式で求められます。

$$r_{ex}=\sqrt{\frac{K_R}{\Sigma D_x}} \left.\begin{array}{l}\\ \\ \end{array}\right\}$$
$$r_{ey}=\sqrt{\frac{K_R}{\Sigma D_y}}$$
·······················(3.8.7)

ここで，ΣD_x：x 方向の水平剛性の和

ΣD_y：y 方向水平剛性の和

【計算例（偏心率）】

ここでは図3.8.2のような耐震壁を持つ骨組の偏心率を求めてみましょう。重心（G）は図3.8.2の位置によるとします。

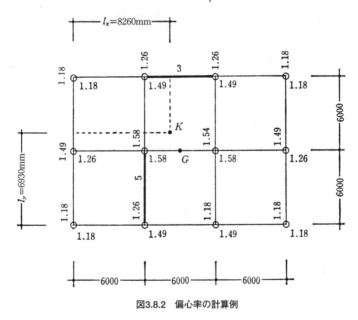

図3.8.2 偏心率の計算例

剛心位置は次のように求められます。

$$l_x = \frac{\Sigma (D_{iy} \times x_i)}{\Sigma D_y}$$

$$= \frac{(1.26+5+1.58+1.26) \times 6000 + (1.18+1.54+1.26) \times 12000}{1.18 \times 5 + 1.26 \times 3 + 1.58 + 1.54 + 1.49 \times 2 + 5}$$

$$+\ (1.18+1.49+1.18)\times18000 = \frac{54600+47760+69300}{20.78} = 8260\text{mm}$$

$$l_y = \frac{\Sigma\ (D_{ix}\times y_i)}{\Sigma\ D_x}$$

$$= \frac{(1.26\times2+1.58\times2)\times6000+(1.18\times2+1.49\times2+3)\times12000}{1.18\times4+1.49\times4+1.26\times2+1.58\times2+3}$$

$$= \frac{34080+100080}{19.36} = 6930\text{mm}$$

偏心距離は次のように求められます。

$$e_x = |8260-9000\text{mm}| = 740\text{mm}$$

$$e_y = |6930-6000\text{mm}| = 930\text{mm}$$

ねじり剛性は次のように求められます。

$$K_R = K_{Rx}+K_{Ry}$$

$$K_{Rx} = \Sigma\ (D_{ix}\cdot\overline{Y_i^2})$$

$$= (1.18\times2+1.49\times2+3)\times5070^2+(1.26\times2+1.58\times2)\times930^2$$

$$\quad +(1.18\times2+1.49\times2)\times6930^2$$

$$= 2.14\times10^8+0.049\times10^8+2.56\times10^8 = 4.75\times10^8$$

$$K_{Ry} = \Sigma\ (D_{iy}\cdot\overline{X_i^2})$$

$$= (1.18\times2+1.49)\times8260^2+(1.26\times2+1.58+5)\times2260^2$$

$$\quad +(1.18+1.54+1.26)\times3740^2+(1.18\times2+1.49)\times9740^2$$

$$= 2.63\times10^8+0.46\times10^8+0.55\times10^8+3.65\times10^8 = 7.29\times10^8$$

$$K_R = 4.75\times10^8+7.29\times10^8 = 12.04\times10^8$$

弾力半径は次のように求められます。

$$r_{ex} = \sqrt{\frac{12.04\times10^8}{19.36}} = 7890\text{mm}$$

$$r_{ey} = \sqrt{\frac{12.04\times10^8}{20.78}} = 7610\text{mm}$$

偏心率は次のようになります。

$$R_{ex} = \frac{e_y}{r_{ex}} = \frac{930\text{mm}}{7890\text{mm}} = 0.118 < 0.15\cdots\cdots\text{OK}$$

$$R_{ey} = \frac{e_x}{r_{ey}} = \frac{740\text{mm}}{761\text{mm}} = 0.096 < 0.15 \cdots\cdots \text{OK}$$

以上のことからこの計算例の建物は（3.8.2）式の制限を満足していることが判ります。

3.9 保有水平耐力の求め方

i) 保有水平耐力とは？

保有水平体力とは，一言でいえば，建物が地震のような水平力を受けた場合，**その建物が耐え得る最大の水平耐力**をいいます。

即ち，その建物にとっては，保有し得る水平耐力ということで，保有水平耐力と呼んでいます。

例えば，図 3.9.1(a)のような建物があったとします。この建物に何んらかの方法で水平力を（実験ではオイルジャッキなどを用いて水平加力を行ないます）作用させたとしましょう。建物は(b)のように水平たわみを生じます。水平力を次第に大きくしてやりますと，そのうち建物は破壊してしまいます。水平力のかけ始めから，破壊するまでの状態を作用水平力と水平たわみとの関係で示したのが図 3.9.1(C)です。図 3.9.1(C)から判るように，この建物の保有水平耐力はP_0になります。このように，保有水平耐力とは建物が破壊する時の最大水平耐力のことをいいます。

図3.9.2 は，筆者の実験室で，実際の骨組に水平力を作用させて破壊させた時の水平力－水平たわみ曲線の１例です。骨組のはり，柱断面は200mm×200mmのものです。

図3.9.2 より，この骨組の保有水平耐力は $P = 133$kN ということになります。このように，建物に水平力を作用させ，その建物を破壊させてみると，保有水平耐力は簡単に求めることができます。しかし，実際の設計では，建物を破壊してみるわけにゆきませんので，保有水平耐力を計算で求めることになります。その

3章　2次設計をマスターするための章　　　197

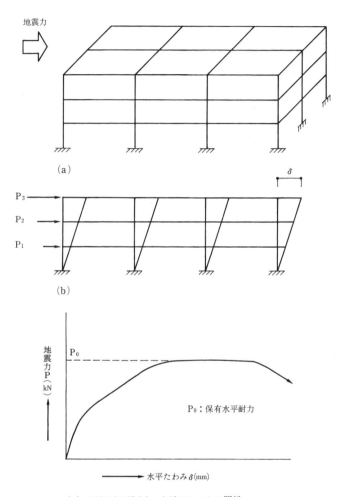

（c）水平力（地震力）と水平たわみとの関係

図3.9.1　保有水平耐力とは？

ためには骨組を構成しているはり，柱，壁部材などの終局強度については勿論のこと，骨組の最大耐力の求め方などについて基礎的な勉強が必要です。

198

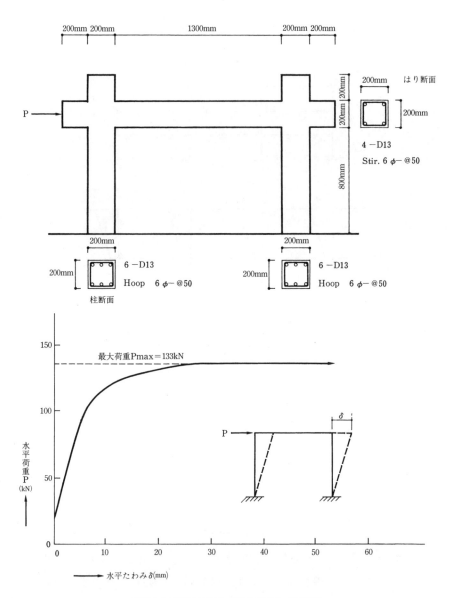

図3.9.2 実際の骨組の保有水平耐力（実験例）

ii) 保有水平耐力を用いた耐震設計の考え方
（なぜ，保有水平耐力を求める必要があるのか？）

保有水平耐力とは，建物が破壊する時の水平耐力の大きさであることはⅰ)項の説明で判っていただけたことと思います。

ここでは，なぜ，建物の保有水平耐力を求める必要があるのかを説明しましょう。

保有水平耐力を求めるのは，あくまでも耐震設計のためですから，保有水平耐力を求める理由を知るためには，まず耐震設計の基本的な考え方の知識が必要になります。

地震に対する構造設計の目標は**「地震時において人命および財産の安全性が確保できるような建物を設計する」**ことです。現行の耐震設計では，人命の安全性が確保できれば，大きな地震時には建物に多少きれつが入っても，地震後補修して再使用できる程度の設計であればよいというのが基本的な設計思想です。

最近の鉄筋コンクリート構造の研究によれば，耐震壁などが沢山入った非常に強度の大きい建物（図3.9.3の建物Aのような建物）は当然地震に強いわけですが，地震時に多少のきれつが入ることを許容すれば，ある程度大きな水平たわみに耐

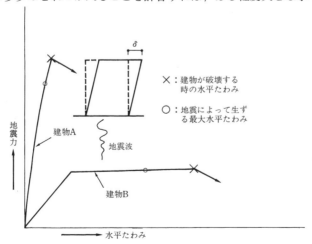

図3.9.3　建物の強度，粘りと地震応答との関係

えられるような粘りのある建物（図3.9.3の建物Bのような建物）であれば，建物の強度がさほど大きくなくても，大きな地震に耐えられることが判ってきました。

　この考え方は図3.9.3のように説明できます。図3.9.3の建物Aは非常に強度のある建物であり，建物Bは強度はさほど大きくないが，大きな水平たわみまで変形し得る非常に粘りのある建物だとしましょう。図中の×印は建物の破壊時を示したものです。即ち，×印の水平たわみまでは，建物は健全に地震に抵抗し得ることになります。A，Bの建物に地震が作用し，地震による建物の最大水平たわみが○印であったとすれば，地震による最大水平たわみは，両建物の場合とも，破壊時の水平たわみ（×印）よりも小さいわけですから，A，Bの建物はいずれも地震に対して安全であるということになります。但し，A，Bの建物には多少きれつが生じます。この場合図からも判るように建物Aには相当大きな地震力が作用します。建物Bの地震時の水平たわみはAのそれよりも大きくなります。これは，建物Aが弾性応答の建物に近く，建物Bは弾塑性応答の建物であるためです。このように，建物Aと建物Bでは地震に対する抵抗のし方が異なることが判ります。即ち建物Aは，建物の強度で地震に抵抗するのに対し，建物Bは大きく変形することによって地震エネルギーを吸収するわけで粘り強さで地震に抵抗していることが判ります。このような地震時での建物の応答性状の研究結果から，建物の耐震設計方法として，次の3つの方法があることが指摘されています。

1) **粘りのある建物**は，その粘りで地震に抵抗するように設計してもよい。即ち，建物の強度はさほど大きくなくてもよい。

2) **粘りのない建物**は，強度で地震に抵抗するように設計する。即ち，建物の強度を非常に大きく設計しておく必要がある。

3) **多少粘りのある建物**は，粘りと強度の両者で地震に抵抗するように設計する。即ち，建物に比較的大きな強度をもたせるように設計しておく必要がある。

以上のことを実際の設計と結びつけて考えてみますと，設計する建物の強度は

3章　2次設計をマスターするための章　　　201

建物の粘り強さに応じて設定すればよく，例えば設計する建物が粘り強い性状の
ものであればさほど大きな強度に設計する必要はなく，極端に粘りのない建物の
場合には，その強度を相当に大きく設計してやる必要があります。このように建
物の粘り具合いに応じて建物の強度設計を行なうというのが保有水平耐力を用い
た耐震設計の基本的な考え方です。建物の粘りを考慮した場合，建物に必要な強
度（必要保有水平耐力）は（3.9.1）式で与えられます。即ち，建物の安全性の
検討は，（3.9.1）式の必要保有水平耐力を用いて，（3.9.2）式でチェックします。
即ち建物の保有水平耐力が必要保有水平耐力以上であることが安全性を確保する
ための条件になります。

$$Q_{un} = D_s \cdot F_{es} \cdot Q_{ud} \cdots\cdots\cdots\cdots\cdots\cdots\cdots\cdots\cdots\cdots\cdots\cdots\cdots\cdots (3.9.1)$$

　Q_{un}：必要保有水平耐力

　　D_s：各階の構造特性係数

　F_{es}：各階の形状係数

　Q_{ud}：地震力によって各階に生ずる地震層せん断力（$C_0 \geqq 1.0$と

　　　　する時の値）

　保有水平耐力 ≧ 必要保有水平耐力$\cdots\cdots\cdots\cdots\cdots\cdots\cdots\cdots\cdots\cdots (3.9.2)$

　（3.9.1）式中の構造特性係数 D_s は，建物の粘りを考慮した係数であり，粘り
のある建物では D_s を小さく取ってもよく，即ち，必要保有水平耐力を小さく設
定してもよいことになります。しかし，粘りのない建物の場合には，D_s の値と
して相当大きな値を採用しなければなりません。即ち，必要保有水平耐力を大き
くして設計してやる必要があるわけです。（3.9.1）式の必要保有水平耐力の計算
方法および D_s，F_{es} に関しましては3.10節で詳細に解説してありますので，そち
らを参照してください。

iii) **鉄筋コンクリート建物の強度と粘りの一般的性質**

前項で述べたように，保有水平耐力による耐震設計では，骨組の強度や粘りに関する知識が必要です．そこで，ここでは，鉄筋コンクリート骨組の強度と粘りに関する一般的な性状についてその概略を簡単に説明しておきましょう．

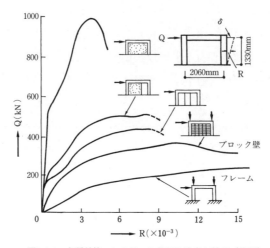

図3.9.4 各種鉄筋コンクリート骨組の強度と粘り（梅村）

図3.9.4*はスパン，階高を同一寸法に統一した各種鉄筋コンクリート骨組の実験結果を示したものです．はり，柱部材だけで造られた純ラーメン骨組は，強度は比較的小さいのですが，変形能力が大きく，粘り強い性状を示すことが判ります．

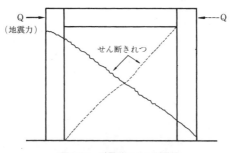

図3.9.5 耐震壁のせん断破壊

---
*梅村魁著「構造物の耐震設計（木造から超高層まで）」鋼材倶楽部．

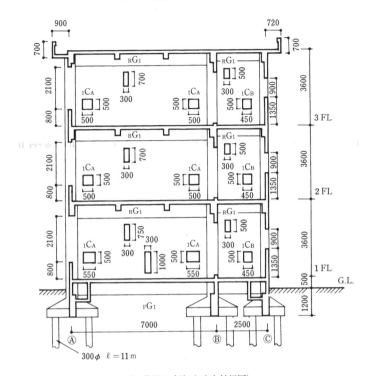

(a) 骨組の寸法（y方向軸組図）

図3.9.6 短柱の骨組と長柱の骨組との比較実験（大沢・青山）

他方，壁の入っている骨組は，強度は純ラーメン骨組の数倍と大きくなりますが，最大荷重に達すると同時に荷重が急激に低下する粘りのない破壊性状を示します。壁の多少入った骨組は両者の中間的性状を示します。このように，ひとくちに鉄筋コンクリート骨組といっても，その強度や粘りはいろいろですが，一般的性状として次のことがいえます。

　イ）壁の沢山入った骨組は，強度は大きいのですが，粘りのない破壊性状を示します。これは壁がせん断破壊をするからです（図3.9.5）。壁にかぎらず，はり，柱部材であってもせん断破壊を生ずる部材は粘りのない破壊性状を示します。それ故，せん断破壊する部材を多く含んだ建物は当然せん断破壊型で，粘りのない破壊性状を示すことになります。

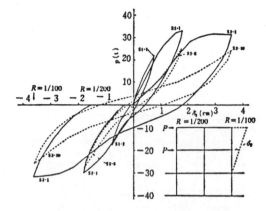

(b) 長い柱を持つラーメンの復元力特性 (A試験体)

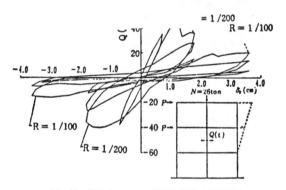

(c) 短い柱のラーメンの復元力特性 (C試験体)

　このような「せん断破壊型の建物」では建物にねばりは期待できないわけですから，地震に対しては強度で抵抗するように設計しなければなりません。
　ロ) 純ラーメンに近い骨組は，強度は小さいのですが，ねばりのある性状を示します。このようにねばりのある性状を得るためには，曲げ変形の助けを借りなければなりません。そのようなことから一般にねばりのある建物を「**曲げ降伏型の建物**」あるいは単に「**曲げ型の建物**」と呼んでいます。このような建物はねばりで地震に抵抗するように設計するのがよいわけです。しかし，純ラーメン骨組であっても，以下に示すようなせん断破壊する短柱（たれ壁，腰壁などがあり可

とう部分**の短い柱）で造られている建物は，柱がせん断破壊するわけですから，建物もねばりのないせん断破壊型となりますので，このような建物は強度で地震に抵抗するように設計する必要があります。

　上記の**短柱の問題**は，十勝沖地震，宮城県沖地震などでも大きな被害原因になったことですから，もう少し詳しく述べてみましょう。図 3.9.6*は十勝沖地震で被害を受けた建物の実大骨組の水平加力実験結果です。図3.9.6(b)(C)から判るように，比較的長柱（h_0=2100mm）の Ⓐラーメン骨組（×方向）は粘りのある性状を示しているのに対して，短柱の（h_0=900mm）Ⓒラーメン骨組（×方向）は，Ⓐラーメンよりも最大荷重は多少大きいのですが，短柱がせん断破壊するのと同時に急激に荷重が低下し，粘りのない破壊性状を示しており，純ラーメンとはいっても短柱を多く含む骨組は粘りのない破壊性状を示します。図 3.9.7には，長柱と短柱の破壊時のきれつ状態を簡略化し示しました。長柱は曲げきれつが多数発生しているのに対して，短柱はせん断きれつが発生している様子が判り

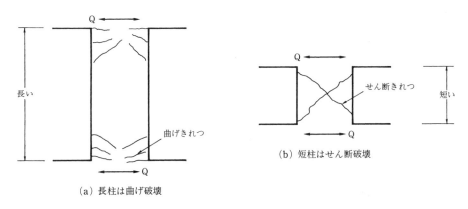

図3.9.7　柱の曲げ破壊とせん短破壊のきれつ状態

---

*　大沢胖，青山博之，村上雅也ほか「八戸工業専門学校の振動および破壊実験（その1）～（その3）」日本建築学会論文報告集No.168～170。1970年2月～4月。

**　可とう部分とは部材が「曲り得る部分」のことをいいます。例えば，図3.9.6においてⒸラーメンの柱の場合，×方向はたれ壁，腰壁が連続して付いているためその部分では柱が曲り得ませんから柱の可とう部分はh_0=900mmとなります。しかし，y方向はたれ壁も腰壁も付いていませんのではり面間のh_0=2900mmが可とう部分となります。

ます。

iv) 部材の力学的性質と終局強度設計式

いよいよ建物の保有水平耐力を求めることになるわけですが，保有水平耐力を求めるに当っては，次のことを理解していただかなければなりません。それは「建物は図3.9.8に示すように，はり，柱，壁などの各部材が組合さって構成されている」ということです。

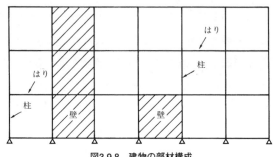

図3.9.8 建物の部材構成

これは当然のことのように聞えるかも知れませんが，保有水平耐力を求めるに当っては非常に重要なことなのです。なぜならば，建物の保有水平耐力とは，前述したように建物が破壊する時の水平耐力なのですが，実は，**建物が破壊するということは，その建物を構成している部材が破壊するが故に生ずるということな**のです。即ち，建物の保有水平耐力を求めるためには，まず，建物を構成している各部材の破壊性状（力学的性状）とその破壊強度（終局強度）の求め方を知らなければなりません。

そのようなことから，ここでは，はり，柱，壁部材などの**破壊性状**と**終局強度**について説明します。

1章，2章では，鉄筋コンクリートのはり，柱，壁部材などの曲げモーメント，せん断力，軸方向力に対する抵抗のし方や設計方法について学びましたが，そこで学んだことは主に**許容応力度設計**についてでした。ここでは，1章，2章で設計したはり，柱，壁部材などが，どのような破壊性状を示すのか，また，その破

壊強度（終局強度）はいくらなのかについて学ぶことになります。

通常，骨組に鉛直荷重あるいは地震荷重が作用すると，骨組を構成しているはり，柱，壁などの各部材には図3.9.9に示すように曲げモーメント，軸方向力，せん断力が作用します。

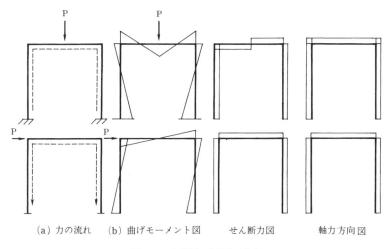

(a) 力の流れ　(b) 曲げモーメント図　　せん断力図　　　軸力方向図

図3.9.9　各部材に作用する応力

各部材は，これら作用する曲げモーメント，軸方向力，せん断力に対して抵抗するわけですが，曲げモーメント，軸方向力に対する抵抗機構とせん断力に対する抵抗機構とでは1章，2章で学んだように明らかに異なります。

それ故，鉄筋コンクリート部材の破壊形式は，次の2種に大別されます。

- イ）曲げ破壊
- ロ）せん断破壊

曲げ破壊する時の強度を「**曲げ終局強度**」といい，せん断破壊する時の強度を「**せん断終局強度**」といいます。図3.9.10に示すように曲げ破壊する部材は一般的にねばりのある性状を示し，せん断破壊する部材はねばりのない性状を示します。このことははり，柱，壁のいずれの部材でも同様のことがいえます。

それでは以下に順次各部材の力学的性状と終局強度設計式について説明しまし

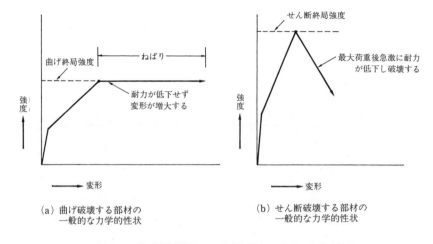

図3.9.10 曲げ破壊部材とせん断破壊部材の一般的な力学的性状

よう。

イ）はり部材の曲げ終局強度とせん断終局強度
■曲げ終局強度

　はり部材は一般にスパン長さが比較的大きいので、地震時のせん断力はさほど大きくなりませんから、通常のはりは曲げ降伏型のものが多いわけです。但し、スパン長さの短いはりではせん断力が大きくなり、せん断破壊を生ずる場合もありますので注意が必要です。

　図3.9.11は、地震力（水平力）を受けた場合のはり部材の曲げ破壊に至までの経過を、きれつの進展状況と、材端断面の応力分布の変化について示したものです。曲げ初きれつ発生後（(b)）、材端の引張鉄筋が降伏し（(C)）、変形が大きくなると、材端部分の圧縮側コンクリートが圧壊し（(d)）、部材は破壊します。このように曲げによって破壊する現象を曲げ破壊あるいは「曲げ終局」に達したといいます。この終局に達した時の強度を一般に「終局強度」と呼び、この場合は曲げ終局ですから「曲げ終局強度」というわけです。

3章 2次設計をマスターするための章

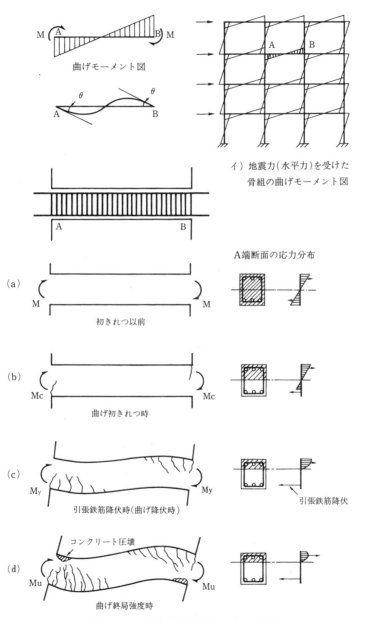

図3.9.11 はり部材が曲げ破壊するまでの状態

図3.9.12は図3.9.11のはりの変形状態を材端に作用する曲げモーメントとの関係で示したものです。引張鉄筋降伏後は部材耐力はほとんど上昇しませんが，引張鉄筋降伏をともなう曲げ破壊は，非常に粘りのある破壊性状をますことが判ると思います。

一般に，降伏後の塑性変形の大きさを「粘り」という表現をします。即ち，粘りのある部材とか，粘りのある建物というのは，降伏後耐力が低下することなく大きな変形まで耐えられるようなものをいうわけです。

粘りの大きさを数値的に表わす場合塑性率を用います。塑性率は，(3.9.3) 式で表わされるもので，降伏時変形量を1とした時に，破壊時の変形が降伏変形量の何倍であるかというその比率の大きさをいいます。当然塑性率の大きいものほど粘りがあるということになります。

$$塑性率 (\mu) = \frac{破壊時変形量}{降伏時変形量} \quad \cdots\cdots\cdots (3.9.3)$$

例えば，図3.9.12におけるはりの塑性率は (3.9.4) 式で求められます。

$$\mu = \frac{\theta_u}{\theta_y} \quad \cdots\cdots\cdots (3.9.4)$$

図3.9.13 は，通常の矩形断面の曲げ破壊時の断面応力の状態を示したもので

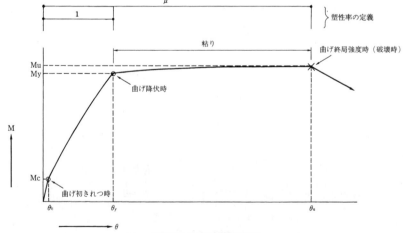

図3.9.12　曲げ破壊と粘り

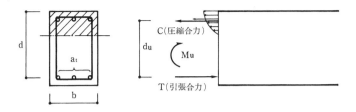

図3.9.13　はりの曲げ終局強度時の断面応力分布

す。

　図から判るように，断面の曲げ終局強度は（3.9.5）式で求められます。（3.9.5）式は，引張鉄筋が降伏し，曲げ終局強度時の応力中心間距離がおおよそ$d_u=0.9d$になるとして求めたものです。

$$M_u = T \times d_u = (a_t \sigma_y) \times (0.9d) = 0.9 a_t \sigma_y d \cdots\cdots\cdots\cdots\cdots\cdots (3.9.5)$$

ここで，

　　a_t：引張鉄筋断面積

　　σ_y：　〃　〃　降伏点強度

　　d：有効せい

【計算例（はりの曲げ終局強度）】

　ここでは，図1.5.1の計算例のはり部材の曲げ終局強度を求めてみます。

　A，B断面は図のように同一配筋の断面です。左側から水平荷重が作用した場合，曲げモーメント図は次図のようになります。

　材端のA，B**両断面が曲げ終局強度に達したとき，はじめて**はり部材も「**曲げ終局強度**」に達することになります。

●A断面の曲げ終局強度

　A断面は左側から水平荷重を受けた場合には**下端筋が引張**になりますから曲げ終局強度は（3.9.5）式より次のようになります。

　　$M_{Au} = 0.9 a_t \sigma_y d = 0.9 \times (2-D25) \times 295 \text{N/mm}^2 \times 550 \text{mm}$

　　　　$= 0.9 \times 1014 \text{mm}^2 \times 295 \text{N/mm}^2 \times 550 \text{mm} = 148 \text{kN·m}$

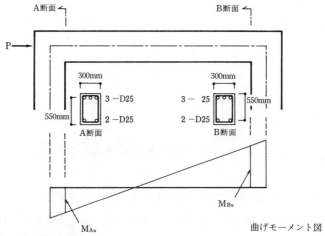

曲げモーメント図

● B断面の曲げ終局強度

B断面の場合は，**上端筋が引張**になりますから，曲げ終局強度は (3.9.5) 式より次のようになります。

$M_{Bu}=0.9a_t\sigma_y d=0.9\times(3-D25)\times 295\text{N/mm}^2\times 550\text{mm}$

$=0.9\times 1521\text{mm}^2\times 245\text{N/mm}^2\times 550\text{mm}=222\text{kN}\cdot\text{m}$

● 部材としての曲げ終局強度状態

A, B両端が曲げ終局強度に達した時，部材が曲げ終局強度に達します。それ故，曲げ終局強度時の曲げモーメント図は下図のようになります。

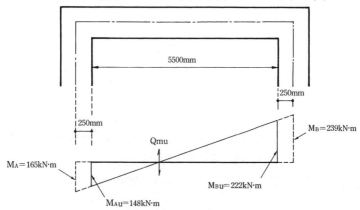

3章 2次設計をマスターするための章　213

節点モーメントは前図の破線のように，材端が終局強度に達したときのモーメント分布を破線のように延長して求めることができます。

$Q_{mu} = (148 \text{kN·m} + 222 \text{kN·m})/5500 \text{mm} = 67.2 \text{kN}$

節点モーメントは，次のように求められます。

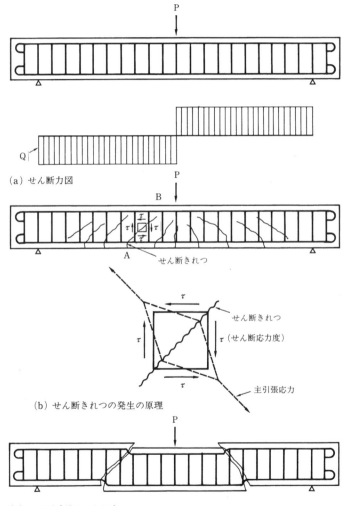

図3.9.14　せん断破壊発生の原理

$M_A = 148\text{kN·m} + 67.2\text{kN} \times 250\text{mm} = 165\text{kN·m}$

$M_B = 222\text{kN·m} + 67.2\text{kN} \times 250\text{mm} = 239\text{kN·m}$

■せん断終局強度

　一般に，はり部材がせん断力を受けると，図3.9.14のように，せん断力の作用によって生ずる主引張応力により，コンクリートが斜め方向に引張され，斜め方向のきれつ（**せん断きれつ**）が生じます。

　せん断破壊しやすいはり部材（例えば，スパンか短かく地震時の作用せん断力が大きくなる部材，あるいはあばら筋量が少ない，引張鉄筋比が大きい，コンクリート強度が弱いなどの部材）の場合には，(C)のように部材が斜め方向に引きさかれるようなせん断破壊が生じ，せん断終局強度に達します。

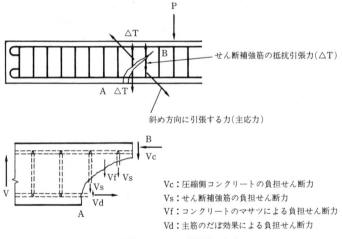

Vc：圧縮側コンクリートの負担せん断力
Vs：せん断補強筋の負担せん断力
Vf：コンクリートのマサツによる負担せん断力
Vd：主筋のだぼ効果による負担せん断力

図3.9.15　せん断抵抗のし方

　部材はせん断力に対して図3.9.15に示すように，主に圧縮側コンクリートのせん断抵抗と，せん断補強筋とで抵抗します。最近の研究によれば，せん断補強筋による補強効果にも限界のあることが実験などで確められており，作用せん断力が大きい場合にはせん断補強筋で補強したものであってもせん断破壊を生ずるので注意が必要です。

　せん断破壊は部材を斜め方向に引きさくような破壊ですから，図3.9.16に示

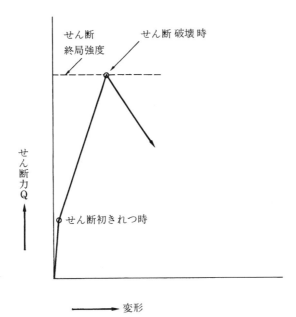

図3.9.16 せん断破壊したはり部材のせん断力−変形曲線の理想化図

すように粘りのない脆性的破壊をし、部材の耐力も破壊と同時に急激に低下するのが特長です。せん断破壊を防止する方法としては、短スパンをさけること、作用せん断力を小さく押えること、せん断補強筋を充分入れることなどが有効ですが、最も重要なことははり部材を**曲げ降伏先行型**の部材に設計するのが最も効果的です。

はり部材のせん断終局強度は(3.9.6)式で求められます。(3.9.6)式は多数の部材実験結果を元に誘導された実験式です。

$$Q_{su} = \left| \frac{0.053 p_t^{0.23}(F_c+18)}{M/Qd+0.12} + 0.85\sqrt{p_w \sigma_{wy}} \right| bj \cdots\cdots\cdots (3.9.6)$$

但し $1 \leq M/Qd \leq 3$

$p_w \geq 1.2\%$ のとき $p_w = 1.2\%$ とする。

ここで

M/Qd：シャースパン比

p_t：引張鉄筋比（単位%）

F_c：コンクリート設計基準強度（N/mm²）

p_w：あばら筋比

σ_{wy}：あばら筋の降伏点強度（N/mm²）

b：はり幅（mm）

j：応力中心間距離 $\left(=\dfrac{7}{8}d\right)$（mm）

d：有効せい（mm）

【計算例（はりのせん断終局強度）】

ここでは，図1.5.1の計算例のはり部材のせん断終局強度を求めてみます．

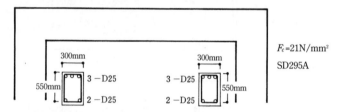

F_c=21N/mm²
SD295A
Stir. 2 − D10@200（SD295A）

ここでは計算上不利な次の値を採用します．

$M/Qd=3$

$p_t=\dfrac{(2-\text{D25})}{bd}=\dfrac{1014\text{mm}^2}{300\text{mm}\times 550\text{mm}}=0.61\ \%$

はり部材のせん断終局強度は以下のように求められます．

$Q_{su}=\left|\dfrac{0.053P_t^{0.23}(F_c+18)}{M/Qd+0.12}+0.85\sqrt{p_w\sigma_{wy}}\right|bj$

ここで　$F_c=21\text{N/mm}^2$

$p_w=\dfrac{127\text{mm}^2}{300\text{mm}\times 200\text{mm}}=0.21\%$

$\sigma_{wy}=295\text{N/mm}^2$

$Q_{su}=\left|\dfrac{0.053\times 0.61^{0.23}(21+18)}{3+0.12}+0.85\sqrt{0.0021\times 295}\right|300\times\dfrac{7}{8}\times 550$

$$= \left| \frac{0.053 \times 0.89 \times 39}{3.12} + 0.85 \times 0.787 \right| \times 144375$$

$$= (0.593 + 0.669) \times 144375 = 182201\text{N} = 182.2\text{kN}$$

前述の計算例よりはりの曲げ終局強度時のせん断力は$Q_{mu}=67.2$kNですから

$$Q_{Su}=182.2\text{kN}>67.2\text{kN}=Q_{mu}$$

故に、このはり部材は曲げ降伏型の部材であることが判ります。

ロ) 柱部材の曲げ終局強度とせん断終局強度

一般の建物では階高はおおよそ4m前後ですから、柱部材の長さははり部材に比べて比較的短い場合が多い。それ故、柱部材にははり部材よりも大きなせん断力が作用することが多く、せん断破壊する比率も高くなるので注意が必要です。特に、本節 iii) 項で述べたように、腰壁、たれ壁などの付いている柱 (**短柱**) は可とう部分が短くなりますので、せん断破壊する場合が多くなりますから設計上特に注意してください。

■曲げ終局強度

柱部材が曲げ破壊する原理は、はりの場合と同様です。即ち、終局的には圧縮側のコンクリートが圧壊することにより破壊することになります。

しかし、柱部材には軸方向力(一般には圧縮力)が作用しますので(はり部材にも軸方向力は作用しますが、その値が非常に小さいので、通常は計算上無視して扱います)、その力学的性質ははり部材のそれと多少異なるところがあります。

図3.9.17は、特定な軸圧縮力(以後「軸力」と呼ぶ)の作用した柱部材が、材端に曲げモーメントを受けた時の破壊経過を示したものです。図より、軸力の大きさによって柱の曲げ性状が大きく異なることが判ると思います。図中のB線は、軸力の小さい柱部材のものです。この場合の破壊形式は、はりの場合(A線)のものと類似しています。即ち、荷重の上昇とともに引張側コンクリートに曲げきれつが生じ、引張鉄筋降伏後、強度はさほど上昇せず変形のみが進展し、比較的ねばりのある性状を示した後に、圧縮側コンクリートが圧壊し曲げ破壊にいた

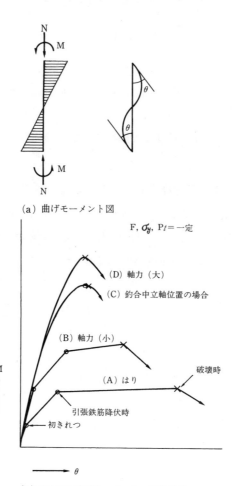

図3.9.17 柱部材の曲げ性状

ります。その時のきれつ状況と材端断面応力の分布は図 3.9.18(a)のようになります。しかし，軸力の大きい柱の場合（D線）には，断面の全域あるいは大部分が圧縮になるため，引張側コンクリートにはほとんどきれつが生ぜず，かつ，引張鉄筋も降伏せず，コンクリートが圧壊し，ねばりのない破壊をします。図3.9.18(b)にきれつ状況と材端断面の応力分布を示しました。このようなもろい破壊性状

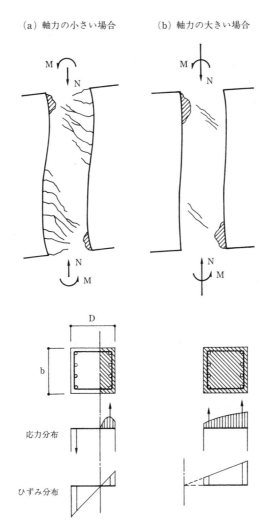

図3.9.18 柱部材の曲げ破壊時のきれつ性状および材端断面応力分布

は，地震時に構造上不利な条件となりますので，できるだけ柱部材にも曲げ靭性をもたせる意味で，軸圧縮応力度 (N/bD) は $1/4\,F_c \sim 1/3\,F_c$ 以下になるよう小さくおさえるのが望ましい。

図3.9.19は通常の矩形断面柱の曲げ終局強度時のひずみおよび応力分布を示

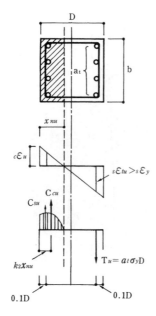

図3.9.19 柱断面の終局強度時のひずみおよび応力分布

したものです。

図3.9.19より（3.9.7）式の断面応力の釣合が成立します。

$$\left.\begin{array}{l} N = C_{cu} + C_{su} - T_u \\ M = 0.4D(C_{su} + T_u) + (0.5D - k_2 x_{nu})C_{cu} \end{array}\right\} \cdots\cdots\cdots (3.9.7)$$

軸方向力が（3.9.9）式の条件を満す場合には（通常の柱部材の軸方向力は大半この範囲内に存在しています）（3.9.7）式より、柱の曲げ終局強度は（3.9.8）式で求められます。

$$M_u = 0.8 a_t \sigma_y D + 0.5ND\left(1 - \frac{N}{bDF_c}\right) \cdots\cdots\cdots (3.9.8)$$

ここで、a_t：引張鉄筋断面積

σ_y：　〃　　〃　降伏点強度

b：柱幅

D：柱全せい

F_c：コンクリート設計基準強度

N：軸方向力

$0 \leq N \leq 0.4F_c bD$ ··· (3.9.9)

【計算例（柱の曲げ終局強度）】

ここでは図1.5.1の計算例における柱部材の曲げ終局強度を求めてみます。

図1.5.1の計算例より柱断面の条件は次のようになります。

$$\begin{cases} N = 161.2\text{kN} \\ a_t = (4-\text{D}22) = 1548\text{mm}^2 \\ F_c = 21\text{N/mm}^2 \end{cases}$$

●断面の曲げ終局強度

$N < 0.4F_c bD$ ですから、断面の曲げ終局強度は次のように求められます。

$$M_u = 0.8 a_t \sigma_y D + 0.5ND\left(1 - \frac{N}{bDF_c}\right)$$

$= 0.8 \times 1548\text{mm}^2 \times 295\text{N/mm}^2 \times 500\text{mm} + 0.5 \times 161.2\text{kN} \times 500\text{mm}$

$\times \left(1 - \dfrac{161.2\text{kN}}{500\text{mm} \times 500\text{mm} \times 21\text{N/mm}^2}\right)$

$= 182\text{kN}\cdot\text{m} + 39\text{kN}\cdot\text{m} = 221\text{kN}\cdot\text{m}$

●部材の曲げ終局強度

上図の柱が両端固定であるとしたら、両端断面が曲げ終局強度に達すると、部材も曲げ終局強度になりますから、終局時の柱の曲げモーメント図は次図のようになります。

曲げ終局強度時のせん断力は次のようになります。

$Q_{mu} = (221\text{kN}\cdot\text{m} + 221\text{kN}\cdot\text{m})/3\,700\text{mm} = 119\text{kN}$

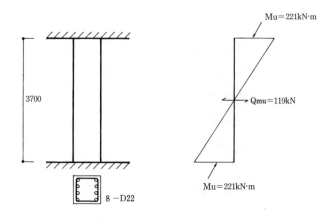

■せん断終局強度

　地震のとき柱には大きなせん断力が作用します。柱は建物自重を支えている部

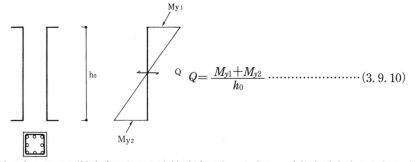

$$Q = \frac{M_{y1} + M_{y2}}{h_0} \quad \cdots\cdots\cdots\cdots\cdots\cdots (3.9.10)$$

材ですからせん断破壊のような脆性破壊が生じますと，建物自重を支えきれなくなり，建物全体が押しつぶされるような被害を生ずることが考えられます。
　そのような被害をさけるためにも柱部材はせん断破壊しないよう「曲げ型」に設計すべきです。柱両材端の曲げ終局強度（降伏モーメント）をM_{y1}, M_{y2}とすれば柱曲げ降伏時のせん断力は（3.9.10）式で求められます。

一般の建物の階高は4m前後とあまり大きくありませんので（3.9.10）式のh_0がはり部材などに比べて小さいこと，また，柱には軸方向力が作用するため，曲げ終局強度が軸方向力の作用分だけ大きくなるなど，柱部材を「曲げ型」にしようとすれば，相当に大きなせん断力に耐えるように設計しておく必要があります。

柱のせん断破壊は，通常図3.9.20に示すように(a)材端がせん断破壊するもの，(b)部材全体がせん断破壊するものに大別されます。いずれの破壊もねばりのない脆性破壊をします。

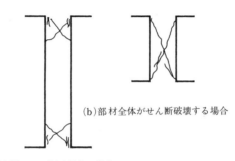

(b)部材全体がせん断破壊する場合

(a)材端がせん断破壊する場合

図3.9.20　柱のせん断破・種別

(a)の材端がせん断破壊するようなものは引張鉄筋比が大きいとか帯筋量が不足している場合などに多く見られ，(b)のように材全体がせん断破壊するものは，柱の可とう部分*が短い（このような柱を一般に短柱といいます）ため，（3.9.10）式のh_0が極端に小さくなり，作用せん断力が非常に大きくなるため，そのせん断力に耐えられなくなってせん断破壊するものです。このような短柱のせん断破壊はあばら筋量を増大するなどの手段では防止できない場合が多く，設計上特に注意が必要であると同時に，あまりこのような短柱は設計上造らない方がよい。柱のせん断終局強度は（3.9.11）式で求められます。

*p.205参照

(3.9.11), 式は (3.9.6) 式のはりのせん断終局強度式に軸方向力の影響を考慮した実験式です。

$$Q_{su} = \left\{ \frac{0.053 p_t{}^{0.23} (F_c + 18)}{M/Qd + 0.12} + 0.85\sqrt{p_w \sigma_{wy}} + 0.1 \sigma_0 \right\} bj \quad \cdots\cdots\cdots (3.9.11)$$

但し　　$1 \leq \dfrac{M}{Qd} \leq 3$

　　　　$p_w \geq 1.2\%$　のとき　$p_w = 1.2\%$ とする。

ここで　M/Qd：シヤースパン比

　　　　p_t：引張鉄筋比（単位%）

　　　　F_c：コンクリート設計基準強度（N/mm^2）

　　　　p_w：帯筋比

　　　　σ_{wy}：帯筋の降伏点強度（N/mm^2）

　　　　σ_0：軸方向応力度（$=N/BD$）（N/mm^2）

　　　　b：柱巾（mm）

　　　　j：応力中心間距離$\left(=\dfrac{7}{8}d\right)$（mm）

　　　　d：有効せい（mm）

【計算例（柱のせん断終局強度）】

ここでは図1.5.1の設計例の柱部材のせん断終局強度を求めてみます。

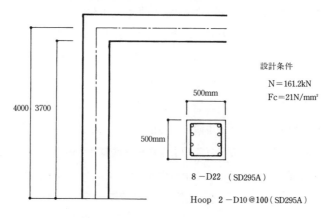

設計条件
N＝161.2kN
Fc＝21N/mm²

8－D22（SD295A）

Hoop　2－D10＠100（SD295A）

$$\frac{M}{Q} = \frac{h_0}{2} = \frac{3700\text{mm}}{2} = 1850\text{mm}$$

$$d = 500\text{mm} - 50\text{mm} = 450\text{mm}$$

$$M/Qd = 1850\text{mm}/450\text{mm} \geqq 3 \longrightarrow \therefore \quad M/Qd = 3$$

$$p_t = 1548\text{mm}^2/500\text{mm} \times 500\text{mm} = 0.62\%$$

$$p_w = 127\text{mm}^2/500\text{mm} \times 100\text{mm} = 0.25\%$$

$$\sigma_0 = 161.2\text{kN}/500\text{mm} \times 500\text{mm} = 0.64\text{N}/\text{mm}^2$$

$$j = \frac{7}{8} \times 450\text{mm} = 394\text{mm}$$

$$Q_{su} = \left\{ \frac{0.053 p_t^{0.23}(F_c+18)}{M/Qd+0.12} + 0.85\sqrt{p_w \sigma_{wy}} + 0.1\sigma_0 \right\} bj$$

$$= \left\{ \frac{0.053 \times 0.62^{0.23}(21+18)}{3+0.12} + 0.85\sqrt{0.0025 \times 295} \right.$$

$$\left. + 0.1 \times 0.64 \right\} \times 500 \times 394$$

$$= (0.593 + 0.730 + 0.064) \times 197000 = 273\text{kN}$$

曲げ終局強度の計算例より $Q_{mu}=119\text{kN}$ ですから，$Q_{Su}=273\text{kN}>119\text{kN}$ となり，この柱部材は曲げ破壊型の柱であることが判ります。

ハ) 耐震壁の曲げ終局強度とせん断終局強度

耐震壁には地震力により図 3.9.21 に示すような非常に大きな曲げモーメントとせん断力が作用します。

これらの応力によって耐震壁には図 3.9.22 のような各種の変形が生じます。図 3.9.23 には耐震壁に発生するきれつ状態を示しました。せん断力によってせん断きれつが，曲げモーメントによって曲げきれつが発生します。耐震壁の破壊形式を大別しますと，図 3.9.24 のように，せん断破壊，曲げ破壊，曲げせん断破壊があります。曲げおよび曲げせん断破壊形式は高層の耐震壁のように大きな曲げモーメントの生ずるものに多く，低層の耐震壁ではほとんどがせん断破壊形式になります。

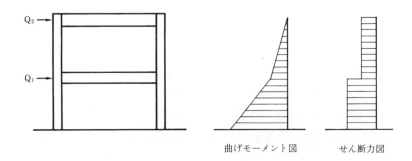

図3.9.21 耐震壁に作用する応力

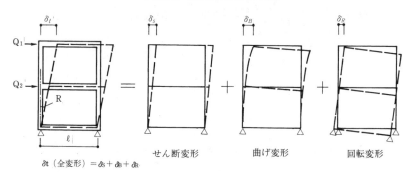

図3.9.22 耐震壁に生ずる変形

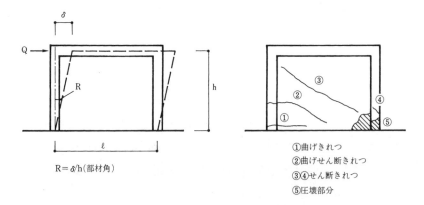

figure 3.9.23 耐震壁に生ずるきれつ状態

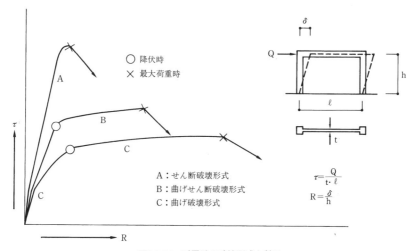

図3.9.24 耐震壁の破壊形式と粘り

図3.9.24から判るように、曲げ破壊形式の耐震壁は比較的ねばりがありますが、せん断破壊形式のものはねばりがなく脆性破壊します。

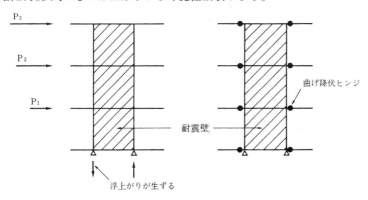

（a）基礎が浮上がる場合　（b）境界ばりが降伏する場合

図3.9.25 連層耐震壁で考慮する条件

また、図3.9.25、図3.9.26に示すように、連層耐震壁の場合などは、その耐震壁に接続している境界ばりが曲げ降伏を生じたり、耐震壁自身の基礎に浮き上がりが生じるなどして耐震壁の耐力が決まる場合もあります。即ち、耐震壁自身は健

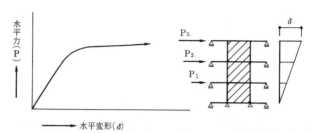

図3.9.26 基礎が浮上がる場合，および境界ばりが降伏する場合の荷重ー変形曲線の理想化図

全なのですが，周辺の影響によって耐力が決まってしまう場合があるということです。設計ではこのようなことも充分に考慮する必要があります。これらのことについては本節V)で詳細に解説してありますからそちらを参照してください。

■曲げ終局強度

耐震壁もはり，柱部材と同様，曲げモーメントに対しては図3.9.27に示すように柱主筋と壁筋とで引張力を負担し圧縮力は主にコンクリートで負担します。

即ち，図3.9.27に示すように耐震壁の曲げ終局強度はⅠ型断面をした全せいDの多段配筋の柱断面として計算すればよいわけです。耐震壁の曲げ終局強度は図3.9.27の断面応力の釣合により (3.9.12) 式，および (3.9.13) 式で求められます。

$$M_{wu} = a_t \cdot \sigma_y \cdot l_w + 0.5\, a_w \cdot \sigma_{wy} \cdot l_w + 0.5\, N \cdot l_w \quad \cdots\cdots (3.9.12)$$
$$M_{wu} = 0.9\, a_t \cdot \sigma_y \cdot D + 0.4\, a_w \cdot \sigma_{wy} \cdot D + 0.5\, ND\left(1 - \frac{N}{B \cdot D \cdot F_c}\right) \cdots (3.9.13)$$

a_t：引張側柱の主筋全断面積

σ_y：引張側柱の主筋の降伏点強度

a_w：耐力壁の縦筋の全断面積。耐力壁の中間に柱がある場合にはその主筋断面積も含める。

σ_{wy}：耐力壁の縦筋の降伏点

D：耐震壁の全長

B：耐震壁の圧縮側外縁の幅で，柱があるときはその幅

l_w：Ⅰ型断面耐震壁の場合の両側柱中心間距離。長方形断面の場合は0.9Dとする。

N：全軸方向力

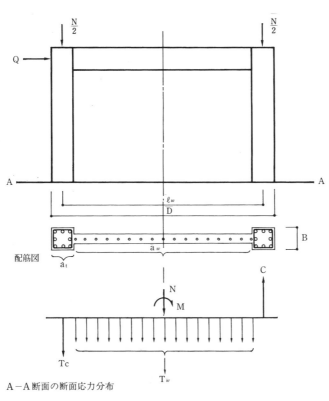

C：圧縮合力
T_c：柱主筋の引張合力
T_w：壁筋の引張合力
N：軸方向力の合計（$N = \dfrac{N}{2} + \dfrac{N}{2}$）
M：作用曲げモーメント

図3.9.27　耐震壁の曲げモーメントによる断面の応力分布

【計算例（耐震壁の曲げ終局強度）】

図3.9.28のような3層の耐震壁の1階における曲げ終局強度を求めてみます。

材料強度はコンクリート設計基準強度$F_c=21\mathrm{N/mm^2}$，柱主筋・壁筋ともSD295Aとします。

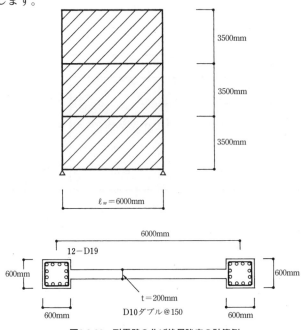

図3.9.28 耐震壁の曲げ終局強度の計算例

柱主筋　12－D19　$a_t=3444\mathrm{mm^2}$

壁　筋　D10　ダブル　@150　$a_w=143\mathrm{mm^2}\times37=5291\mathrm{mm^2}$

$l_w=6000\mathrm{mm}$

$N=1500\mathrm{kN}$（片側柱の軸力を750kNとする）と仮定する。

(3.9.12) 式により曲げ終局強度は次のように求められます。

$M_{wn}=a_t\sigma_y l_w+0.5a_w\sigma_{wy}l_w+0.5Nl_w$

　　　$=(3444\mathrm{mm^2}\times295\mathrm{N/mm^2}\times6000\mathrm{mm})$

　　　　$+(0.5\times5291\mathrm{mm^2}\times295\mathrm{N/mm^2}\times6000\mathrm{mm})$

　　　　$+(0.5\times1500\mathrm{kN}\times6000\mathrm{mm})$

　　　$=6096\mathrm{kN\cdot m}+4683\mathrm{kN\cdot m}+4500\mathrm{kN\cdot m}$

　　　$=15297\mathrm{kN\cdot m}$

■せん断終局強度

せん断力に対しては、せん断初きれつ以前はコンクリートのみで抵抗し、終局状態では、図3.9.29のように耐震壁を囲っている付帯ラーメンと壁筋とが協力して抵抗します。せん断初きれつは部材角 $R = 0.25 \times 10^{-3}$ rad 程度で生じ、せん断破壊は $R = 4 \times 10^{-3}$ rad 程度で生じますから、非常に小さな部材角で破壊することが判ります。

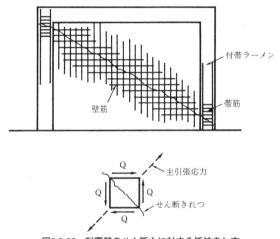

図3.9.29 耐震壁のせん断力に対する抵抗のし方

耐震壁のせん断終局強度は (3.9.14) 式 (3.9.15) 式で求められます。いずれの式も実験結果をもとに誘導された実験式です。

$$Q_{wsu} = \left| \frac{0.0679 p_{te}^{0.23}(F_c + 18)}{\sqrt{M/(Q \cdot D)} + 0.12} + 0.85\sqrt{\sigma_{wh} \cdot p_{wh}} + 0.1\sigma_0 \right| b_e \cdot j \cdots\cdots (3.9.14)$$

$$Q_{wsu} = \left| \frac{0.053 p_{te}^{0.23}(F_c + 18)}{M/(Q \cdot D) + 0.12} + 0.85\sqrt{\sigma_{wh} \cdot p_{wh}} + 0.1\sigma_0 \right| b_e \cdot j \cdots\cdots (3.9.15)$$

但し、後式の場合は、$1 \leq M/(Q \cdot D) \leq 3$ とする。

b_e：I形断面を長さと断面積とが等価な長方形断面におきかえたときの幅

D：壁の全長 (mm)

d：I形断面の場合 $(D - D_c/2)$ とする。長方形断面の場合 $d = 0.95D$ とする。(mm)

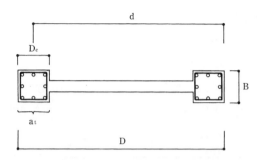

$j : \frac{7}{8}d$

p_{te}：等価引張主筋比（単位％）$=a_t/b_e d$

p_{wh}：b_eを厚さと考えた場合の水平せん断補強筋比（$=a_w/b_c \cdot x$）

σ_{wh}：水平せん断補強筋の降伏点強度（N/mm²）

σ_0：全断面積に対する平均軸方向応力度（N/mm²）

M：危険断面の作用曲げモーメント（kN·mm）

Q： 〃 の作用せん断力（kN）

F_c：コンクリート設計基準強度（N/mm²）

　（3.9.14）式および（3.9.15）式におけるM/QDの取り方の，例を図3.9.30に示しておきます。

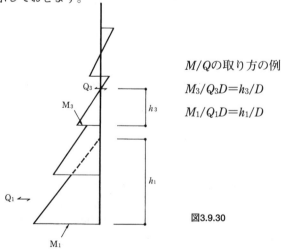

M/Qの取り方の例

$M_3/Q_3D = h_3/D$

$M_1/Q_1D = h_1/D$

図3.9.30

〔計算例（耐震壁のせん断終局強度）〕

曲げ終局強度を求めた図 3.9.28 の 1 階の耐震壁のせん断終局強度を求めてみましょう。

曲げモーメント図を下図のように仮定します。

$M/QD = h_1/D = 5000\text{mm}/6600\text{mm} = 0.76$

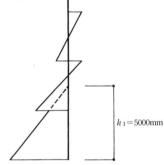

$h_1 = 5000\text{mm}$

$\Sigma A = (600\text{mm} \times 600\text{mm}) \times 2 + (200\text{mm} \times 5400\text{mm})$

$\quad = 720000\text{mm}^2 + 1080000\text{mm}^2 = 1800000\text{mm}^2$

$\sigma_0 = 1500\text{kN}/1800000\text{mm}^2 = 0.83\text{N}/\text{mm}^2$

$M/QD = 0.76 \rightarrow M/QD = 1$ （(3.9.15) 式の場合）

$b_e = 1800000\text{mm}^2/6600\text{mm} = 273\text{mm}$

$d = 6600\text{mm} - 300\text{mm} = 6300\text{mm}$

$p_{te} = 3444\text{mm}^2/(273\text{mm} \times 6300\text{mm}) = 0.2\%$

$p_{wh} = 143\text{mm}^2/(273\text{mm} \times 150\text{mm}) = 0.35\%$

$j = \dfrac{7}{8} \times 6300\text{mm} = 5510\text{mm}$

$Q_{wsu} = \left| \dfrac{0.053 p_{te}{}^{0.23}(F_c+18)}{M/(Q \cdot D)+0.12} + 0.85\sqrt{p_{wh} \cdot \sigma_{wh}} + 0.1\sigma_0 \right| b_e \cdot j$

$\quad = \left| \dfrac{0.053 \times 0.2^{0.23}(21+18)}{1+0.12} + 0.85\sqrt{0.0035 \times 295} \right.$

$\quad\quad \left. + 0.1 \times 0.83 \right| 273 \times 5510$

$\quad = (1.27 + 0.863 + 0.083) \times 1504230$

$\quad = 3333\text{kN}$

234

前述の曲げ終局強度はM_{wu}＝15297kN・mであるからh_1＝5000mmとすれば曲げ終局時のせん断力は

Q_{wmu}＝15297×10²kN・mm/5000mm＝3092kN

故に，Q_{wsu}＝3333kN＞3092kNとなり，この耐震壁は曲げ破壊型であることが判ります。

v) 骨組の保有水平耐力の求め方

前項では，はり，柱部材などの破壊性状や終局強度について学びました。部材の破壊性状と終局強度が判れば骨組の保有水平耐力（水平終局強度）が求められるはずです。何故なら，前述したように骨組はあくまでも部材が組合って造られているわけですから，その構成している部材の終局強度が判れば当然骨組の終局強度も求められるという論理になるわけです。保有水平耐力の求め方としては次のような方法があります。

イ）　節点振り分け法

ロ）　仮想仕事の原理を用いる方法

ハ）　精算法（極限解析法，増分解析法など）

皆さんは，保有水平耐力の求め方を始めて勉強するわけで，最初から難しい説明をしてもなかなか理解していただけないでしょうし，能率的でないと思いますので，以下ではステップ１〜ステップ５と段階的に説明してゆきます。上記各種方法はそれらの説明のなかで順次理解できるようになっています。

$\boxed{\text{ステップ　１}}$

ここではまず，図3.9.31に示すような，簡単な骨組（図1.5.1の計算例の骨組で，はり部材を非常に大きくした骨組）の保有水平耐力を求めてみることにします。この骨組の場合，はりが非常に大きいので図3.9.32のように柱の再端が固定であると仮定しましょう。

初心者が保有水平耐力を求める場合には，まず表3.9.1の手順で考えてゆくのが

よいと思います。

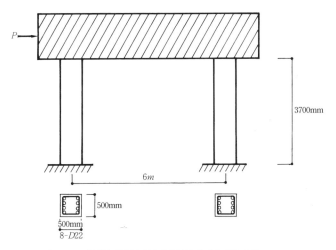

図3.9.31　簡単な骨組の保有水平耐力を求めてみよう

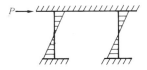

図3.9.32　水平荷重が作用した時の曲げモーメント図

表3.9.1　保有水平耐力を求める初歩的な計算手順

①　まず，各部材の曲げ終局モーメント，せん断終局強度を求める。
↓
②　水平荷重が作用した時の曲げモーメント図を求める。
↓
③　水平荷重を次第に大きくしてゆき，曲げ降伏する個所（曲げ終局モーメントに達する個所）を順次探し求め，崩壊メカニズム時の曲げモーメント図を求める。
↓
④　保有水平耐力を求める。

それでは，上記の手順に従って図3.9.31の骨組の保有水平耐力を求めてみることにしましょう。

① 柱の曲げ終局強度およびせん断終局強度は次のように求められます（p.221の計算例参照）。

$$条件 \begin{cases} F_c=21\text{N/mm}^2 \\ N=161.2\text{kN} \end{cases} \begin{array}{l} 主筋 \\ 帯筋 \end{array} \begin{array}{l} SD30A(\sigma_y=295\text{N/mm}^2) \\ SD295A(\sigma_y=295\text{N/mm}^2) \end{array}$$

曲げ終局強度（曲げ終局モーメント）

$$M_u = 0.8\, a_t\, \sigma_y\, D + 0.5\, ND\left(1 - \frac{N}{bDF_c}\right) = 221\text{kN}\cdot\text{m}$$

せん断終局強度

$$Q_u = \left\{\frac{0.053\, p_t^{0.23}(F_c+18)}{M/Qd+0.12} + 0.85\sqrt{p_w\, \sigma_{wy}} + 0.1\, \sigma_0\right\} bj = 273\text{kN}$$

部材の曲げ終局強度時（柱頭，柱脚の断面が曲げ終局強度に達した時）のせん断力は，次のようになり，この柱がせん断破壊しないこと，即ち，曲げ破壊型の柱であることが判ります。

$$Q_{mu} = \frac{221\text{kN}\cdot\text{m} + 221\text{kN}\cdot\text{m}}{3700\text{mm}} = 119\text{kN} < 273\text{kN} \cdots\cdots\cdots\cdots 曲げ破壊型$$

② 水平荷重を作用させた時の曲げモーメント図は図3.9.32のようになります。

③ 水平荷重を大きくしてやりますと，図3.9.33のように曲げモーメントは荷重に応じて大きくなります。しかし，(C)のように柱頭，柱脚が$M_u=221\text{kN}\cdot\text{m}$（曲げ終局モーメント）に達しますと，曲げモーメント図はそれ以上大きくなり得ません。このように，この骨組の場合は，柱頭，柱脚が曲げ終局モーメントに達すると，骨組の水平荷重は上昇せず，水平たわみだけが増加します。このように荷重が上昇せずに変形だけが進行する状態を「骨組が崩壊メカニズムに達した」といい，その時の耐力を保有水平耐力といいます（図3.9.34参照）。そして一般に崩壊メカニズムに達した個所（曲げ終局モーメントに達した個所）を(C)のように●印で示します。

④ この骨組が保有し得る水平耐力（即ち，保有水平耐力）は図3.9.33(C)より以下のように求められます。

柱頭の曲げ終局モーメント　　$M_u = 221\text{kN}\cdot\text{m}$
柱脚の曲げ終局モーメント　　$M_u = 221\text{kN}\cdot\text{m}$
その時の柱1本のせん断力は

$$Q_u = (221\text{kN}\cdot\text{m} + 221\text{kN}\cdot\text{m})/3700\text{mm} = 119\text{kN}$$

骨組は2本の柱で構成されているので保有水平耐力は次のように求められます。

$$P_u = Q_u \times 2本 = 119\text{kN} \times 2 = 238\text{kN}$$

3章　2次設計をマスターするための章　　　237

　この骨組の場合は，柱が曲げ終局強度に達してもせん断破壊しませんので（①項参照）骨組の水平荷重と水平たわみの関係は図3.9.34のようにねばりのある性状を示します。

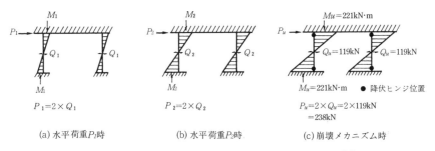

図3.9.33　水平荷重を次第に大きくした時の曲げモーメント図の変化

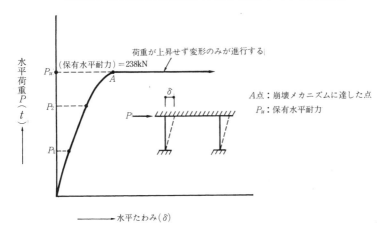

図3.9.34　骨組の水平荷重ー水平たわみ関係

ステップ　2

　ここでは図3.9.35のような，もう少し難しい骨組の保有水平耐力を求めてみることにしましょう。
　ステップ1の図3.9.31の骨組は，保有水平耐力の求め方を簡単に説明するためにはりが非常に大きい非現実的な骨組を取り扱いましたが，ここでは実際的な

図3.9.35の骨組について考えてみましょう。図3.9.35の骨組は図1.5.1の計算例のはり断面の配筋を保有水平耐力の説明をしやすくするために多少変えただけで（端部の上端筋3-D25→2-D25），あとは同一のものです。この骨組の保有水平耐力もステップ1で示した手順に従って以下のように求められます。

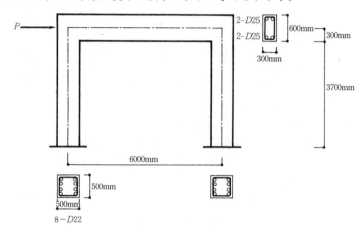

図3.9.35　もう少し難しい骨組の保有水平耐力を求めてみよう

① はり，柱の曲げ終局強度，せん断終局強度は次のように求められます（p.211およびp.216，p.224の計算例参照）．

はり

　曲げ終局強度
$$M_{Bu}=0.9a_t\sigma_y d=148\text{kN}\cdot\text{m}$$

　せん断終局強度
$$Q_{Bu}=\left\{\frac{0.053\,p_t{}^{0.23}(F_c+18)}{M/Qd+0.12}+0.85\sqrt{p_w\sigma_{wy}}\right\}bj=182.2\text{kN}$$

柱

　曲げ終局強度
$$M_{cu}=0.8\,a_t\sigma_y D+0.5ND\left(1-\frac{N}{bDF_c}\right)=221\text{kN}\cdot\text{m}$$

　せん断終局強度
$$Q_{cu}=\left\{\frac{0.053\,p_t{}^{0.23}(F_c+18)}{M/Qd+0.12}+0.85\sqrt{p_w\sigma_{wy}}+0.1\sigma_0\right\}bj=273\text{kN}$$

↓

② 水平荷重を作用させた時の曲げモーメント図は図3.9.36(a)のようになります。ここで重要なことは，A，B節点では力の釣合い条件より，$M_{CT}=M_B$になることです。
即ち，A，B節点では柱の曲げモーメントとはりのそれが等しくなります。

↓

③ 水平荷重を次第に大きしてやりますと，曲げモーメントは荷重に応じて大きくなります。そのうち図3.9.36(b)のようにはり端の曲げモーメントM_{BF}（フェイスモーメントともいう）が曲げ終局モーメントM_{Bu}になる時がやってきます。即ち，$M_{BF}=M_{Bu}$になますと，はり端の曲げモーメントはそれ以上に大きくなり得ません（もちろん，はり節点モーメントも大きくなり得ません）。ということは柱の曲げモーメントは$M_{CT}=M_B$の関係が成立していますので，柱頭の曲げモーメントもそれ以上に大きくなり得ないということになります。このように柱よりはりが先に降伏するような骨組を「はり降伏型の骨組」といいます。

さらに荷重を上昇させると，A，B節点の曲げモーメントは増加しませんが，図3.9.36(c)のように，柱脚の曲げモーメントが増加し始め*，(d)のように柱脚の曲げモーメントM_{CB}が，柱の曲げ終局モーメント（$M_{Cu}=221$kN·m）に達します。A，B節点の曲げモーメントがそれ以上大きくなり得ず，C，D節点のそれも大きくなり得ないわけですから，水平荷重は上昇せず水平変形のみが増大しますので（図3.9.36(e)）この骨組は崩壊メカニズムに達したということになります。

↓

* 皆さんが通常学ぶ構造力学は弾性力学です。弾性力学ではこのような現象は起きません。即ち，弾性力学では荷重を増加してゆくと下図のように反曲点位置は変化せず，曲げモーメントのみが大きくなります。しかし，骨組のある部分が塑性化現象を起し始めますと，力が剛性の大きい方（まだ弾性的性状を持った部分）へと流れ始め，曲げモーメント図が図3.9.36(c)のように変化してゆきます。このような現象を応力の再分配（モーメントの場合はモーメントの再配分という）といいます。このように，骨組の崩壊状態を考える場合には応力の再分配を考えてやる必要があります。

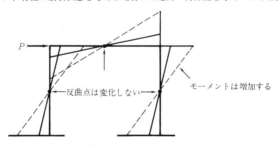

弾性時の曲げモーメント図

④ 図3.9.36(d)より保有水平耐力は次のように求められます。

はり，柱の節点モーメント

　はりのフェイスモーメントM_{BF}が$M_{Bu}=148\mathrm{kN\cdot m}$になった時のはりの節点モーメントは下図のようになり，さらに柱の節点モーメントは$M_{cT}=M_B$として次のように求められます。

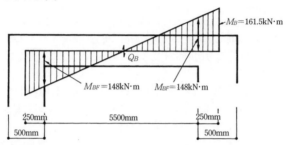

はりの節点モーメント

$$M_B=148\mathrm{kN\cdot m}+53.8\mathrm{kN}\times250\mathrm{mm}=148+13.5=161.5\mathrm{kN\cdot m}$$

柱の節点モーメント

$$M_{CT}=M_B=161.5\mathrm{kN\cdot m}$$

柱脚の曲げモーメント

$$M_{CB}=M_{cu}=221\mathrm{kN\cdot m}$$

故に柱1本のせん断力は

$$Q=\frac{161.5\mathrm{kN\cdot m}+221\mathrm{kN\cdot m}}{4000\mathrm{mm}}=95.6\mathrm{kN}$$

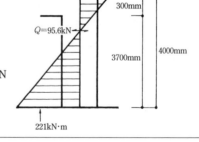

保有水平耐力は次のようになります。

$$P_u=2本\times95.6\mathrm{kN}=191.2\mathrm{kN}$$

＊ 曲げモーメント図が直線ですから節点モーメントは下図のようにせん断力を用いると簡単に求められます。

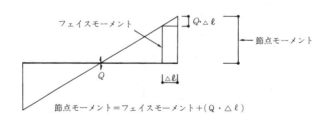

節点モーメント＝フェイスモーメント＋($Q\cdot\triangle\ell$)

3章 2次設計をマスターするための章

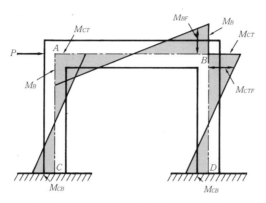

(a) 水平荷重が作用した時の曲げモーメント図

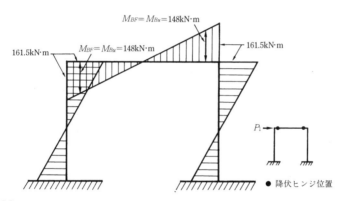

(b) M_{BF}（はりのフェイスモーメント）が曲げ終局モーメントに達した時の曲げモーメント図

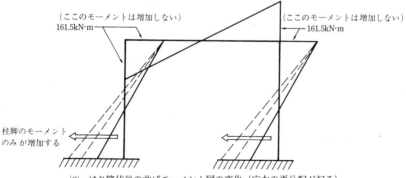

(c) はり降伏後の曲げモーメント図の変化（応力の再分配が起る）

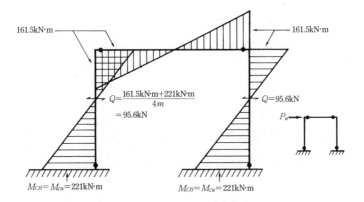

(d) 柱脚も曲げ終局モーメントに達した時（崩壊メカニズム時の曲げモーメント図）

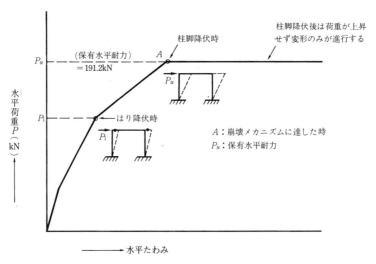

(e) 骨組の水平荷重－水平たわみ関係

図3.9.36 崩壊メカニズムになるまでの曲げモーメント図の変化および骨組の水平荷重──水平たわみ関係

注）曲げ破壊する部材では図3.9.12に示すように曲げ降伏→曲げ終局と破壊が進行する。一般に（曲げ降伏モーメント）＝（曲げ終局モーメント）と考えてよい。曲げ破壊型の骨組では全部材が同時に曲げ終局モーメントに達して崩壊状態になるのではなく，各部材が順次降伏しながら崩壊状態へ移行してゆく。

3章　2次設計をマスターするための章　　　243

ステップ　3（節点振り分け法）

　ステップ１～２では１層１スパン骨組の保有水平耐力について考えましたが，ここでは図3.9.37のような，２層２スパンの骨組について考えてみましょう。図3.9.37から判ると思いますが，Ａ，Ｃ，Ｇ，Ｉ節点についてはステップ２の考え方が適用できます。しかし，他のＢ，Ｄ，Ｅ，Ｆ，Ｈ節点では，はり，柱部材が３～４本接合されていますので，はりと柱の曲げモーメントが１対１で対応しませんから新しい考え方を導入する必要があります。そこでここでは節点振り分け法を用いて保有水平耐力を求めてみます。表3.9.2は節点振り分け法の計算手順を示したものです。骨組の保有水平耐力は，通常，骨組の左側から地震力を受けた場合と，右側から受けた場合とでは異なります。それ故，実施設計では保有水平耐力は左右の側からそれぞれ地震力を受けた場合を計算し，その内の小さい方の値をその骨組の保有水平耐力とします。

表3.9.2　節点振り分け法の計算手順

① はり，柱の曲げ終局強度，せん断終局強度を求める。
② はり，柱の節点モーメントを計算する。
③ 各節点についてはりの節点モーメントの和と柱の節点モーメントの和を求める。
④ 両者の比較より降伏位置を決定する。
⑤ 降伏しない部材へのモーメントの分割を行ない崩壊メカニズムを決定する。
⑥ 保有水平耐力を求める。

244

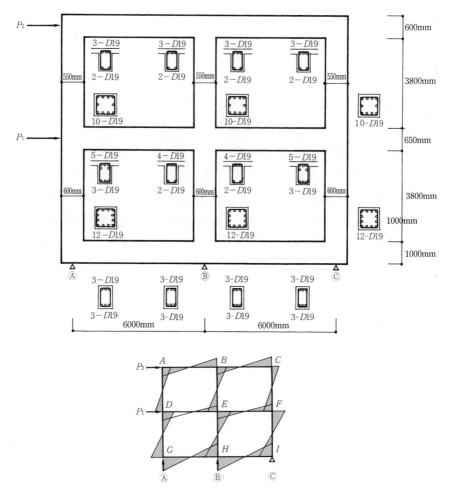

図3.9.37　2種2スパン骨組の保有水平耐力を求めてみよう

① **はり，柱部材の曲げ終局強度およびせん断終局強度**を求めます。図3.9.37の骨組のはり部材および柱部材の曲げ終局強度（フェースモーメント）は図3.9.38のように求まっているものとします。

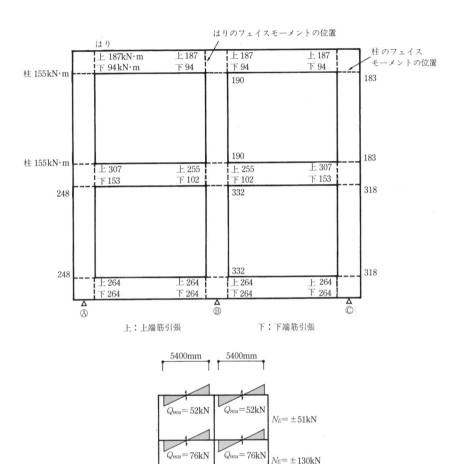

図3.9.38 はり，柱の曲げ終局モーメント（フェイスモーメント）およびその時のはりのせん断力

② **節点モーメント**はフェイスモーメントとせん断力（図3.9.38）を用いて（3.9.16）式，（3.9.17）式のように求められます（図3.9.39）。

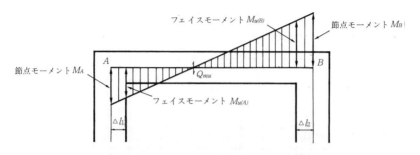

図3.9.39 節点モーメントとフェイスモーメントの関係

A節点の節点モーメントM_Aは（3.9.16）式より求められます。

$$M_A = M_{u(A)} + (Q_{mu} \times \Delta l_1) \cdots\cdots\cdots\cdots\cdots\cdots (3.9.16)$$

B接点の節点モーメントM_Bは（3.9.17）式より求められます。

$$M_B = M_{u(B)} + (Q_{mu} \times \Delta l_2) \cdots\cdots\cdots\cdots\cdots\cdots (3.9.17)$$

例えば，図3.9.38のはりの節点モーメントは図3.9.40のように求められます。

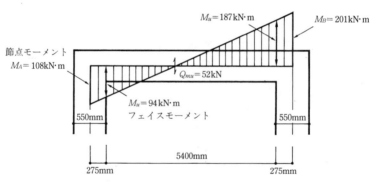

図3.9.40 R階A-B区間はりの節点モーメント

A節点の節点モーメントは

$M_A = 94\text{kN}\cdot\text{m} + (52\text{kN} \times 275\text{mm}) = 94\text{kN}\cdot\text{m} + 14\text{kN}\cdot\text{m} = 108\text{kN}\cdot\text{m}$

B節点の節点モーメントは

$M_B = 187\text{kN}\cdot\text{m} + (52\text{kN} \times 275\text{mm}) = 187\text{kN}\cdot\text{m} + 14\text{kN}\cdot\text{m} = 201\text{kN}\cdot\text{m}$

また，図3.9.38の柱の節点モーメントは次のように求められます。

3章 2次設計をマスターするための章

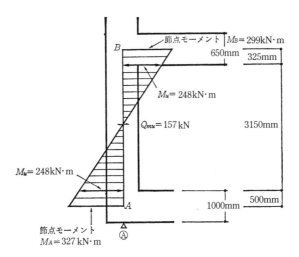

図3.9.41 Ⓐ通り1階柱の節点モーメント

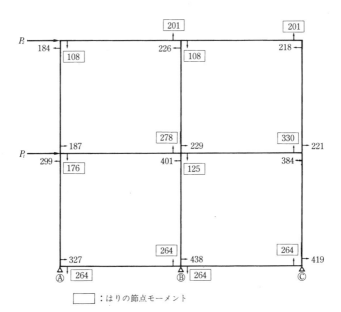

図3.9.42 はり,柱曲げ終局時の節点モーメント(単位：kN・m)の一覧(☐：はりの節点モーメント)

A節点の節点モーメントM_Aは

$M_A=248\text{kN}\cdot\text{m}+(157\text{kN}\times50\text{mm})=248\text{kN}\cdot\text{m}+79\text{kN}\cdot\text{m}=327\text{kN}\cdot\text{m}$

B節点の節点モーメントM_Bは

$M_B=248\text{kN}\cdot\text{m}+(157\text{kN}\times32.5\text{mm})=248\text{kN}\cdot\text{m}+51\text{kN}\cdot\text{m}=299\text{kN}\cdot\text{m}$

以上の計算より求めたはり,柱の節モーメントを一覧したのが図3.9.42です。

③④ 図3.9.42をもとに図3.9.43に示すように,はりの節点モーメントの和と柱の節点モーメントの和を求め,両者の比較より,はり降伏か,柱降伏かを決定する。

この考え方は,ステップ2でも述べたように,各節点ではモーメントが釣合っているわけですから,柱のモーメントの和は,はりの終局モーメントの和以上になり得ないし,また,はりのモーメントの和は柱の終局モーメントの和以上にな

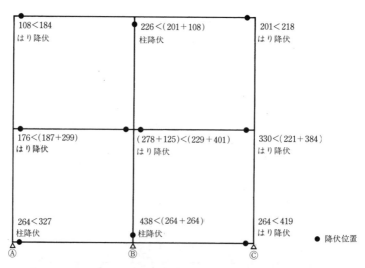

図3.9.43 はりの節点モーメントの和と柱の節点モーメントの和を比較し降伏位置を決定する。(単位:kN・m)

り得ないことを利用したものです。

⑤ **降伏しない部材へのモーメントの分配**を以下の仮定のもとに行ないます。

イ) 降伏しない部材へのモーメントの分配は1次設計の水平荷重時の曲げモーメントの比率を用いて行ないます。

ロ) 分配した後のモーメントが，その部材の終局モーメントを超過した場合には，超過分を他方の部材に加算します。

1次設計の水平荷重時曲げモーメント図が図3.9.44(a)の通りであったとします。

イ) この骨組の場合，はりへの分配は図3.9.44(a)から判るように，分配率はいずれも1/2となります。

ロ) 2階はりは，はり降伏ですから，柱への分配率は次のようになります。

2階柱脚の全モーメント＝57kN・m＋98kN・m＋57kN・m＝212kN・m

1階柱頭の全モーメント＝98kN・m＋132kN・m＋98kN・m＝328kN・m

2階柱脚への分配率＝212kN・m/(212＋328)kN・m＝0.4

1階柱頭への分配率＝328kN・m/(212＋328)＝0.6

図3.9.44(b)の場合，分配したモーメントがその部材の終局モーメントを超過するものがないので，図3.9.44(b)をそのまま崩壊時の曲げモーメント図として採用します。

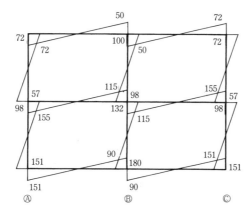

(a) 1次設計の水平荷重時曲げモーメント図 (単位：kN・m)

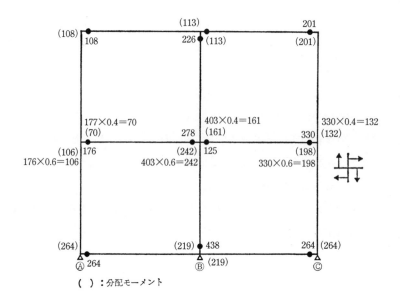

(b) 降伏しない部材へのモーメントの分配（崩壊メカニズム時の曲げモーメント）
図3.9.44　降伏しない部材へのモーメントの分配方法（単位：kN・m）

⑥ **保有水平耐力**は次のように求められます。

図3.9.44(b)の曲げモーメントを図で示したのが図3.9.45です。保有水平耐力を求めるには、柱部分の曲げモーメント図のみでよいので、図3.9.45には柱部分の曲げモーメント図のみを示しました。

図3.9.45より、骨組の保有水平耐力は次のように求められます。

2階の保有水平耐力

　　保有水平耐力＝47kN＋102kN＋88kN＝237kN

1階の保有水平耐力

　　保有水平耐力＝93kN＋170kN＋116kN＝379kN

即ち、節点振り分け法によれば、この骨組は、左側から図3.9.46のような水平荷重が作用した時に終局状態（崩壊メカニズム）に達することになります。

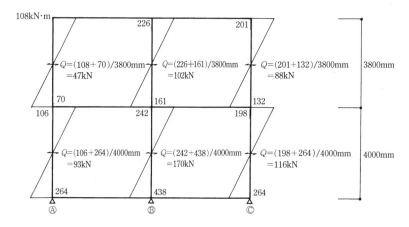

図3.9.45 崩壊メカニズム時の曲げモーメント図から保有水平耐力を求める

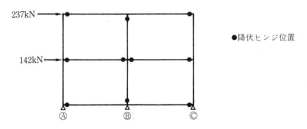

図3.9.46 節点振り分け法による崩壊メカニズム時の作用荷重

ステップ 4（仮想仕事の方法）

ここでは仮想仕事の方法を用いて保有水平耐力を求める方法について説明しましょう。皆さんは仮想仕事については構造力学ですでに学んだことと思いますが，復習のつもりで簡単に説明しておきましょう。

イ）仮想仕事の原理

仮想仕事の原理とは「釣合い状態にある力系が仮想仕事をした場合，その仕事量の総和はゼロである」ということですが，これだけではなかなか理解できないでしょうから簡単な例を図3.9.47に示しておきましょう。図3.9.47は構造力学の本

でよく見かける単純ばりの例です。中央に100kNの集中荷重が作用していますから，反力はR_A＝R_B＝50kNとなり，図3.9.47はΣX＝0，ΣY＝0，ΣM＝0と力の釣合い条件を満足しています。即ち，「釣り合い状態にある力系」ですから，仮想仕事の原理が適用できます。図3.9.47の単純ばりは力が釣合っているわけですから，静止の状態にあります。このような静止状態のものが実際に動くわけがありませんからあくまでも頭の中で仮想的に仕事をさせる（動かしてみる）ことになりますので，仮想仕事という名称がついているわけです。さて，図3.9.47(b)のようにA点，B点をそれぞれ下方に20mmおよび10mm仮想仕事をさせたとしましょう。その場合，この単純ばりのする仮想仕事は次のようになり，総和がゼロになることが判ります。

荷重Pの仕事量＝100kN×15mm＝1500kN・mm

反力R_Aの仕事＝－(50kN×20mm)＝－1000kN・mm

反力R_Bの仕事＝－(50kN×10mm)＝－500kN・m

反想仕事の総和＝1500kN・mm－1000kN・mm－500kN・mm＝0

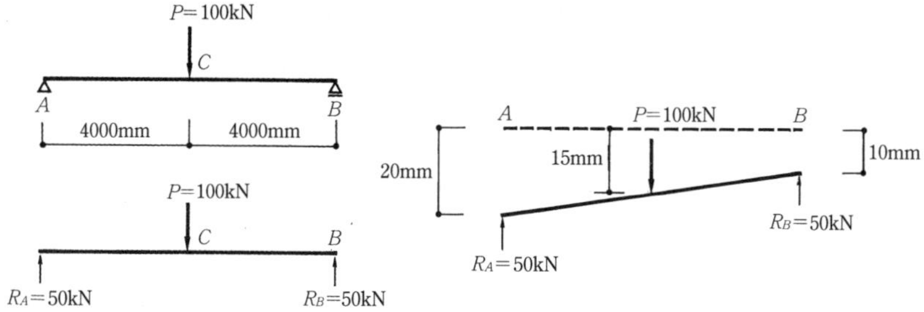

(a) 力は釣合い状態にある　　(b) A点を下方に20mm，B点を10mm仮想仕事をさせる

図3.9.47　仮想仕事の原理の1例

ロ)「仮想仕事の原理」の応用

仮想仕事の原理を応用すれば，いろいろとおもしろいことができます。その一例を図3.9.48に示してみましょう。図3.9.48は図3.9.47の単純ばりと同一のものです。この単純ばりの中央C点の曲げモーメントを仮想仕事を用いて求めてみることにしましょう。通常はこのようなばかげた方法で曲げモーメントを求める人は

いないでしょうが，保有水平耐力を求める一つの段階と考えて，がまんして読んでみてください。

まず図3.9.48(b)のように中央C点をピン状態にし，曲げモーメントM_cを作用させれば，応力状態は(a)と同一になります。(b)は釣合い状態にありますから，仮想仕事をさせられます。(c)のように中央C点を下方に10mmだけ仮想仕事をさせたとします。その時の仮想仕事の総和はゼロになるはずですから (3.9.18) 式が成立します。

(3.9.18) 式も重要ですが，ここでより重要なことは「骨組を構成している全部材が剛体のまま移動*し得るような条件の骨組にしてやること」です。

このように，部材が剛体で移動しますと，部材内部での変形による仕事がありませんので，仕事量としては釣合い力だけの仕事を考えればよいわけです。

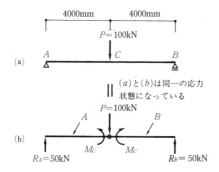

図3.9.48 仮想仕事の原理の応用（曲げモーメントを求めてみよう）

---

*) 図3.9.48(b)では，A，B部分は剛体のまま(c)のように移動します。このように骨組の全部材が剛体のまま移動可能な状態を構造力学では「変形機構条件を満足している」あるいは「動的許容場にある」という表現をします。

(3.9.18) 式を解くことによって中央C点のMcが求められます。

集中荷重の仕事＝100kN×10mm＝1000kN・mm

$$M_c の仕事＝-(2M_c×\theta)＝-\left(2M_c×\frac{10mm}{40mm}\right)$$

反力の仕事＝50kN×0＝0

仮想仕事の総和＝1000kN・mm$-2M_c\dfrac{10mm}{40mm}$＋0＝0 ················ (3.9.18)

故に M_c は

M_c＝1000kN・mm×2000mm/10mm＝200kN・m

崩壊荷重計算への利用

以上の考え方を利用すると，骨組が曲げ崩壊する時の崩壊荷重（保有耐力）を比較的容易に求めることができます。

例として，図3.9.49の単純ばりの崩壊荷重を求めてみることにしましょう。

図3.9.49(a)の集中荷重を次第に大きくしてゆくと，いつかは，はりが破壊してしまうはずです。ステップ２，ステップ３でも述べたように，崩壊の定義は「荷重が上昇せず変形のみが進行する現象」です。

はり断面が図3.9.49(b)に示すように M_u の強さを持っているとしましょう。

はり中央の曲げモーメントが M_u に達すると，はりの曲げモーメント図は(c)のようになり，もはや曲げモーメント図はそれ以上の大きさにはなり得ず，変形のみが進行します。即ちはりが崩壊するわけです。そこで，はりが崩壊荷重に達し変形のみが進行する状態を考えてみますと，曲げモーメントがそれ以上大きくなり得ないわけですからC点のみが変形することによって，たわみが大きくなってゆきます。即ち，A，Bの部分は変形が止まったままあたかも剛体のように移動することになります。この状態はちょうど，図3.9.48(c)の状態と同一ですから，仮想仕事を用いて崩壊荷重を求めることができるわけです。

崩壊荷重は次のようにして求められます。

C点の断面の曲げ終局モーメントをM_u＝200kN・mとしましょう。崩壊荷重P_uは図3.9.49(d)のように崩壊メカニズムを仮定し，(e)のように仮想仕事を適用して求め

られます。

$$荷重の仕事 = P_u \times 10\text{mm}$$

$$M_c の仕事 = -\left(200\text{kN} \cdot \text{m} \times \frac{10\text{mm}}{4000\text{mm}}\right) \times 2$$

$$反力の仕事 = 50\text{kN} \times 0 = 0$$

$$仮想仕事の総和 = P_u \times 10\text{mm} - \left(200\text{kN} \cdot \text{m} \times \frac{10\text{mm}}{4000\text{mm}}\right) \times 2 + 0 = 0$$

故に P_u は

$$P_u = 100\text{kN} \times 10\text{mm}/10\text{mm} = 100\text{kN}$$

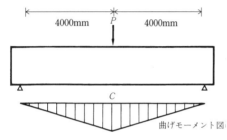

(a) 崩壊荷重を求めてみよう

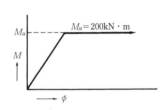

(b) はり断面の強度－変形関係

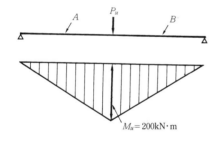

(c) 崩壊時の曲げモーメント図

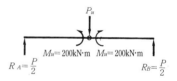

(d) 崩壊メカニズムの仮定

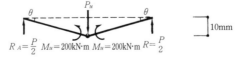

(e) 仮想仕事をさせる

図3.9.49 崩壊荷重（保有耐力）を仮想仕事の原理を用いて求めてみよう

ハ）保有水平耐力を求めてみよう

仮想仕事の原理の応用も，おおよそ判ったことと思いますので，ここでは，仮想仕事を用いて骨組の保有水平耐力を求めてみることにしましょう。保有水平耐力を仮想仕事の原理を用いて求める手順は表3.9.3の通りです。

表3.9.3　仮想仕事の原理を用いて保有水平耐力を求める計算手順

① 水平外力の分布を決める。
② 材端断面の曲げ終局強度を求め，それらより節点モーメントを求める。
③ ②項の節点モーメントをもとに崩壊メカニズムを仮定する。
④ 仮想仕事の原理により保有水平耐力を求める。

■〔ステップ２〕の骨組の保有水平耐力を求めてみる

ステップ２の計算例の骨組（図3.9.35）の保有水平耐力を仮想仕事の原理を用いて求めてみましょう。

① 水平外力の分布は図3.9.50のとおりです。

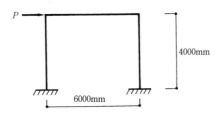

図3.9.50　外力分布の決定

② はり，柱のフェイスモーメントが曲げ終局強度になる時の節点モーメント

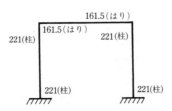

図3.9.51　はり，柱の節点モーメント（kN・m）

は図3.9.51のようになります（ステップ2④項参照）。

③ ②項のはり，柱節点モーメントの比較より崩壊メカニズムを図3.9.52のように仮定*します。

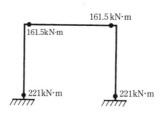

図3.9.52 崩壊メカニズムの仮定

④ 図3.9.52の骨組に図3.9.53のように柱部材角θ**だけ仮想仕事をさせると，仕事量は次のように求められます。

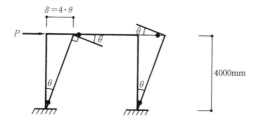

図3.9.53 仮想仕事の原理

---

*) 仮想仕事の原理を用いて保有水平耐力を求める場合，どのような崩壊メカニズム形を仮定するかは非常に重要なことです。前述したように仮想仕事は，骨組が剛体のまま移動できるように仮定してやれば，どのような仮定でも適用可能なわけで，もし，崩壊メカニズム形を真の形と違ったもので仮定してしまいますと答は出てきますが，その答は真の保有水平耐力よりも必ず大きく出てくる（「必ず大きく出てくる」というのは仮想仕事の方法が構造力学でいう「上界定理」に属する方法だからです）ことになり，保有水平耐力を大きく見込んでしまう危険な設計になりますから好ましくありません。ちなみに，図3.9.57で右図のように柱降伏型に崩壊メカニズムを仮定したとしますと保有水平耐力は$P=225$kNとなり，真の194.8kNよりも大きくなることが判ります。

**) 各降伏ヒンジの回転角は，図Aのように変形前の角度からどれだけ回転したかを測ります。図Aのはり A 点の回転角 θ_1 は $\theta_1=\theta_B-\theta_A$ となります。また，右側柱の回転角 θ_2 は，θ_2 は $\theta_D-\theta_C$ となります。（図Aは次ページ脚注）

外力の仕事量＝$P \times 4\theta$

降伏ヒンジの仕事量***＝－(221kN・m＋161.5kN・m＋161.5kN・m＋221kN・m)×θ

仕事量の総和＝$P \times 4\theta$－(221kN・m＋161.5kN・m)×$2 \times \theta = 0$

保有水平耐力は

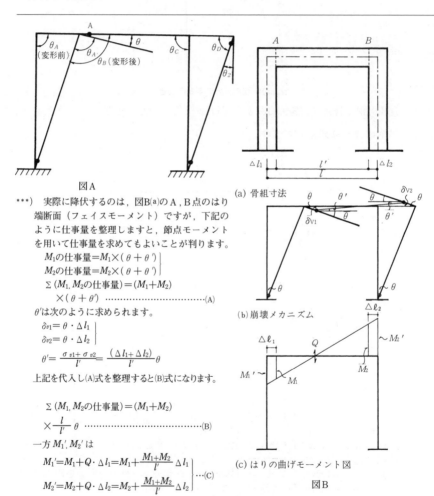

図A

*** 実際に降伏するのは，図B(a)のA，B点のはり端断面（フェイスモーメント）ですが，下記のように仕事量を整理しますと，節点モーメントを用いて仕事量を求めてもよいことが判ります。

M_1の仕事量＝$M_1 \times (\theta + \theta')$
M_2の仕事量＝$M_2 \times (\theta + \theta')$
$\Sigma(M_1, M_2$の仕事量$) = (M_1 + M_2)$
　　　　　　　　×$(\theta + \theta')$ ……………………(A)

θ'は次のように求められます。

$\delta_{v1} = \theta \cdot \Delta l_1$
$\delta_{v2} = \theta \cdot \Delta l_2$
$\theta' = \dfrac{\sigma_{v1} + \sigma_{v2}}{l'} = \dfrac{(\Delta l_1 + \Delta l_2)}{l'}\theta$

上記を代入し(A)式を整理すると(B)式になります。

$\Sigma(M_1, M_2$の仕事量$) = (M_1 + M_2)$
　　　×$\dfrac{l}{l'}\theta$ ……………………(B)

一方 M_1', M_2' は

$M_1' = M_1 + Q \cdot \Delta l_1 = M_1 + \dfrac{M_1 + M_2}{l'}\Delta l_1$
$M_2' = M_2 + Q \cdot \Delta l_2 = M_2 + \dfrac{M_1 + M_2}{l'}\Delta l_2$ …(C)

(a) 骨組寸法

(b) 崩壊メカニズム

(c) はりの曲げモーメント図

図B

(右頁下へつづく)

P=(221+161.5)/2=191.3kN

上記の値は，ステップ2で求めた保有水平耐力と同一になることが判ります。

■〔ステップ3〕の骨組の保有水平耐力を求める

ステップ3の計算例骨組（図3.9.37）の保有水平耐力を仮想仕事の原理を用いて求めてみましょう。

① 水平外力の分布は通常1次設計用地震力の分布を用います。4章2.4(2)より1次設計用地震力は次のようになりますから，水平外力分布を図3.9.54のように仮定します。

```
        1次設計用地震力           外力      水平外力分布
  2階      45t              R階    45t………1.36P
  1階      78t              2階    33t………P
```

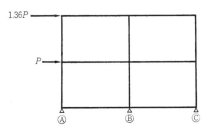

図3.9.54　外力分布の仮定

②③　ステップ3の計算結果を利用し，崩壊メカニズムは図3.9.51と同一とし，

$Q = \dfrac{M_1 + M_2}{l'}$

M_1', M_2'の仕事量は
　M_1の仕事量 $= M_1' \times \theta$
　M_2の仕事量 $= M_2' \times \theta$
　　$\Sigma (M_1', M_2'の仕事量) = (M_1' + M_2')\,\theta$ ……………………………………(D)

(D)式に(C)式を代入して整理すると，
　　$\Sigma (M_1', M_2'の仕事量) = (M_1 + M_2)\dfrac{l}{l'}\,\theta$ ……………………………………(E)

以上のことより
　　$\Sigma (M_1', M_2'の仕事量) = \Sigma (M_1 + M_2の仕事量)$
となることが判ります。

図3.9.55のように仮定します。

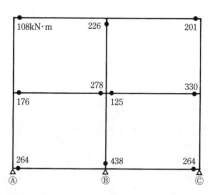

図3.9.55 崩壊メカニズムの仮定とヒンジの節点モーメント（kN・m）

④ 図3.9.55の骨組で，図3.9.56のように柱部材 θ だけ仮想仕事をさせますと，仕事量は（3.9.19）式で求められます。

$$外力の仕事量 = 1.36P \times (7.8\theta) + P \times (4\theta)$$

$$降伏ヒンジの仕事量 = -(108\text{kN·m} + 226 + 201 + 176 + 278 + 125$$
$$+ 330 + 264 + 438 + 264) \times \theta$$

$$仕事量の総和 = 1.36P \times (7.8\theta) + P \times (4\theta)$$
$$-(108 + 226 + 201 + 176 + 278 + 125 + 330$$
$$+ 264 + 438 + 264) \times \theta = 0 \cdots\cdots\cdots\cdots (3.9.19)$$

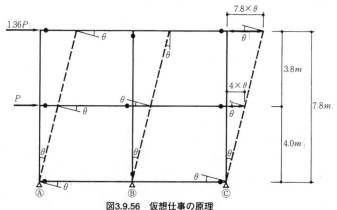

図3.9.56 仮想仕事の原理

$(10.6 + 4)P = 2410$

∴ $P = 2410/14.6 = 165\text{kN}$

$1.36P = 1.36 \times 165\text{kN} = 224\text{kN}$

以上の計算より各階の保有水平耐力は次のように求めます。

　　2階の保有水平耐力　　224kN

　　1階の保有水平耐力　　224kN＋165kN＝389kN

以上の結果とステップ3の結果を比較しますと,両者の保有水平耐力に多少差のあることが判ります。それは次のような理由によるものです。

i) 　ステップ3の水平外力分布（図3.9.46）と図3.9.54の水平外力分布が図3.9.57のように異なること。これは,節点振り分け法では外力分布が計算の結果として求められるのに対し,仮想仕事の方法では外力分布を最初から仮定するためです。

ii) 　またステップ3において,降伏しない部材へのモーメントの分配が比較的略算的に行なわれているためです。

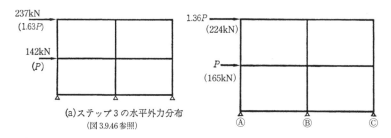

図3.9.57　水平荷重分布の比較

ステップ　5　(有壁ラーメンの保有水平耐力)

保有水平耐力の求め方も,いよいよ最後のステップ5になりました。ここでは図3.9.58のような耐震壁の入った骨組以後（有壁ラーメンという）の保有水平耐力の求め方について説明します。ステップ1～ステップ4では主にはり,柱のみからなる骨組の保有水平耐力の求め方を説明しました。しかし,通常の建物は図

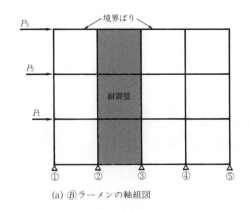

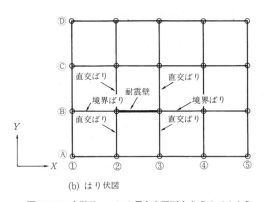

図3.9.58 有壁ラーメンの保有水平耐力を求めてみよう

3.9.58のように耐震壁の入ったものが多く,有壁ラーメンの保有水平耐力の求め方が重要になります。説明は具体的にした方が判りよいと思いますので,以下では図3.9.58(a)の骨組を用いて説明することにします。図3.9.58において,耐震壁に隣接した各階のはりを**境界ばり**といいます。また,(b)に示すように,耐震壁に緊結し直交しているはりを**直交ばり**といい,それらの骨組を直交ラーメン(②,③ラーメン)といいます。

イ) 有壁ラーメンの力学的性質

本章3.9,Ⅳ),ハ)項においては耐震壁単体としての曲げ終局強度およびせん断

3章　2次設計をマスターするための章　　　263

終局強度について述べました。しかし，耐震壁の強度は図3.9.25でも述べたように，耐震壁周囲の骨組の力学的性質によっても制限されます。即ち，**境界ばり，直交ばりの曲げ降伏**，あるいは**基礎の浮き上り**などによっても強度が制限されるわけです。そこで，ここでは保有水平耐力の求め方を説明する前段として，有壁

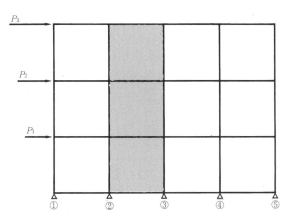

(a) 有壁ラーメンに水平荷重が作用すると？

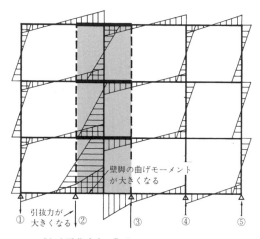

(b) 水平荷重時の曲げモーメントおよび反力

図3.9.59　有壁ラーメンの水平荷重時の曲げモーメントおよび，反力

ラーメンが水平荷重を受けた場合、どのような力学的挙動を示すのかを図3.9.58の建物を例にとって簡単に示しておきます。

●**有壁ラーメンの水平荷重時曲げモーメントおよび基礎反力**

有壁ラーメンが図3.9.59(a)のような水平荷重を受けた場合の曲げモーメント図および反力は(b)のようになります。応力図で特徴的なことは次の通りです。

イ）耐震壁の1階壁脚の曲げモーメントが非常に大きくなる。

ロ）耐震壁の基礎の引抜力が非常に大きくなる。

上記のことは、耐震壁が1階壁脚で曲げ降伏し得ること、また、基礎が浮き上る場合も考えられることを示唆しています。

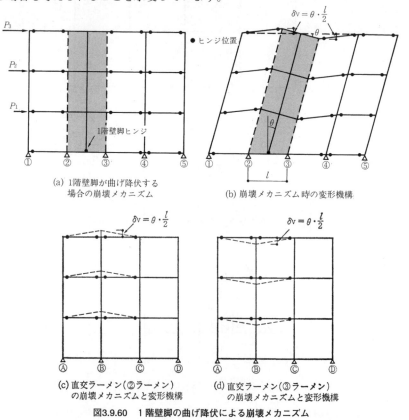

図3.9.60　1階壁脚の曲げ降伏による崩壊メカニズム

●有壁ラーメンの崩壊メカニズムの仮定

図3.9.59(b)の応力図から，通常，有壁ラーメンの崩壊形式として次の2種を仮定します。

a） 耐震壁の1階壁脚が曲げ降伏し，骨組が崩壊メカニズムに達する形式。

この場合は図3.9.60(a)に示すように，耐震壁1階壁脚のヒンジの他に，骨組全体が崩壊メカニズムを満足するように，ヒンジ位置を設定しなければなりません。

通常，図3.9.60(a)のように，はり降伏形に仮定します。(b)に崩壊メカニズム時の変形機構を示しましたが，壁が回転変形するためには直交ラーメンの②③ラーメンが(b)のように $\delta_V = \pm \theta \cdot \dfrac{l}{2}$ だけ変形しなければならず，そのため

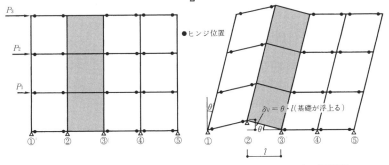

(a) 基礎浮上り時の崩壊メカニズム　　(b) 崩壊メカニズム時の変形機構

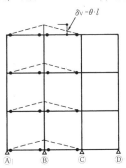

(c) 直交ラーメン（②ラーメン）の崩壊メカニズムと変形機構

図3.9.61　基礎浮上りによる崩壊メカニズム

には②③ラーメンとも当然はり降伏形の崩壊メカニズムを満足していなければなりません。(c)(d)に②③ラーメンの崩壊メカニズムと変形機構を示しました。

b) **基礎が浮上り，骨組が崩壊メカニズムに達する形式。**

この場合も，基礎の浮上りを可能にするような骨組全体の崩壊メカニズムが形成されなければなりません。図3.9.61(a)に崩壊メカニズムを，(b)に基礎浮上りによる変形機構を示しました。

(b)から判るように，基礎が $\delta_v = \theta l$ だけ浮上るためには，直交ラーメンの②ラーメンが(c)のような変形をしなければならず，はり降伏形の崩壊メカニズムを満足していなければなりません。②ラーメン以外の直交ラーメンは基礎の浮上りの変形と関係ありませんから，計算上は考慮する必要ありません。

ロ）**有壁ラーメンの保有水平耐力の求め方**

前述した知識をもとに有壁ラーメンの保有水平耐力を求めてみることにしましょう。有壁ラーメンの保有水平耐力の求め方としては次の2種の方法が，一般的です。実際の構造計算ではi）の方法を用いることが多いようです。

i） 骨組を図3.9.62に示すように，耐震壁以外の骨組の保有水平耐力と耐震壁の保有水平耐力を別々に求め，それら両者を単純加算して骨組全体の保有水

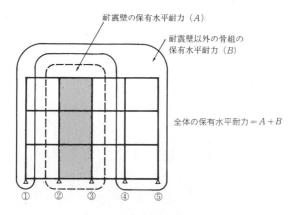

図3.9.62　保有水平耐力の求め方

平耐力を求める方法。

ⅱ) 有壁ラーメン全体に仮想仕事の原理を適用し，保有水平耐力を求める方法。

以下ではⅰ)の方法について説明します。ⅱ)の方法についてはステップ4を参考にしてください。

●**耐震壁とそれ以外の骨組の保有水平耐力を加算する方法**

この方法では，まず耐震壁以外の骨組に関する保有水平耐力を節点振り分け法で計算します。図3.9.63〜図3.9.64にその計算例を示しました。計算例は図3.9.58の骨組のⒷラーメンを想定しています。節点振り分け法の計算はステップ3に示した手順で行ないます。図3.9.63*は降伏ヒンジ位置と節点モーメントの大きさを示したものです。

図3.9.63の節点モーメントを柱に分配し，柱の負担せん断力を求めたのが図3.9.64*です。図3.9.64より耐震壁以外の骨組の保有水平耐力は表3.9.4のようになります。

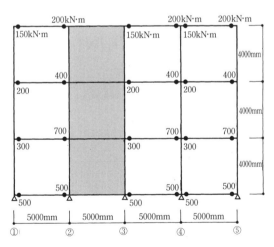

図3.9.63　降伏ヒンジ位置と節点モーメント

---

*) 図3.9.63のはりの節点モーメントは計算例として適当に決めたものです。
　　図3.9.64の柱の節点モーメントは上下柱への分配率を0.5として求めたものです。

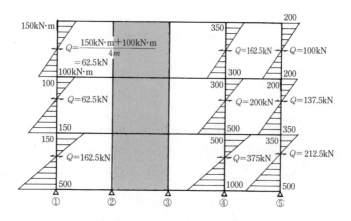

図3.9.64 耐震壁以外の骨組の保有水平耐力

表3.9.4 耐震壁以外の骨組の保有水平耐力

	耐震壁以外の骨組の保有水平耐力
3 階	62.5＋162.5＋100＝325kN
2 階	62.5＋200＋137.5＝400kN
1 階	162.5＋375＋212.5＝750kN

次に耐震壁の保有水平耐力を求めます。耐震壁の保有水平耐力を求める計算手順は表3.9.5の通りです。

表3.9.5 耐震壁の保有水平耐力の求め方

① 耐震壁に作用する水平外力分布を仮定する。
② 効果のある直交ばりの確認をする。
③ 境界ばり，直交ばりの節点モーメントおよびせん断力を求める。
④ 1階壁脚部の曲げ降伏によって決まる保有水平耐力を求める。
⑤ 基礎の浮上りによって決まる保有水平耐力を求める。

> ⑥ 両者のうちの小さい方を保有水平耐力とする。

以下に，表3.9.5の計算手順に従って，図3.9.58のⒷラーメンの骨組を想定して計算例的に説明します。

① **耐震壁部分**は図3.9.65のように取り出て考えます。図3.9.65には，耐震壁に作用する水平外力，境界ばりの曲げモーメント，せん断力，および直交ばりのせん断力，ならびに基礎反力を示しました。

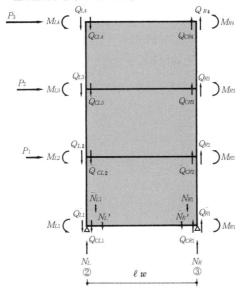

図3.9.65 耐震壁に作用する外力と応力

ここで，

$M_{L1} \sim M_{L4}$：左側境界ばりの節点モーメント

$M_{R1} \sim M_{R4}$：右側境界ばりの節点モーメント

$Q_{L1} \sim Q_{L4}$：左側境界ばりのせん断力

$Q_{R1} \sim Q_{R4}$：右側境界ばりのせん断力

$Q_{CL1} \sim Q_{CL4}$：左側直交ばりのせん断力

$Q_{CR1} \sim Q_{CR4}$：右側直交ばりのせん断力

基礎反力は (3.9.20) 式 (3.9.21) 式より求められます。

左側基礎反力

$$N_L = N_{L1} + N_L' + (Q_{L4} + Q_{L3} + Q_{L2} + Q_{L1})$$
$$+ (Q_{CL4} + Q_{CL3} + Q_{CL2} + Q_{CL1}) \cdots\cdots\cdots\cdots\cdots (3.9.20)$$

右側基礎反力

$$N_R = N_{R1} + N_R' - (Q_{R4} + Q_{R3} + Q_{R2} + Q_{R1})$$
$$- (Q_{CR4} + Q_{CR3} + Q_{CR2} + Q_{CR1}) \cdots\cdots\cdots\cdots\cdots (3.9.21)$$

ここで，

N_{L1}, N_{R1}：左右1階柱の長期軸方向力

N_L', N_R'：〔(1階床・基礎ばりなど基礎上面までの重量)＋(基礎自重および埋もどし土重量)〕の付加軸方向力

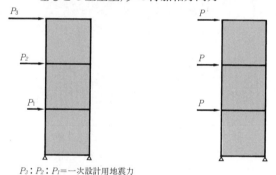

(a) 一次設計用地震力分布の比率に仮定　　(b) 各階等分布に仮定

図3.9.66　耐震壁部分の骨組に作用する水平外力分布の仮定

水平外力分布は図3.9.66(a)のように1次設計用地震力に比例させた分布を用いるのが一般的ですが，(b)のように各階等分布のものを用いることもあります。

②③　図3.9.64より耐震壁に作用する境界ばりの節点モーメント，せん断力は図3.9.67(b)のようになります。

例えば境界ばりのせん断力 (図3・9・67(b)のQ_{L4}, Q_{R3}の場合) は，次のように求められます。

3章 2次設計をマスターするための章　　　271

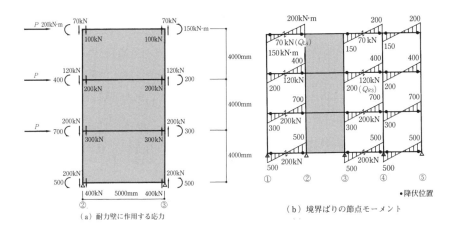

(a) 耐力壁に作用する応力

(b) 境界ばりの節点モーメント

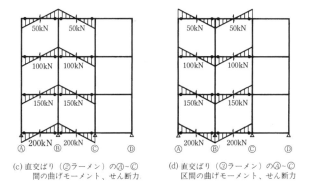

(c) 直交ばり（②ラーメン）の④〜ⓒ
　　間の曲げモーメント、せん断力

(d) 直交ばり（③ラーメン）の④〜ⓒ
　　区間の曲げモーメント、せん断力

図3.9.67　耐震壁に作用する境界ばりおよび直交ばりの応力

$$Q_{L4} = \frac{150\text{kN}\cdot\text{m} + 200\text{kN}\cdot\text{m}}{5000\text{mm}} = 70\text{kN}$$

$$Q_{R3} = \frac{200\text{kN}\cdot\text{m} + 400\text{kN}\cdot\text{m}}{5000\text{mm}} = 120\text{kN}$$

図3.9.58の場合,有効に働く直交ラーメンは②ラーメン,③ラーメンの2つです。

直交ばりの曲げモーメント図は通常図3.9.67(c)(d)のようになります。ここでは,せん断力が計算の結果図3.9.67(c)(d)になったとします。例えば図3.9.67(a)のQ_{CL4}は図3.9.67(c)より右図のように求められます。

以上のことより耐震壁に作用する応力は図3.9.67(c)のようになります。

④ 耐震壁の曲げ降伏で決まる場合の保有水平耐力

図3.9.67(a)の耐震壁の1階壁脚が曲げ降伏して決まる保有水平耐力を求めてみることにしましょう。ここでは耐震壁に作用する水平外力分布を図3.9.67(a)のように等分布と仮定します。保有水平耐力は耐震壁中央(基礎ばり上面)に関するモーメントの釣合いより以下のように求めることができます。

外力のモーメント

$$M_P = P \times 4000\text{mm} + P \times (4000\text{mm} + 4000\text{mm})$$
$$+ P \times (4000\text{mm} + 4000\text{mm} + 4000\text{mm})$$
$$= (4P + 8P + 12P)\text{kN}\cdot\text{m} = 24P(\text{kN}\cdot\text{m})$$

内力のモーメント

1階壁脚が基礎ばり上面で降伏するとし,耐震壁の曲げ終局モーメントをM_{WU}とすれば,内力のモーメントは次のようになります。

$$M_{WL} = -(M_{L4} + M_{L3} + M_{L2}) - \frac{l_W}{2} \times (Q_{L4} + Q_{L3} + Q_{L2})$$
$$- \frac{l_W}{2} \times (Q_{CL4} + Q_{CL3} + Q_{CL2}) - \frac{l_W}{2} \times N_L{}^{**}$$
$$= -(M_{L4}' + M_{L3}' + M_{L2}')^* - \frac{l_W}{2}(Q_{CL4} + Q_{CL3} + Q_{CL2}) - \frac{l_W}{2}N_L$$

$$M_{WR} = -(M_{R4}+M_{R3}+M_{R2}) - \frac{l_W}{2} \times (Q_{R4}+Q_{R3}+Q_{R2})$$
$$- \frac{l_W}{2} \times (Q_{CR4}+Q_{CR3}+Q_{CR2}) + \frac{l_W}{2} \times N_R**$$
$$= -(M_{R4}'+M_{R3}'+M_{R2}') - \frac{l_W}{2}(Q_{CR4}+Q_{CR3}+Q_{CR2}) + \frac{l_W}{2}N_R$$

$$\Sigma M_W = M_{WL} + M_{WR} + M_{WU} \cdots\cdots\cdots\cdots\cdots\cdots\cdots\cdots\cdots\cdots (3.9.22)$$

上式に図3.9.67(a)の数値を具体的に代入すると次のようになります。

1階柱の長期軸方向力を$N_{L1}=N_{R1}=1000kN$と仮定します。

$$M_{WL} = -(200kN\cdot m + 400 + 70) - \frac{5m}{2}(70kN + 120 + 200)$$
$$- \frac{5m}{2} \times (100kN + 200 + 300) - \frac{5m}{2} \times 1000kN$$
$$= -1300kN\cdot m - 975kN\cdot m - 1500kN\cdot m - 2500kN\cdot m$$

$$M_{WR} = -(150kN\cdot m + 200 + 300) - \frac{5m}{2}(70kN + 120 + 200)$$
$$- \frac{5m}{2} \times (100kN + 200 + 300) - \frac{5m}{2} \times 1000kN$$
$$= -650kN\cdot m - 975kN\cdot m - 1500kN\cdot m - 2500kN\cdot m$$

$M_{WU} = 10000kN\cdot m$とすれば

$$\Sigma M_W = M_{WL} + M_{WR} + M_{WU}$$
$$= (-1300 - 975 - 1500 - 2500) + (-650 - 975 - 1500 - 2500)$$
$$- 10000kN\cdot m = 16900kN\cdot m$$

---

*) $M_{L4}' \sim M_{L1}'$および$M_{R4}' \sim M_{R1}'$は下図のように耐震壁中心に関する境界ばりのモーメント。例えば
$M_{L4}' = M_{L4} + \frac{l_w}{2} Q_{L4}$

**) $N_L = N_R$のときはこの項は（3.9.22）式で加減されて消去されてしまいますから考慮する必要ありませんが，$N_L \neq N_R$のときは考慮する必要があります。

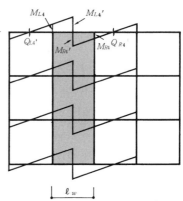

274

仕事量の総和はゼロですから,

$$M_P + \Sigma M_W = 0$$

$$24P(\text{kN·m}) - 16900\text{kN·m} = 0$$

$$\therefore \quad P = 704\text{kN}$$

⑤ 基礎の浮上りで決まる場合の保有水平耐力

この場合は,基礎部分の応力も含めモーメントの釣合いを考えます。耐震壁に作用する全軸方向力は

$$N_T = N_{L1} + N_L{}' + N_{R1} + N_R{}' + \sum_{n=1}^{N} (Q_{LN} + Q_{CLN} - Q_{RN} - Q_{CRN})$$

釣合いは耐震壁中央で考えます。

外力のモーメント

$$M_P = P \times 4\text{m} + P \times (4+4) + P \times (4+4+4) = 24P(\text{kN·m})$$

内力のモーメント

基礎浮上り時には全軸方向を片方の基礎が全て負担するとすれば,

$$M_W = N_T \times \frac{l_W}{2} + \sum_{n=1}^{4} \left| M_{LN} + M_{RN} + \frac{l_W}{2} (Q_{LN} + Q_{CLN} + Q_{RN} + Q_{CRN}) \right|$$

図3.9.67の数値を具体的に代入すると,

$$\left. \begin{array}{l} N_{L1} + N_L{}' = 1100\text{kN} \\ N_{R1} + N_R{}' = 1100\text{kN} \end{array} \right\} \text{と仮定します。}$$

この例では$Q_{LN} + Q_{CLN} = Q_{RN} + Q_{CRN}$ ですから,

$$N_T = 1100\text{kN} + 1100\text{kN} + 0 = 2200\text{kN}$$

$$M_W = -2200\text{kN} \times \frac{5\text{m}}{2} - (1800\text{kN·m} + 1475\text{kN·m} + 2500\text{kN·m})$$

$$- (1150\text{kN·m} + 1475\text{kN·m} + 2500\text{kN·m}) = -5500 - 5775$$

$$-5125 = -16400\text{kN·m}$$

$M_P + M_W = 0$より

$$24P(\text{kN·m}) = 16400\text{kN·m}$$

$$\therefore \quad P = 683\text{kN} < 704\text{kN}$$

以上のことより，図3.9.67の耐震壁の保有水平耐力は基礎の浮上りで決まることが判ります。

⑥　**有壁ラーメンの保有水平耐力**は以上の計算から表3.9.6のように求められます。

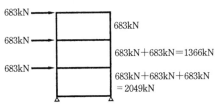

表3.9.6　有壁ラーメンの保有水平耐力

	耐震壁以外の骨組の 保有水平耐力	耐震壁の保有 水平耐力	骨組全体の保 有水平耐力
3 階	325kN	683kN	1008kN
2 階	400kN	1366kN	1766kN
1 階	750kN	2049kN	2799kN

3.10 必要保有水平耐力の求め方

保有水平耐力とは読んで字のごとく，地震に抵抗するために，その建物に必要な（要求される）保有水平耐力のことです。必要保有水平耐力については，3.9 ⅱ）項でも多少説明してありますから参照していただくとして，ここでは必要保有水平耐力の求め方を示します。

必要保有水平耐力は（3.10.1）式で求めます。

$$Q_{un}=D_s \cdot F_{es} \cdot Q_{ud} \quad\cdots\cdots\cdots\cdots\cdots\cdots\cdots\cdots\cdots\cdots\cdots\cdots\cdots\cdots\cdots(3.10.1)$$

$$Q_{ud}=C_i W_i \quad\cdots\cdots\cdots\cdots\cdots\cdots\cdots\cdots\cdots\cdots\cdots\cdots\cdots\cdots\cdots\cdots\cdots\cdots(3.10.2)$$

$$C_i=Z \cdot R_t \cdot A_i \times 1.0 \quad\cdots\cdots\cdots\cdots\cdots\cdots\cdots\cdots\cdots\cdots\cdots\cdots\cdots\cdots(3.10.3)$$

Q_{un}：必要保有水平耐力

D_s：各階の構造特性係数

F_{es}：各階の形状係数

Q_{ud}：地震力によって各階に生ずる水平力（層せん断力）

$C_i,\ Z,\ R_t\ ;A_i$：（3.4.3）式参照

また，建物の安全性は（3.10.4）式で検討します。

$$保有水平耐力 \geqq 必要保有水平耐力 \cdots\cdots\cdots\cdots\cdots\cdots\cdots\cdots\cdots\cdots\cdots(3.10.4)$$

（3.10.1）式の基本的な考え方は次の通りです。

ⅰ) 地盤加速度が $300 \sim 400gal$ 程度の地震（関東大震災級の地震）のとき，建物が弾性であるとすれば，建物には（3.10.2）式で求められる Q_{ud} 程度の地震力が作用すると考えられます。

ⅱ) しかし，実際の建物は弾性ではなく，3.9 ⅲ）項でも述べたように，弾塑性々状を示すものであり，ある程度のねばりが期待できます。

地震時に建物に入力するエネルギーは図3.10.1に示すように，弾性も弾塑性でも同一であるといわれています。即ち，図3.10.1で $\triangle OAB$（弾性時）の面積と $\square OCDE$（弾塑性）のそれが同一であるとすれば，ねばりが期待で

きる建物では建物の設計強度をQ_{ud}より多少低減して考えてもよいことになります。この建物のねばりによる地震力の低減係数が（3.10.1）式中のD_sの係数です。

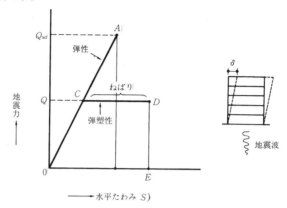

図3.10.1 弾性と弾塑性地震応答の比較

iii) 地震時に建物が大きくねじれたり（偏心率の大きい建物），あるいは特定階のたわみが極端に大きくなる（剛性率が小さい階）のような建物では，局部的に大きな地震力を受けることが考えられますから，そのような建物は地震力を割増して設計しておきます。（3.10.1）式中のF_{es}はその割増し係数です。

通常の構造計算では，計算上の都合から，保有水平耐力を求めてから必要保有水平耐力を求めます。そのような手順にする理由は，

イ) 各部材の曲げ終局強度，せん断終局強度などがすべて求められており，部材および部材群としての$FA \sim FD$，$WA \sim WD$の種別に判定が容易であること。

ロ) β_uの計算が容易になること。

$$\beta_u = \frac{耐力壁が負担する保有水平耐力}{各階の保有水平耐力} \quad \cdots\cdots\cdots (3.10.5)$$

などによるものです。

278

必要保有水平耐力は表3.10.1の手順に従って求めます。以下に表3.10.1の解説と計算例を示しておきます。

表3.10.1 必要保有水平耐力の求め方

① 各柱部材の性能種別（*FA*〜*FD*）を表3.10.2より判定し，ついで柱群としての性能種別を表3.10.3より決定する。

↓

② 各耐震壁部材の性能種別（*WA*〜*WD*）を表3.10.5より判定し，ついで耐震壁群としての性能種別を表3.10.3より決定する。

↓

③ β_uを求める。

↓

④ 柱群種別，耐震壁群種別およびβ_uをもとに表3.10.7より骨組の構造ランク（ランクⅠ〜ランクⅣ）を決める。

↓

⑤ 構造ランクとβ_uをもとに表3.10.8より構造特性係数 D_s を求める。

↓

⑥ 各階の剛性率，偏心率をもとに形状係数F_{es}を求める。

↓

⑦ 必要保有水平耐力を求める。

① 柱部材および柱群の性能種別（*FA*〜*FD*）の判定

柱部材の性能種別は表3.10.2に従って分類します。ここでいう性能とは個々の柱部材のねばり強さ（靭性）であり，FAがねばり強さが最も大きく，FB，FCと小さくなります。FDはせん断破壊の部材です。

表3.10.2において，はり降伏型の柱の場合には，h_0/Dの値として$2M/QD$（*M*，*Q*は崩壊メカニズム時の柱の最大曲げモーメントとせん断力）を用います。柱群の性能種別（建物の全柱を総合的に評価したときの性能）の判定は表3.10.3の耐力比により決定します。

3章　2次設計をマスターするための章　　　279

表3.10.2　柱部材の性能種別判定表

柱・はりの性能種別		FA	FB	FC	FD
共　通　条　件		想定される破壊モードが，曲げ破壊であること			左
柱の条件	ho／Dの下限	2.5	2.0	—	記
	σ₀／Fcの上限	0.35	0.45	0.55	以
	ptの上限	0.8%	1.0%	—	
	τu／Fcの上限	0.1	0.125	0.15	外
はりの条件	τu／Fcの上限	0.15	0.20	—	

ho：柱の内のり高さ（mm）
D：柱のせい（mm）
σ_0：崩壊メカニズム時の軸方向応力度（N/mm²）
Fc：コンクリートの材料強度（N/mm²）
pt：引張鉄筋比
τ_u：崩壊メカニズム時の平均せん断応力度（N/mm²）

表3.10.3　柱群および耐震壁群の性能種別判定表

部材群としての性能種別	種別Aの部材の耐力の和の部材群*の耐力和に対する比	種別Bの部材の耐力の和の部材群*の耐力和に対する比	種別Cの部材の耐力の和の部材群*の耐力和に対する比
A	50%以上	—	20%以下
B	—	—	50%未満
C	—	—	50%以上

*種別Dの部材が存在する場合には，それを除く。

【計算例】

　柱群の性能種別判定について計算例（図3.10.2のＸ方向）を以下に示しておきます。この計算例の場合，FA，FB，FCの３種類の柱が混用されていますが，表

表3.10.4　柱群の性能種別判定の計算例

部材性能種別	FA	FB	FC	耐力の合計
耐力和（kN）	600kN	400kN	600kN	1600kN
耐力和の比率	37.5%*	25%	37.5%	
柱群の性能種別判定	表3.10.3よりFAが50%以下，FCが50%未満であるから性能種別はFBである			

＊　600kN／1600kN=37.5%

3.10.4の計算をもとに表3.10.3の判定より，柱群としてはB種別となります。

② **耐震壁部材および耐震壁群の性能種別の判定**

耐震壁部材の性能種別は表3.10.5に従って分類します。WAが最も靭性にすぐれ，WB，WCがそれにつぐものです。WDはせん断破壊の耐震壁です。

表3.10.5　耐震壁部材の性能種別判定表

耐　力　壁　の　種　別		WA	WB	WC	WD
共　通　条　件		せん断破壊をするおそれがないこと			左記以外
τ_u / F_c の上限	一　　般	0.2	0.25	—	
	壁式構造の耐力壁	0.1	0.125	0.15	

耐震壁群としての性能種別は，柱の場合と同様表3.10.3により分類します。

【計算例】

耐震壁群の性能種別判定について計算例（図3.10.2）を以下に示しておきます。

この計算例の場合WA，WBの2種別の耐震壁が混用されていますが，表3.10.6の計算をもとに，表3.10.3の判定よりWB種別となります。

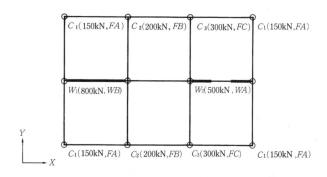

図3.10.2　柱群および耐震壁群の種別判定についての計算例

③ β_uの算定

β_uは（3.10.5）式で示されているように，耐震壁群が保有水平耐力の何割を負

3章　2次設計をマスターするための章　　　281

表3.10.6　耐震壁群の性能判定の計算例

部材性能種別	WA	WB	耐力の合計
耐力和（t）	500kN	800kN	1300kN
耐力和の比率	38.5 %	61.5 %	
耐震壁群の性能種別判定	表3.10.3より，WAが50％以下WCが50％未満であるから，性能種別はWBである。		

担しているのかを示す値であって，一般にβ_uが大きいということは耐震壁の多い建物ということになります。耐震壁はせん断破壊しやすい部材ですから，通常耐震壁が多くなると，建物全体の靭性が小さくなり，ねばりの少ない建物となりますので，大きな保有水平耐力が要求されることになります。即ち，大きな，必要保有水平耐力が要求されることになります。

【計算例】

図3.10.2（X方向）の計算例についてβ_uを求めてみましょう。

柱部材群の耐力和＝1600kN（表3.10.4参照）

耐震壁群の耐力和＝1300kN（表3.10.6参照）

$$\beta_u = \frac{1300kN}{1600kN + 1300kN} = 0.45$$

④　構造ランクの決定

①～③項で求めた柱群種別，耐震壁群種別，およびβ_uをもとに，その建物の構造特性を表3.10.7よりンクⅠ～ランクⅣに分類します。

ランクⅠはねばりのある建物であり，ランクⅡ，ランクⅢ，ランクⅣにつれてねばりの少ない建物ということになります。

【計算例】

図3.10.2（X方向）の計算例の場合には構造ランクは次のようになります。

柱群の性能種　……………… FB

耐震壁群の性能種別　…………WB

$\beta_u = 0.45$

表3.10.7 構造ランク別定表

柱群の性能種別＼耐震壁群の性能種別および β_u	WA			WB			WC			WD		
	$\beta_u\leqq$ 0.3	0.3< $\beta_u\leqq$ 0.7	$\beta_u>$ 0.7	$\beta_u\leqq$ 0.3	0.3< $\beta_u\leqq$ 0.7	$\beta_u>$ 0.7	$\beta_u\leqq$ 0.3	0.3< $\beta_u\leqq$ 0.7	$\beta_u>$ 0.7	$\beta_u\leqq$ 0.3	0.3< $\beta_u\leqq$ 0.7	$\beta_u<$ 0.7
F A	I	I	I	II	II	II	II	II	III	III	III	IV
F B	II	II	II	II	II	II	II	III	III	III	IV	IV
F C	III	III	II	III	III	III	III	III	III	IV	IV	IV
F D	IV	IV	IV	IV	IV	IV	IV	IV	IV	IV	IV	IV
壁式構造($\beta_u=1$)	—	—	II	—	—	III	—	—	IV	—	—	IV

表3.10.7より，この建物はランクIIの構造ということが判ります。

⑤ 構造特性係数D_sの決定

④項で求めた構造ランクと β_u より**構造特性係数D_s**を表3.10.8より求めます。表3.10.8は一般にはり，柱の接合部が剛接である建物を対象としています。

表3.10.8 D_s 一 覧 表

構造ランク ＼ β_u	$\beta_u\leqq0.3$	$0.3<\beta_u<0.7$	$\beta_u\geqq0.7$
ランクIの構造	0.3	0.35	0.4
ランクIIの構造	0.35	0.4	0.45
ランクIIIの構造	0.4	0.45	0.5
ランクIVの構造	0.45	0.5	0.55

【計算例】

図3.10.2（X方向）の計算例の場合は，D_sは次のように求められます。

$\left\{\begin{array}{l}構造ランク \cdots\cdots\cdots\cdots\cdots ランクII（④項参照）\\ \beta_u=0.45\end{array}\right.$

表3.10.8より$D_s=0.4$となります。

⑥ 形状係数F_{es}の決定

本章3.7節および3.8節において述べたように各階の剛性が不均等であったり，建物の偏心率が大きいと，地震時に地震力がある階に集中したり，建物全体がねじれたり耐震的に悪い影響が出てきます。これら不利な要因は建物の耐震強度を

大きくすることによって多少補正することができますので，剛性率，偏心率をもとに表3.10.9より F_s，F_e の係数を求め，(3.10.6)式から耐震強度割増しの係数F_{es}（**形状係数**と呼んでいる）を求め必要保有水平耐力を補正してやります。

$$F_{es}=F_e \times F_s \quad \cdots\cdots\cdots\cdots\cdots\cdots\cdots\cdots\cdots\cdots\cdots\cdots (3.10.6)$$

表3.10.9　剛性率とF_s係数

	剛　性　率 (R_s)	F_s の 数 値
(1)	0.6 以上の場合	1.0
(2)	0.3 を超え，0.6 未満の場合	(1)と(3)とに掲げる数値を直線的に補間した数値
(3)	0.3 以下の場合	1.5

表3.10.10　偏心率とF_e係数

	偏　心　率 R_s	F_e の 数 値
(1)	0.15 以下の場合	1.0
(2)	0.15 を超え，0.3未満の場合	(1)と(3)とに掲げる数値を直線的に補間した数値
(3)	0.3 以上の場合	1.5

表3.10.9，表3.10.10のF_s，F_eの中間値は下図のように直線補間で求めます。

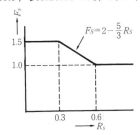 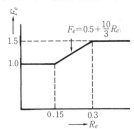

剛性率の求め方は3.7節，偏心率は3.8節に詳細に述べてありますので，そちらを参照してください。

【計算例】

例えば，剛性率（R_s），偏心率（R_e）が次のようであったと仮定しましょう。

$$\begin{cases} R_s=0.9 \\ R_e=0.18 \end{cases}$$

表3.10.9よりR_s＝0.9＞0.6……………F_s＝1.0

R_e＝0.18……F_e＝$0.5+\dfrac{10}{3}×0.18$＝1.1

故に，形状係数F_{es}は（3.10.6）式より次のように求められます。

F_{es}＝$F_s×F_e$

　　＝1.0×1.1＝1.1

⑦　必要保有水平耐力の算定

必要保有水平耐力は（3.10.1）式より求められます。（3.10.1）式の意味については前述しましたので，ここでは図3.10.2の計算例について具体的に計算してみることにしましょう。

【計算例】

図3.10.2において諸数値を次のように仮定します。

$$\left\{ \begin{array}{l} Z＝1……図3.4.2参照 \\ R_t＝1……（3.4.9）式 \\ A_i＝1……（3.4.11）式，1階と仮定 \\ W_i＝10000kN \\ \quad S_s＝0.9 \\ \quad R_e＝0.18 \end{array} \right.$$

以上のことより

C_i＝1×1×1×1.0＝1

Q_{ud}＝1×10000kN＝10000kN $\quad$（3.10.2）式，（3.10.3）式

また，R_s＞0.6………F_s＝1.0

R_e＜0.15 ……F_e＝$0.5+\dfrac{10}{3}R_e$＝1.1

∴　F_{es}＝$F_s×F_e$ $\qquad\qquad$ ⑥参照

　　　＝1.0×1.1＝1.1

D_sは⑤の計算例で示したようにD_s＝0.4となりますから，必要保有水平耐力は次

のように求められます。

$$Q_{un} = D_s \cdot F_{es} \cdot Q_{ud}$$
$$= 0.4 \times 1.1 \times 10000\text{kN}$$
$$= 4440\text{kN}$$

第4章
鉄筋コンクリートの
構造計算をマスターするための章

4.1 実施設計例

　1章～3章を読破された皆さんは，もう，鉄筋コンクリート部材の設計や2次設計のやり方などについては充分理解していただけたのではないでしょうか。

　しかし，鉄筋コンクリートの建物を実際に構造計算するとなると，どうもまだ自信がないという方も多数いらっしゃるでしょう。鉄筋コンクリートの構造計算は，1章の表1.1.1あるいは3章の表3.5.1の手順に従って行なえばよいわけですが，表1.1.1や表3.5.1をたよりに構造計算をするといっても，図1.2.1で示した単純ばりのように簡単な構造物であれば可能でしょうが，実際に大きな建物の構造計算を表1.1.1，表3.5.1に従って行なうのは，構造計算を初めてやる皆さんには，多少無理ではないかと思います。そこで，ここでは比較的構造計算の簡単な純ラーメン骨組の鉄筋コンクリート建物の構造計算書（確認申請手続に用いた計算書）をそのまま示し，実際の構造計算書がどのような手順，書式で行なわれているのかを皆さんに知ってもらうのがこの章の目的です。構造計算書を見ていただくと判りますが，構造計算の大部分は骨組の応力計算で占められています。

　1章～3章で主に，鉄筋コンクリート部材の断面設計や終局強度を中心に勉強してきた皆さんには，この応力計算の部分はとっつきにくいのではないかと思いますので，応力計算の部分については，4.2で，特に詳細な解説を示しておきました。構造計算書と並行して読んでいただくと，よく理解できると思います。4章を読破されれば，もう皆さんは構造計算については卒業ということになります。しかし，ここで示した構造計算例はごく簡単な建物で，世の中にはこの他に多種多様な骨組が沢山あります。皆さんは，これからそのような色々な骨組を構造計算してゆかなければならないわけで，まだまだ勉強しなければならないことが多いのです。より精進して勉強されんことを願う次第です。

　本章は工学系単位で書れていますので，1章～3章の部分と読み合せながら御

4章 鉄筋コンクリートの構造計算をマスターするための章　　289

読みください。

　設計の現場では，現在ＳＩ単位と工学系単位が混在して使用されており，丁度
単位の過渡期にありますので，計算例を読みながら工学系単位にも慣れておいて
ください。

　また，付着設計の部分が旧ＲＣ規準で行われていることを御断り申し上げてお
きます。

　接合部の設計が行われておりませんが，それは本設計例での接合部の応力が
小さいことにより接合部設計を省略しても安全性をそこなうことがないことに
よるものです。

4章　鉄筋コンクリートの構造計算をマスターするための章　　291

○○ビル新築工事
構造計算書

平成○○年○月○日

○○建築設計事務所
一級建築士　○　○　○　○　㊞

§1. 一 般 事 項

本建物は事務所に供するもので，地上2階建の鉄筋コンクリート造である。

1.1 建物の概要

工事名称　○○ビル新築工事

建築場所　○○県○○市○○町

用　　途：1階，2階とも事務所

規　　模：2階建，地下なし

構　　造：鉄筋コンクリート造

基　　礎：独立基礎

　仕上の概要

　屋　　根：モルタル金ゴテ仕上，合成樹脂塗膜防水

　2 階 床：Pタイル張りモルタル下地

　1 階 床：Pタイル張り土間コンクリート

　各階天井：吸音テックス張り

　外　　壁：カーテンウォール

　　窓　：ガラス，鋼製サッシュ

　間 仕 切：木造間仕切

　梁 ， 柱：プラスター仕上，モルタル下地

（注）構造計算例では工学系単位を使用しています。

4章 鉄筋コンクリートの構造計算をマスターするための章

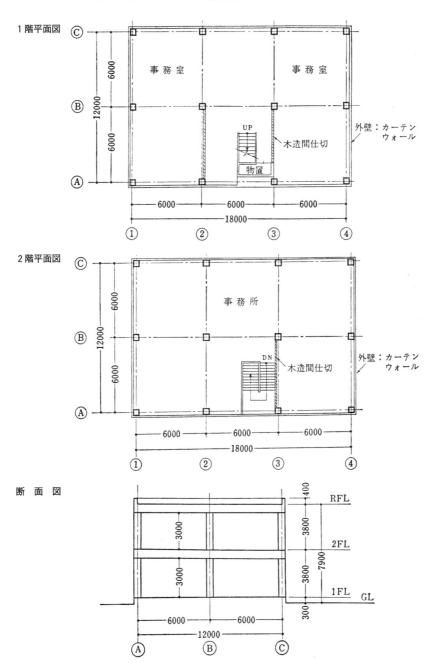

1階平面図

2階平面図

断面図

1.2 設計方針概要

1) 本計算は建築基準法，同施行令，鉄筋コンクリート構造計算規準・同解説（日本建築学会　1982年）に従って行う。

2) 本計算書には固定加重G，積載加重Pおよび地震力Kに対する計算のみを示す。積載荷重は積雪深30cm（短期荷重扱い）とし，60kg/m²とする。しかし，積雪荷重は積載荷重より小さい故，計算は不要である。また，風圧力Wは地震力に比べて小さいので計算を要しない。

3) はり，柱のみからなる純ラーメンとして計算する。最下層の柱脚は剛な基礎ばりで連結し，柱脚モーメントに抵抗させる。基礎は独立基礎としピン支持として扱う。

4) 鉛直荷重に対する応力計算は固定法により，水平荷重に対する応力計算は，武藤式の略算法による。

5) 応力計算では剛域を考慮しない。材端断面の設計用曲げモーメントは，長期荷重時応力，水平荷重時応力とも節点曲げモーメントによった。

1.3 使用材料，材料の許容応力度

1) 使用材料

コンクリート：普通コンクリート，設計基準強度F_c＝210kg/cm²

鉄筋：SD30A，SR24

2) 許容応力度

（単位：kg/cm²）

	長　　期					短　　期				
	圧　縮 f_c	引　張 f_t	せん断 f_s	付　着 f_a 曲げ材上　ば	その他	圧　縮 f_c	引　張 f_t	せん断 f_s	付　着 f_a 曲げ材上　ば	その他
SD30A	2,000	2,000	2,000	14	21	3,000	3,000	3,000	21	31.5
SR24	1,600	1,600	1,600	8.4	12.6	2,400	2,400	2,400	12.6	18.9
コンクリート	70	—	7	—	—	140	—	10.5	—	—

3) 許容地耐力

$f_e=15$ t/m² （長期）

$f_e=30$ t/m² （短期）

1.4 伏図，ラーメン図

計算用のはり，柱部材番号を下図のように決める。

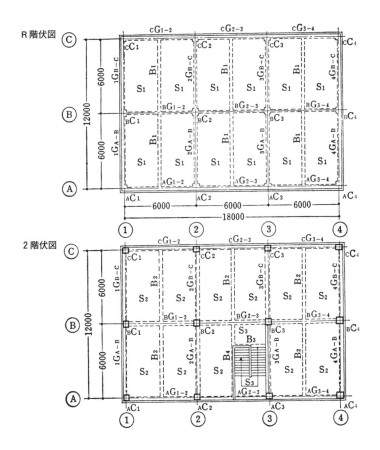

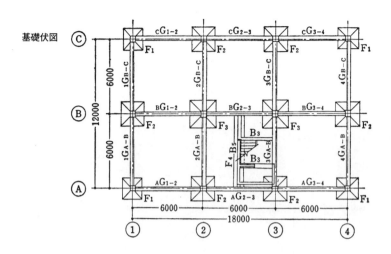

基礎伏図

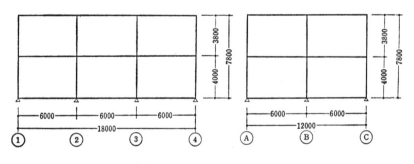

A, B, C ラーメン共通　　　1, 2, 3, 4 ラーメン共通

ラーメン図

仮定断面寸法一覧

階	大 ば り	小 ば り	柱
R	300×600	250×550	—
2　(2)	300×650	250×550	550×550
基礎（1）	400×1000	250×550	600×600

（　）内は柱のみの階を示す。

4章　鉄筋コンクリートの構造計算をマスターするための章　　297

1.5　固定荷重，積載荷重の仮定

1) 床単位荷重

i) 固定荷重

屋根

仕上モルタル（厚 3.0cm）	$60kg/m^2$
保護モルタル（厚 1.2cm）	24
合成樹脂＋クロス張	2.4
均しモルタル（厚 1.5cm）	30
床スラブ（厚 12.0cm）	288
天井(吸音テックス下地共)	15

$$419.4 \rightarrow 420kg/m^2$$

2階床

Pタイル（モルタル下地共厚 3.0cm）	60
床スラブ（厚 12.0cm）	288
天井（吸音テックス下地共）	15

$$363 \rightarrow 370kg/m^2$$

階段（水平面に対して）

人造石とぎだし（モルタル下地共）	$60 \times \dfrac{27+19}{27} = 102.2kg/m^2$
床スラブ（平均厚 20cm）	$480 \times 1.22 = 585.6$
天井（プラスター下地共）	$30 \times 1.22 = 36.6$

$$724.4$$
$$\rightarrow 730 \quad kg/m^2$$

2) はり・床・壁単位重量

i) はり，柱単位重量

部　材	b cm	D cm	t cm	$b \times (D-t) \times 2.4$ （m × m × t/m³）	$w(t/m)$
小ばり	25	55	12	$0.25 \times (0.55-0.12) \times 2.4 = 0.258$	0.26
大ばり	30	60	12	$0.3 \times (0.6-0.12) \times 2.4 = 0.345$	0.35
	30	65	12	$0.3 \times (0.65-0.12) \times 2.4 = 0.382$	0.39

部　材	b cm	D cm	t_1 cm	$b \times D \times 2.4 + 2 \times t_1 (2t_1 + b + D) \times 2.0$	$w(t/m)$
柱	55	55	2.5	$0.55 \times 0.55 \times 2.4 + 2 \times 0.025(0.05 + 0.55 + 0.55) \times 2.0$	0.84
	60	60	2.5	$0.6 \times 0.6 \times 2.4 + 2 \times 0.025(0.05 + 0.6 + 0.6) \times 2.0$	0.99

ii)　壁単位重量

(イ) 木造間仕切	$40kg/m^2$
(ロ) パラペット	$150kg/m$
(ハ) 外壁（カーテンウォール）	$40kg/m^2$
(ニ) 階段壁（厚 18cm）	$590kg/m^2$

はり記号　　柱記号

298

3) 床単位荷重表

(単位: kg/m²)

方向	屋　　　根			2　階　床			階　　　段		
	D. L	*L. L*	*T. L*	*D. L*	*L. L*	*T. L*	*D. L*	*L. L*	*T. L*
床 ス ラ ブ 用	420	90	510	370	300	670	730	300	1,030
ラ ー メ ン 用	420	70	490	370	180	550	730	180	910
地　震　用	420	30	450	370	80	450	730	80	810

§2. 準 備 計 算

2.1 ラーメン材の剛比

1) スラブの有効幅B

(単位: cm)

方　向	はり スパン l	はり 間隔 l'	はり幅 b	隣接 はり幅 b'	$0.5l$	$a=l'-\dfrac{b+b'}{2}$	b_a	B	
								スラブ 片側	スラブ 両側
x	600	600	30	30	300	570	60	90	150
y	600	600	30	30	300	570	60	90	150

2) はりの剛比 ($K_0=1\times10^3\text{cm}^3$)

階	(cm) b	(cm) D	(cm) B	(cm) t	B/b	t/D	ϕ	(cm⁴) I_0 ($\times10^5$)	(cm⁴) I ($\times10^5$)	(cm) ($\times10^2$)	(cm³) K ($\times10^3$)	k
R	30	60	90	12	3.0	0.2	1.57	5.4	8.48	6.0	1.41	1.4
	〃	〃	150	〃	5.0	0.2	1.89	〃	10.21	〃	1.70	1.7
2	30	65	90	〃	3.0	0.18	1.55	6.9	10.70	〃	1.78	1.8
	〃	〃	150	〃	5.0	0.18	1.87	〃	12.90	〃	2.15	2.2
基 礎	40	100	—	—	—	—	—	33.3	33.3	〃	5.55	5.5

3) 柱の剛比 ($K_0=1\times10^3\text{cm}^3$)

階	方　　向	b	D	(cm⁴) I($\times10^5$)	(cm) h($\times10^2$)	(cm³) K($\times10^3$)	k
2	x, y	55	55	7.6	3.8	2.0	2.0
1	x, y	60	60	10.8	4.0	2.7	2.7

4章 鉄筋コンクリートの構造計算をマスターするための章　　　299

4) ラーメン部材剛比一覧図

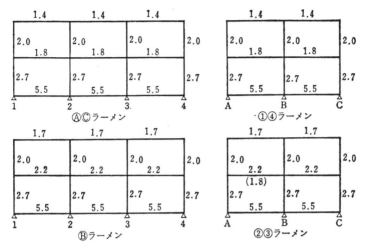

( ) 内は③ラーメンの剛比

2.2 鉛直荷重時の C, M_0, Q の算定

ラーメン	階	記号	荷重状態	荷重種別	(m) lx	(m) ly	λ	C/w	M_0/w	Q/w	(t/m) w, w' (t) W	(t・m) C	(t・m) M_0	(t) Q
Ⓐ Ⓒ ラーメン	R	$_AG_{1\text{-}4}$ $_CG_{1\text{-}4}$	A：床 B：大梁自重 C：カーテンウォール D：パラペット E：小梁自重	A B C D E Σ	3.0	6.0	2.0	7.5 3.0 〃 〃 0.75	13.6 4.5 〃 〃 1.5	5.7 3.0 〃 〃 0.5	0.49 0.35 0.08 0.15 0.7	3.68 1.05 0.24 0.45 0.53 6.0	6.66 1.58 0.36 0.68 1.05 10.3	2.79 1.05 0.24 0.45 0.35 4.9
	2			A B C D E Σ	3.0	6.0	2.0	7.5 3.0 〃 〃 0.75	13.6 4.5 〃 〃 1.5	5.7 3.0 〃 〃 0.5	0.55 0.39 0.16 0.16 0.7	4.13 1.17 0.48 0.48 0.53 6.3	7.48 1.76 0.72 0.72 1.05 11.0	3.14 1.17 0.48 0.48 0.35 5.1

ラーメン	階	記号	荷重状態	荷重種別	(m) l_x	(m) l_y	λ	C/w	M_o/w	Q/w	(t/m) w, w' (t) W	(t·m) C	(t·m) M_o	(t) Q
Ⓑ ラーメン	R	BG1-4	A：床	A	3.0	6.0	2.0	15.0	27.20	11.40	0.49	7.35	13.33	5.59
				B				3.0	4.5	3.0	0.35	1.05	1.58	1.05
				E				0.75	1.5	0.5	1.4	1.05	2.10	0.7
				Σ								9.50	17.0	7.3
	2	BG1-2 BG3-4	B：大梁自重 E：小梁自重	A	3.0	6.0	2.0	15.0	27.20	11.40	0.55	8.25	14.96	6.27
				B				3.0	4.5	3.0	0.39	1.17	1.76	1.17
				E				0.75	1.5	0.5	1.4	1.05	2.10	0.7
				Σ								10.5	18.8	8.1
	2	BG2-8	A：床 w(t/m²) B：床小梁自重 C：大梁自重 w'	A1	3.0	6.0	2.0	7.5	13.6	5.7	0.55	4.13	7.48	3.14
				A2			左右	0.75 1.65	1.8	0.6 1.8	0.55	0.41 0.91	0.99	0.33 0.99
				A3			左右	1.15 0.45	1.13	1.09 0.56	0.55	0.63 0.25	0.82	0.93 0.31
				B				0.75	1.5	0.5	4.6	3.45	6.9	2.3
				C				3.0	4.5	3.0	0.39	1.17	1.76	1.17
				Σ								左 9.8 右 9.9	17.8	7.9 7.9
①④ ラーメン	R	1GA-C 4GA-C	B：大梁自重	A	3.0	6.0	2.0	4.0	6.4	3.3	0.49	1.96	3.14	1.62
				B				3.0	4.5	3.0	0.35	1.05	1.58	1.05
				C				〃	〃	〃	0.08	0.24	0.36	0.24
				D				〃	〃	〃	0.15	0.45	0.68	0.45
				Σ								3.7	5.8	3.4
	2	1GA-C 4GA-C	C：カーテンウオール D：パラペット	A	3.0	6.0	2.0	4.0	6.4	3.3	0.55	2.2	3.52	1.82
				B				3.0	4.5	3.0	0.39	1.17	1.76	1.17
				C				〃	〃	〃	0.16	0.48	0.72	0.48
				Σ								3.9	6.0	3.5
② ラーメン	R	2GA-C	A：床 w(t/m²)	A	3.0	6.0	2.0	8.0	12.8	6.6	0.49	3.92	6.27	3.23
				B				3.0	4.5	3.0	0.35	1.05	1.58	1.05
				.								5.0	7.9	4.3
	2	2GA-C	B：大梁の自重 w'	A	3.0	6.0	2.0	8.0	12.8	6.6	0.55	4.4	7.04	3.63
				B				3.0	4.5	3.0	0.39	1.17	1.76	1.17
				Σ								5.6	8.8	4.8

小梁の C, M_0, Q の算定

位置	階	記号	荷重状態	荷重種別	(m) l_x	(m) l_y	λ	C/w	M_0/w	Q/w	(t/m) w, w' (t) W	(t·m) C	(t·m) M_0	(t) Q
R		B₁	A：床	A	3.0	6.0	2.0	8.0	12.8	6.6	0.51	4.08	6.53	3.37
				B				3.0	4.5	3.0	0.26	0.78	1.17	0.78
				Σ								4.9	7.7	4.2
	2	B₂	B：小梁の自重	A	3.0	6.0	2.0	8.0	12.8	6.6	0.67	5.36	8.58	4.42
				B				3.0	4.5	3.0	0.26	0.78	1.17	0.78
				Σ								6.1	9.8	5.2
	2	B₃	A：床 / B	A	1.6	3.0	1.88	0.5	0.83	0.89	0.67	0.34	0.56	0.6
				左 右				0.24 | 0.51	1.70	1.13 | 1.88	1.03	0.25 | 0.53	1.75	1.16 | 1.94
				B				0.75	1.13	1.5	0.26	0.2	0.29	0.39
				Σ								左 0.8 | 右 1.1	2.6	2.2 | 2.9
	2	B₄	A：床 $l_x/2$ / B：小梁の自重 / C：カイダンの受け梁 / 1.6 / 6.0	A	3.0	6.0	2.0	4.0	6.4	3.3	0.67	2.68	4.29	2.21
				左 右				0.12 | 0.48	0.51	0.17 | 1.11	0.67	0.08 | 0.32	0.34	0.11 | 0.74
				B				3.0	4.5	3.0	0.26	0.78	1.17	0.78
				C 左 右				0.35 | 0.86	0.8	0.27 | 0.72	2.15	0.75 | 1.85	1.72	0.58 | 1.55
				Σ								4.3 | 5.6	7.5	3.7 | 5.3

2.3 鉛直荷重時柱軸方向力

AC₁ AC₄ cC₁ cC₄	W の 計 算			(t) $N = \Sigma W$
	荷重種別	(t/m)	単位荷重 (t/m²)×面積 (m²) または長さ (m)=W (t)	
2 階	床	0.49	3.3×3.3=10.89	5.34
	大ばり	0.35	(6−0.525)/2×2=5.48	1.92
	小ばり	0.26	(6−0.15)/2/2=1.46	0.38
	パラペット	0.15	3.3×2=6.6	0.99
	カーテンウォール	0.04	3.3×2×(3.8/2+0.4)=15.18	0.61
	柱	0.84	3.8/2=1.9	1.6
			Σ	10.8	10.8

			W の 計 算			(t) $N=\Sigma W$
	荷 重 種 別		(t/m) 単位荷重 (t/m²)×面積(m²) または長さ(m)=W(t)			
1 階	床	0.55	3.3×3.3=10.89		5.99	
	大ばり	0.39	(6−0.6)/2×2=5.4		2.11	
	小ばり	0.26	(6−0.15)/2/2=1.46		0.38	
	カーテンウォール	0.04	3.3×2×3.8=25.08		1.0	
	柱（2階）	0.84	3.8/2=1.9		1.6	
	〃（1階）	0.99	3.8/2=1.9		1.88	
				Σ	13.0	23.8
基 礎	カーテンウォール	0.04	3.3×2×3.8/2=12.54		0.5	
	柱	0.99	3.8/2=1.9		1.88	
	基礎ばり	0.96	(6−0.6)/2×2=5.4		5.18	
				Σ	7.6	31.4

BC_1 cC_2
BC_4 cC_3

			W の 計 算			(t) $N=\Sigma W$
2 階	床	0.49	6×3.3=19.8		9.7	
	大ばり	0.35	(6−0.525)/2×3=8.21		2.87	
	小ばり	0.26	(6−0.15)/2/2×2=2.93		0.76	
	パラペット	0.15	6		0.9	
	カーテンウォール	0.04	6×(3.8/2+0.4)=13.8		0.55	
	柱	0.84	3.8/2=1.9		1.6	
				Σ	16.4	16.4
1 階	床	0.55	6×3.3=19.8		10.89	
	大ばり	0.39	(6−0.6)/2×3=8.1		3.16	
	小ばり	0.26	(6−0.15)/2/2×2=2.93		0.76	
	カーテンウォール	0.04	6×3.8=22.8		0.91	
	柱（2階）	0.84	3.8/2=1.9		1.6	
	〃（1階）	0.99	3.8/2=1.9		1.88	
				Σ	19.2	35.6
基 礎	カーテンウォール	0.04	6×3.8/2=11.4		0.64	
	柱	0.99	3.8/2=1.9		1.88	
	基礎ばり	0.96	(6−0.6)/2×3=8.1		7.78	
				Σ	10.3	45.9

BC_2

			W の 計 算			(t) $N=\Sigma W$
2 階	床	0.49	6×6=36		17.64	
	大ばり	0.35	(6−0.525)/2×4=10.95*		3.83	
	小ばり	0.26	(6−0.15)/2/2×4=5.85		1.52	
	柱	0.84	3.8/2=1.9		1.6	
				Σ	24.6	24.6

	荷重種別	W の計算			$N=\Sigma W$ (t)
		単位荷重 (t/m²)	×面積(m²)または長さ(m)=W(t)	W(t)	
1 階	床	0.55	6×6=36	19.8	
	大ばり	0.39	(6−0.6)/2×4=10.8	4.21	
	小ばり	2.26	(6−0.15)/2/2×4=5.85	1.52	
	柱（2階）	0.84	3.8/2=1.9	1.6	
	〃（1階）	0.99	3.8/2=1.9	1.88	
			Σ	29.0	53.6
基 礎	間仕切	0.04	(3.8×0.65)×5.4/2=8.51	0.34	
	柱	0.99	3.8/2=1.9	1.88	
	基礎ばり	0.96	(6−0.6)/2×3+(6−0.6)/4=9.45	9.07	
			Σ	11.3	64.9
вC8					
2 階	床	0.49	6×6=36	17.64	
	大ばり	0.35	(6−0.55)/2×4=10.9	3.82	
	小ばり	0.26	(6−0.15)/2/2×4=5.85	1.52	
	柱	0.84	3.8/2=1.9	1.6	
			Σ	24.6	24.6
1 階	床	0.55	(3×6)＋(3×4.6)=31.8	17.49	
	大ばり	0.39	(6−0.6)/2×4=10.8	4.21	
	小ばり	0.26	(6−0.15)/2/2×4=5.85	1.52	
	階段スラブ	0.91	1.5×(3−1.6)=2.1	1.91	
	階段室小ばり	0.26	3−(0.25+0.3)/2=2.73	0.71	
	間仕切壁	0.04	(3.8−0.6)×(6−0.525)/2=8.76	0.35	
	柱（2階）	0.84	3.8/2=1.9	1.6	
	〃（1階）	0.99	3.8/2=1.9	1.88	
			Σ	29.7	54.3
基 礎	間仕切	0.04	(3.8−0.65)×5.4/2=8.51	0.34	
	柱	0.99	3.8/2=1.9	1.88	
	基礎ばり	0.96	(6−0.6)/2×3 +(6−0.6)/4=9.45	9.07	
			Σ	11.3	65.6
AC2					
2 階	床	0.49	6×3.3=19.8	9.7	
	大ばり	0.35	(6−0.55)/2+(6−0.525)/2×2 =8.2	2.87	
	小ばり	0.26	(6−0.15)/2/2×2=2.93	0.76	
	パラペット	0.15	6	0.9	
	カーテンウォール	0.04	6×(3.8/2+0.4)=13.8	0.55	
	柱	0.84	3.8/2=1.9	1.6	
			Σ	16.4	16.4

	荷重種別	W の 計 算			$N=\Sigma W$ (t)
		単位荷重 (t/m²)×面積(m²)または長さ(m)=W(t)	(t/m)		
1 階	床	0.55	6×3.3=19.8	10.89	
	大ばり	0.39	(6−0.6)/2×3=8.1	3.16	
	小ばり	0.26	(6−0.15)/2/2×2=2.93	0.76	
	カーテンウォール	0.04	6×3.8=22.8	0.91	
	柱 (2階)	0.84	3.8/2=1.9	1.6	
	〃 (1階)	0.99	3.8/2=1.9	1.88	
			Σ	19.2	35.6
基 礎	カーテンウォール	0.04	6×(3.8/2)=11.4	0.46	
	間仕切	0.04	(3.8−0.65)×5.4/2=8.51	0.34	
	柱	0.99	3.8/2=1.9	1.88	
	基礎ばり	0.96	(6−0.6)/2×2+(6−0.6)/4=6.75	6.48	
			Σ	9.2	44.8

AC₃

	荷重種別	単位荷重 (t/m²)×面積(m²)または長さ(m)=W(t)		W(t)	$N=\Sigma W$ (t)
2 階	床	0.49	6×3.3=19.8	9.7	
	大ばり	0.35	(6−0.55)/2+(6−0.525)/2×2 =8.2	2.87	
	小ばり	0.26	(6−0.15)/2/2×2=2.93	0.76	
	パラペット	0.15	6	0.9	
	カーテンウォール	0.04	6×(3.8/2+0.4)=13.8	0.55	
	柱	0.84	3.8/2=1.9	1.6	
			Σ	16.4	16.4
1 階	床	0.55	3×3.3=9.9	5.45	
	大ばり	0.39	(6−0.6)/2×3=8.1	3.16	
	小ばり	0.26	(6−0.15)/2/2×2=2.93	0.76	
	カーテンウォール	0.04	6×3.8=22.8	0.91	
	間仕切壁	0.04	(6−0.525)×(3.8−0.6)/2=8.76	0.35	
	柱 (2階)	0.84	3.8/2=1.9	1.6	
	〃 (1階)	0.99	3.8/2=1.9	1.88	
			Σ	14.1	30.5
基 礎	間仕切	0.04	(3.8−0.65)×5.4/2=8.51	0.34	
	カーテンウォール	0.04	6×(3.8/2)=11.4	0.46	
	階段下壁	0.59	(1.5+1.5)×3.8/2/2=4.82	2.52	
	階段スラブ	0.91	6/2−1.5×1.5=2.25	2.05	
	踊場	0.55	1.5m×1.5=2.25	1.24	
	柱	0.99	3.8/2=1.9	1.88	
	基礎ばり	0.96	(6−0.6)/2×2 +(6−0.6)/4=6.75	6.48	
			Σ	15.0	45.5

4章　鉄筋コンクリートの構造計算をマスターするための章　　305

	荷　重　種　別	W の 計 算		$N = \Sigma W$ (t)
		単位荷重 (t/m²)×面積 (m²) または長さ (m) (t/m) = W (t)		
階段受布基礎	段部分	0.91	1.5×2.9=4.35	3.96
	踊　場	0.55	1.5×0.75=1.13	0.62
	壁	0.59	(1.5×1.5)×1.9=5.70	3.36
	てすり	0.04	1.0×2.9=2.9	0.12
	基礎ばり	0.96	6−0.6=5.4	5.18
	小ばり	0.78	4.5	3.51
			Σ　16.8	16.8

2.4　地震時水平力の算定

(1)　各階の重量

	荷　重　種　別	W の 計 算		
		単位荷重 (t/m²)×面積 (m²) または長さ (m) (t/m) = W (t)		
R	パラペット	0.15	18.6×2+12.6×2	9.36
	屋　根	0.45	18.6×12.6	105.46
	大ばり	0.35	5.45×17	32.43
	小ばり	0.26	5.85×6	9.13
	柱	0.84	$3.8 \times \frac{1}{2} \times 12$	19.15
	カーテンウォール	0.04	$3.8 \times \frac{1}{2} \times (18.6+12.6) \times 2$	4.75
			Σ	180.27　→185^t
2	2階床	0.45	18.6×12.6−3.3×3.0	101.01
	階段部分	0.81	1.5×2.9	3.52
	大ばり	0.39	5.4×17	35.80
	小ばり	0.26	5.85×6	9.12
	小ばり	0.26	2.6	0.68
	柱	0.84	$3.8 \times 12 \times \frac{1}{2}$	19.15
	柱	0.99	$3.8 \times 12 \times \frac{1}{2}$	22.57
	カーテンウォール	0.04	3.8×2×(18.6+12.6)	9.48
	木造間仕切	0.04	5.4×3.2	0.69
			Σ	202.03　→205^t

(2) **地震層せん断力の算定**

令88条および建設省告示第1793号によって算定する。

$$Q_i = C_i W_i$$

$$C_i = Z R_t A_i C_0$$

地域係数

$$Z = 1.0$$

地盤周期

$$T_C = 0.6sec（第 2 種地盤）$$

建物高さ

$$h = 300 + 380 + 380 = 790 = 7.9m$$

設計用 1 次固有周期

$$T = 0.02h = 0.158sec < T_C = 0.6sec$$

振動持性係数

$$R_t = 1.0$$

地震層せん断力の分布係数

$$A_t = 1 + (1/\sqrt{\alpha t} - \alpha_i) \cdot 2T/(1 + 3T)$$

$$\alpha_i = W_i / \Sigma W$$

標準せん断力係数

$$C_0 = 0.2（1 次設計用）$$

$$C_0 = 1.0（保有水平耐力検討用）$$

階	W	ΣW	$\dfrac{2T}{1+3T}$	αi	$1/\sqrt{\alpha i} - \alpha i$	A_i	1次設計用			保有水平耐力検討用		
							$R_t \cdot C_0$	Ci	Qi	$R_t \cdot C_0$	Ci	Qi
2	185	185	0.214	0.474	0.978	1.209	0.2	0.242	45	1.0	1.209	224
1	205	390		1.000	0	1.000		0.200	78		1.000	390

§3. 鉛直荷重時ラーメン応力の算定

3.1 ラーメン応力の計算

i) Ⓑラーメン

DF	0.54		0.46	0.31	0.38		0.31	0.31	0.38		0.31	0.46	0.54
FEM	−		−9.5	9.5	−		−9.5	9.5	−		−9.5	9.5	−
D_1	5.1		4.4	0	0		0	0	0		0	−4.4	−5.1
C_1	1.6		0	2.2	−0.1		0	0	0.1		−2.2	0	−1.6
D_2	−0.9		−0.7	−0.7	−0.7		−0.7	0.7	0.7		0.7	0.7	0.9
Σ	5.8		−5.8	11.0	−0.8		−10.2	10.2	0.8		−11.0	5.8	−5.8

Mo=17.0 Q = 7.3	Mo=17.0 Q = 7.3	Mo=17.0 Q = 7.3

DF	0.39	0.29	0.32	0.24	0.30	0.22	0.24	0.24	0.30	0.22	0.24	0.32	0.39	0.29
FEM	−	−	−10.5	10.5	−	−	−9.8	9.9	−	−	−10.5	10.5	−	−
D_1	4.1	3.1	3.3	−0.2	−0.2	−0.1	−0.2	0.15	0.2	0.1	0.15	−3.3	−4.1	−3.1
C_1	0	2.6	−0.1	1.7	0	0	0.1	−0.1	0	0	−1.7	0.1	0	−2.6
D_2	−1.0	−0.7	−0.8	−0.4	−0.6	−0.4	−0.4	0.4	0.6	0.4	0.4	0.8	1.0	0.7
Σ	3.1	5.0	−8.1	11.6	−0.8	−0.5	−10.3	10.4	0.8	0.5	−11.6	8.1	−3.1	−5.0

Mo=18.8 Q = 8.1	Mo=17.8 QL= 7.9 QR= 7.9	Mo=18.8 Q = 8.1

DF		0.33	0.67	0.4		0.2	0.4	0.4		0.2	0.4	0.67		0.33
FEM		−	−	−		−	−	−		−	−	−		−
D_1		0	0	0		0	0	0		0	0	0		0
C_1		2.1	−	−		−0.1	−	−		0.1	−	−		−2.1
D_2		−0.7	−1.4	0.04		0.02	0.04	−0.04		−0.02	−0.04	1.4		0.7
Σ		1.4	−1.4	0.04		−0.08	0.04	−0.04		0.08	−0.04	1.4		−1.4

① ② ③ ④

ii) Ⓒラーメン $k_e = 0.7$

DF	0.59		0.41	0.34	0.49		0.17
FEM	—		−6.0	6.0	—		−6.0
D_1	3.5		2.5	0	0		0
C_1	1.0		0	1.3	0		0
D_2	−0.6		−0.4	−0.4	−0.6		−0.3
Σ	3.9		−3.9	6.9	−0.6		−6.3

$Mo = 10.3$ $Q = 4.9$ $k_e = 0.9$ $Mo = 10.3$ $Q = 4.9$

DF	0.42	0.30	0.28	0.24	0.36	0.28	0.12
FEM	—	—	−6.3	6.3	—	—	−6.3
D_1	2.6	1.9	1.8	0	0	0	0
C_1	0	1.8	0	0.9	0	0	0
D_2	−0.8	−0.5	−0.5	−0.2	−0.3	−0.3	−0.1
Σ	1.8	3.2	−5.0	7.0	−0.3	−0.3	−6.4

$Mo = 11.0$ $Q = 5.1$ $k_e = 2.75$ $Mo = 11.0$ $Q = 5.1$

DF		0.33	0.67	0.5		0.25	0.25
FEM		—	—	—		—	—
D_1		—	—	—		—	—
C_1		1.3	—	—		0	—
D_2		−0.4	−0.9	0		0	0
Σ		0.9	−0.9	0		0	0

①   ②

iii) ①④ラーメン

DF	0.59		0.41	—
FEM	—		−3.7	3.7
D_1	2.2		1.5	—
C_1	0.6		—	0.8
D_2	−0.4		−0.2	—
Σ	2.4		−2.4	4.5

$Mo = 5.8$ $Q = 3.4$

DF	0.42	0.31	0.27	—
FEM	—		−3.9	3.9
D_1	1.6	1.2	1.1	—
C_1	—	1.1	—	0.6
D_2	−0.5	−0.4	−0.2	—
Σ	1.1	1.9	−3.0	4.5

$Mo = 6.0$ $Q = 3.5$

DF		0.33	0.67
FEM		—	—
D_1		—	—
C_1		0.8	—
D_2		−0.3	−0.5
Σ		0.5	−0.5

Ⓐ   Ⓑ

iv) ②ラーメン

DF	0.54		0.46	—
FEM	—		−5.0	5.0
D_1	2.7		2.3	—
C_1	0.8		—	1.2
D_2	−0.4		−0.4	—
Σ	3.1		−3.1	6.2

$Mo = 7.9$ $Q = 4.3$

DF	0.39	0.29	0.32	—
FEM	—		−5.6	5.6
D_1	2.2	1.6	1.8	—
C_1	—	1.4	—	0.9
D_2	−0.6	−0.4	−0.4	—
Σ	1.6	2.6	−4.2	6.5

$Mo = 8.8$ $Q = 4.8$

DF		0.33	0.67	—
FEM		—	—	—
D_1		—	—	—
C_1		1.1	—	—
D_2		−0.4	−0.7	—
Σ		0.7	−0.7	—

Ⓐ   Ⓑ

3.2 鉛直荷重時ラーメン応力図

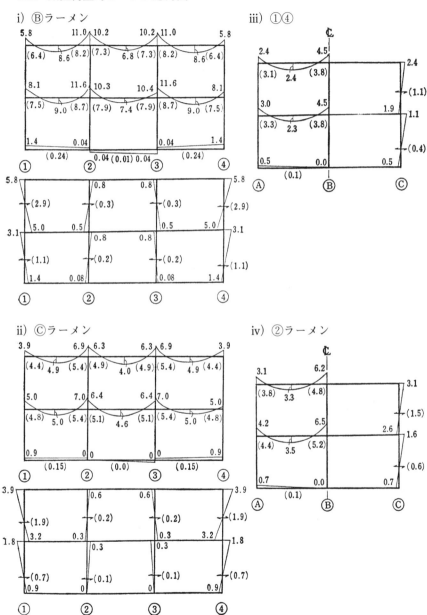

§4. 水平荷重時ラーメン応力の算定

4.1 柱の横力分布係数D及び反曲点高比yの計算

( )内は剛比の値を示す。

i) ⒶⒸラーメン　　　　　　　　ii) Ⓑラーメン

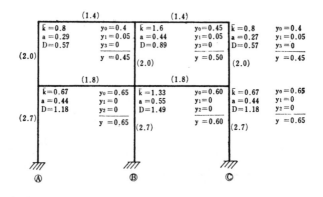

iii) ①④ラーメン

iv) ②ラーメン

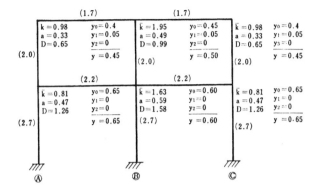

v) ③ラーメン

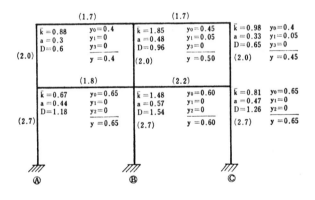

4.2 各階D値と負担せん断力

1) 2階柱のD値と負担せん断力

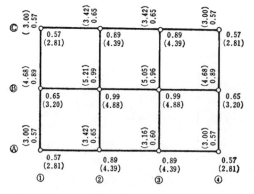

( )内は各柱の負担せん断力を示す。(単位 t)
$Q = 45_t$
$Q_x \cdot {}_{unit} = \dfrac{Q}{\Sigma D_x} = \dfrac{45}{9.12} = 4.93_t$
$Q_y \cdot {}_{unit} = \dfrac{Q}{\Sigma D_y} = \dfrac{45}{8.56} = 5.26_t$

2) 1階柱のD値と負担せん断力

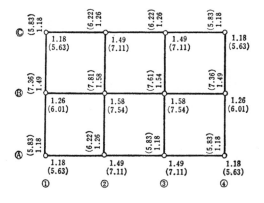

$Q = 78_t$
$Q_x \cdot {}_{unit} = \dfrac{Q}{\Sigma D_x} = \dfrac{78}{16.36} = 4.77_t$
$Q_y \cdot {}_{unit} = \dfrac{Q}{\Sigma D_y} = \dfrac{78}{15.78} = 4.94_t$

4.3 柱曲げモーメントの計算（最下層柱脚固定度を考慮した修正）

i) ⒶⒸラーメン

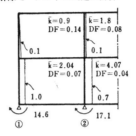

ii) Ⓑラーメン

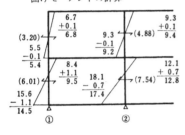
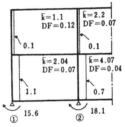

iii) ①④ラーメン

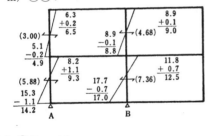
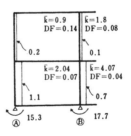

iv) ②ラーメン

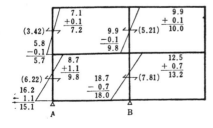
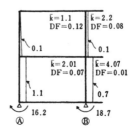

4.4 水平荷重時ラーメン応力図
i) ⒶⒸラーメン
ii) Ⓑラーメン
iii) ①④ラーメン
iv) ②ラーメン

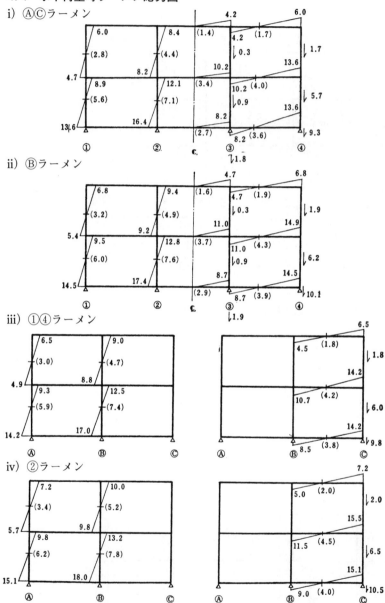

§5. 梁・柱の断面算定

5.1 大梁の断面算定

階		R						2		
梁記号		cG_{1-2}			cG_{2-3}			cG_{1-2}		
位置		1端	中央	2端	2,3端	中央	1端	1端	中央	2端
長期	M(t·m) 上	3.9		6.9	6.3			5.0		7.0
	下		4.9			4.0			5.0	
	Q(t)	4.4		5.4	4.9			4.8		5.4
水平	M(t·m)	±6.0	±0.9	±4.2	±4.2			±13.6	±1.7	±10.2
	Q(t)		1.7→3.4			1.4→2.8			4.0→8.0	
短期	M(t·m) 上	9.9		11.1	10.5			18.6		17.2
	下	2.1	5.8			4.0		8.6	6.7	3.2
	Q(t)	7.8		8.8	7.7			12.8		13.4
断面	$b \times D$ (cm)		30×60			30×60			30×65	
	d (cm)		55			55			60	
	j (cm)		48.13			48.13			52.50	
	$b \times d$ (cm²)		1.65×10³			1.65×10³			1.80×10³	
	$b \times d^2$ (×10⁵)		0.91			0.91			1.08	
C(kg/cm²)	長	4.3		7.6	6.9			4.6		6.5
	短 上下	10.9		12.2	11.5			17.2		15.9
p_t (%)	上	0.40		0.45	0.42			0.64		0.60
	下		0.31			0.25			0.30	0.27
a_t (cm²)	上	6.6	5.1		6.9	4.2		11.5	4.8	10.8
	下		(6.6)注1			(6.6)		5.4	(7.2)	
配筋	上	3-D19	2-D19	3-D19	3-D19	2-D19		5-D19	2-D19	4-D19
	下	3-D19	3-D19	2-D19	2-D19	3-D19		2-D19	3-D19	2-D19
Ψ		18.0		18.0	18.0			30.0		24.0
Q/faj		7.7		8.7	7.6			11.6		12.2
判定		OK		OK	OK			OK		OK
$fsbj$	長(短)		10.1 (15.1)			10.1 (15.1)			11.0 (16.5)	
判定			OK			OK			OK	
M/Qd										
α										
$\alpha fsbj$ (t)										
a_t (cm²)	上 下									
M_y (t·m)										
ΣM_y (t·m)										
l (m)										
Q_D (t)										
$\Delta Q/bj$										
p_w (%)			0.2			0.2			0.2	
あばら筋			2-9φ-@20cm			2-9φ-@20cm			2-9φ-@20cm	

階	2	F	
梁 記 号	cG_{2-3}	cG_{1-2}	cG_{2-3}
位 置	2,3端　中央	1端　中央　2端	2,3端　中央
長期 M(t·m) 上 下	6.4 　　　4.6	0.9　　　　0	0 注1
Q(t)	5.1	0.2	0
水平 M(t·m)	±10.2	±13.6　　±8.2	±8.2
Q(t)	3.4→6.8	3.6→7.2	2.7→5.4
短期 M(t·m) 上 下	16.6 3.8　　　4.6	14.5　　　　8.2 12.7　　　　8.2	8.2 8.2
Q(t)	11.9	7.4　　　　7.4	5.4
断面 $b×D$ (cm)	30×65	40×100	40×100
d (cm)	60	93	93
j (cm)	52.50	81.38	81.38
$b×d$ (cm²)	$1.80×10^3$	$3.72×10^3$	$3.72×10^3$
$b×d^2$ (×10⁵)	1.08	3.46	3.46
C(kg/cm²) 長 短 上 下	6.0 15.4		
p_t (%) 上 下	0.57 　　　0.24		
a_t (cm²) 上 下	10.26 　　　4.4 　　　(7.2)	5.9　　　　3.4 5.2　　　　3.4	3.4 3.4
配筋 上 下	4-D19　2-D19 2-D19　3-D19	3-D19　　　3-D19 3-D19　　　3-D19	3-D19 3-D19
Ψ	24.0	18.0　　　18.0	18.0
Q/faj	10.8	4.3　　　　4.3	3.2
判　定	OK	OK　　　　OK	OK
$fsbj$ 長(短)	11.0 (16.5)	—— (34.2)	—— (34.2)
判　定	OK	OK	OK
M/Qd			
α $_\alpha fsbj$ (t)			
a_t (cm²) 上 下			
M_y (t·m) ΣM_y (t·m) l (m)			
Q_D (t) $\Delta Q/bj$			
p_w (%) あばら筋	0.2 2-9ϕ-@20cm	0.2 2-13ϕ-@30cm	0.2 2-13ϕ-@30cm

注1　本計算例では配筋の最小規定より、はり端上端筋、はり中央下端筋は鉄筋比を p_t =0.4%
　　以上とした。

注2　基礎ばり自重は土に接しているとして考慮しない。

	1端	中央	2端	2,3端	中央	1端	中央	2端
階	R					2		
梁記号	BG_{1-2}			BG_{2-3}		BG_{1-2}		
位置	1端	中央	2端	2,3端	中央	1端	中央	2端
長期 $M(t\cdot m)$ 上	5.8		11.0	10.2		8.1		11.6
長期 $M(t\cdot m)$ 下		8.6			6.8		9.0	
長期 $Q(t)$	6.4		8.2	7.3		7.5		8.7
水平 $M(t\cdot m)$	±6.8	±1.1	±4.7	±4.7		±14.9	±2.0	±11.0
水平 $Q(t)$		1.9→3.8			1.6→3.2		4.3→8.6	
短期 $M(t\cdot m)$ 上	12.6		15.7	14.9		23.0		22.6
短期 $M(t\cdot m)$ 下	1.0	9.7			6.8	6.8	11.0	
短期 $Q(t)$	10.2		12.0	10.5		16.1		17.3
断面 $b\times D$ (cm)		30×60			30×60		30×65	
断面 d (cm)		55			55		60	
断面 j (cm)		48.13			48.13		52.50	
断面 $b\times d$ (cm²)		1.65×10^3			16.5×10^3		1.80×10^3	
断面 $b\times d^2$ ($\times10^5$)		0.91			0.91		1.08	
$C(kg/cm^2)$ 長	6.4		12.1	11.2		7.5		10.7
$C(kg/cm^2)$ 短 上下	13.8		17.3	16.4		21.3		20.9
p_t (%) 上	0.51		0.68	0.62		0.81		0.80
p_t (%) 下		0.54			0.43		0.48	
a_t (cm²) 上	8.4		11.2	10.2		14.6		14.4
a_t (cm²) 下		8.9			7.1	4.3	8.6	
配筋 上	3-D19	2-D19	4-D19	4-D19	2-D19	6-D19	3-D19	3-D19
配筋 下	2-D19	4-D19	2-D19	2-D19	3-D19	2-D19	3-D19	2-D19
Ψ	18.0		24.0	24.0		36.0		36.0
Q/faj	10.1		11.9	10.4		14.6		15.7
判定	OK		OK	OK		OK		OK
$fsbj$ 長(短)	10.1 (15.1)			10.1 (15.1)		11.0 (16.5)		
判定	OK			OK		OK	Q_D計算	
M/Qd								
α								
$\alpha fsbj$ (t)								
a_t (cm²) 上								17.2
a_t (cm²) 下							8.6	
M_y (t·m)						13.9		27.9
ΣM_y (t·m)							41.8	
l (m)							5.4	
Q_D (t)							16.4	
$\Delta Q/bj$								OK
p_w (%)		0.2			0.2		0.2	
あばら筋		2-9ϕ-@20cm			2-9ϕ-@20cm		2-9ϕ-@20cm	

階	2		F				
梁記号	BG2—3		BG1—2			BG2—3	
位置	2,3端	中央	1端	中央	2端	2,3端	中央
長期 M (t·m) 上	10.4		1.4		0	0	
下		7.4					
Q (t)	7.9			0.2			0
水平 M (t·m)	±11.0		±14.5		±8.7	±8.7	
Q (t)		3.7→7.4		3.9→7.8			2.9→5.8
短期 M (t·m) 上	21.4		15.9		8.7	8.7	
下	0.6	7.4	13.1		8.7	8.7	
Q (t)	15.3			8.0			5.8
断面 $b×D$ (cm)		30×65		40×100		40×100	
d (cm)		60		93		93	
j (cm)		52.50		81.38		81.38	
$b×d$ (cm²)		1.80×10³		3.72×10³		3.72×10³	
$b×d^2$ (×10⁵)		1.08		3.46		3.46	
C (kg/cm²) 長	9.6						
短上下	19.8						
P_t (%) 上	0.75						
下		0.39					
a_t (cm²) 上	13.5		6.5		3.6	3.6	
下		7.0	5.4		3.6	3.6	
配筋 上	5-D19	2-D19	3-D19		3-D19	3-D19	
下	2-D19	3-D19	3-D19		3-D19	3-D19	
ϕ	30.0		18.0		18.0	18.0	
Q/faj	13.9		4.7		4.7	3.4	
判定	OK		OK		OK	OK	
$fsbj$ 長 (短)	11.0 (16.5)		— (34.2)			— (34.2)	
判定	OK		OK			OK	
M/Qd							
α							
$\alpha fsbj$(t)							
a_t (cm²) 上							
下							
My (t·m)							
ΣMy (t·m)							
l (m)							
Q_D (t)							
$\Delta Q/bj$							
Pw (%)		0.2		0.2		0.2	
あばら筋		2-9 ϕ -@20cm		2-13 ϕ -@30cm		2-13 ϕ -@30cm	

階	R			2			F		
梁記号	1GA—B			1GA—B			1GA—B		
位置	A端	中央	B端	A端	中央	B端	A端	中央	B端
長期 M (t·m) 上	2.4		4.5	3.0		4.5	0.5		0
長期 M (t·m) 下		2.4			2.3				
長期 Q (t)	3.1		3.8	3.8		4.8		0.1	
水平 M (t·m)	±6.5	±1.0	±4.5	±14.2	±1.8	±10.7	±14.2		±8.5
水平 Q (t)		1.8→3.6			4.2→8.4			3.8→7.6	
短期 M (t·m) 上	8.9		9.0	17.2		15.2	14.7		8.5
短期 M (t·m) 下	4.1			11.2		6.2	13.7		8.5
短期 Q (t)	6.7		7.4	12.2		13.2	7.7		7.7
断面 $b \times D$ (cm)		30×60			30×65			40×100	
断面 d (cm)		55			60			93	
断面 j (cm)		48.13			52.50			81.38	
断面 $b \times d$ (cm²)		1.65×10³			1.80×10³			3.72×10³	
断面 $b \times d^2$ (×10⁵)		0.91			1.08			3.46	
C (kg/cm²) 長	2.6		4.9	2.8		4.2			
C (kg/cm²) 短上下	9.8		9.9	15.9		14.1			
P_t (%) 上	0.36		0.36	0.60		0.53			
P_t (%) 下		0.15		0.39	0.14	0.22			
a_t (cm²) 上	5.9 (6.6)		5.9 (6.6)	10.8		9.54	6.0		3.5
a_t (cm²) 下		2.5 (6.6)		7.1	2.6 (7.2)	3.9	5.6		3.5
配筋 上	3-D19	2-D19	3-D19	4-D19	2-D19	4-D19	3-D19		3-D19
配筋 下	2-D19	3-D19	2-D19	3-D19	3-D19	2-D19	3-D19		3-D19
ϕ	18.0		18.0	24.0		24.0	18.0		18.0
$Q/f_a j$	6.6		7.3	11.1		12.0	4.5		4.5
判定	OK		OK	OK		OK	OK		OK
$f_s b j$ 長 (短)		10.1 (15.1)			11.0 (16.5)			— (34.2)	
判定		OK			OK			OK	
M/Qd α $_\alpha f_s b j$ (t)									
a_t (cm²) 上									
a_t (cm²) 下									
My (t·m) ΣMy (t·m) l (m)									
Q_D (t) $\Delta Q/b j$									
Pw (%)		0.2			0.2			0.2	
あばら筋		2-9ϕ-@20cm			2-9ϕ-@20cm			2-13ϕ-@30cm	

階	R			2			F		
梁 記 号	$_2G_A-B$			$_2G_A-B$			$_2G_A-B$		
位　置	A端	中央	B端	A端	中央	B端	A端	中央	B端
長期 M(t·m) 上	3.1		6.2	4.2		6.5	0.7		0
下		3.3			3.5				
Q(t)	3.8		4.8	4.4		5.2		0.1	
水平 M(t·m)	±7.2	±1.0	±5.0	±15.5	±2.0	±11.5	±15.1		±9.0
Q(t)		2.0→4.0			4.5→9.0			4.0→8.0	
短期 M(t·m) 上	10.3		11.2	19.7		18.0	15.8		9.0
下	4.1	4.3		11.3	5.5	5.0	14.4		9.0
Q(t)	7.8		8.8	13.4		14.2	8.1		8.1
断面 $b×D$ (cm)		30×60			30×65			40×100	
d (cm)		55			60			93	
j (cm)		48.13			52.50			81.38	
$b×d$ (cm²)		$1.65×10^3$			$1.80×10^3$			$3.72×10^3$	
$b×d^2$ (×10⁵)		0.91			1.08			3.46	
C(kg/cm²) 長	3.4		6.8	3.9		6.0			
短 上下	11.3		12.3	18.2		16.7			
p_t (%) 上	0.41		0.46	0.68		0.63			
下	0.17	0.21		0.40	0.19				
a_t (cm²) 上	6.8		7.6	12.24		11.3	6.5		3.7
下	2.8	3.4			3.5				
	(6.6)	(6.6)		7.2	(7.2)		5.9		3.7
配　筋 上	3-D19	2-D19	3-D19	5-D19	2-D19	4-D19	3-D19		3-D19
下	2-D19	3-D19	2-D19	3-D19	3-D19	2-D19	3-D19		3-D19
Ψ	18.0		18.0	30.0		24.0	18.0		18.0
Q/faj	7.7		8.7	12.2		12.9	4.7		4.7
判　定	OK		OK	OK		OK	OK		OK
$fsbj$ 長(短)		10.1 (15.1)			11.0 (16.5)			—— (34.2)	
判　定		OK			OK			OK	
M/Qd									
α									
$_\alpha fsbj$ (t)									
a_t (cm²) 上									
下									
M_y (t·m)									
ΣM_y (t·m)									
l (m)									
Q_D (t)									
$\Delta Q/bj$									
p_w (%)		0.2			0.2			0.2	
あばら筋		2-9ϕ-@20cm			2-9ϕ-@20cm			2-13ϕ-@30cm	

5.2 柱の断面算定

記号		BC_1 (2階)				BC_1 (1階)				BC_2 (2階)			
方 向		x		y		x		y		x		y	
位 置		柱頭	柱脚	柱頭	柱脚	柱頭	柱脚	柱頭	柱脚	柱頭	柱脚	柱頭	柱脚
長期	N(t)	16.4		16.4		35.6		35.6		24.6		24.6	
	M(t·m)	5.8	5.0	0	0	3.1	1.4	0	0	0.8	0.5	0	0
	Q(t)	2.9		0		1.1		0.0		0.3		0	
水平	N(t)	1.9		0		6.2		0		0.3		0	
	M(t·m)	6.8	5.4	9.0	8.8	9.5	14.5	12.5	17.0	9.4	9.2	10.0	9.8
	Q(t)	3.2(6.4)		4.7(9.4)		6.0(12.0)		7.4(14.8)		4.9(9.8)		5.2(10.4)	
短期	N_1	18.3		16.4		41.8		35.6		24.9		24.6	
	N_2	14.5		16.4		29.4		35.6		24.3		24.6	
	M(t·m)	12.6	10.4	9.0	8.8	12.6	15.9	12.5	17.0	10.2	9.7	10.0	9.8
	Q(t)	9.3		9.4		13.1		14.8		10.1		10.4	
断面	b, D, j	55, 55, 43.8				60, 60, 48.1				55, 55, 43.8			
	$b{\times}D(10^3\mathrm{cm}^2)$	3.03				3.60				3.03			
	$b{\times}D^2(10^5\mathrm{cm}^2)$	1.66				2.16				1.66			
fc(kg/cm²) 長		70				70				70			
短		140				140				140			
長期	N/bD(kg/cm²)	5.4				9.9				8.1			
	M/bD^2(kg/cm²)	3.5	3.1	0	0	1.4	0.7	0	0	0.5	0.3	0	0
	pt (%)	0	0	0	0	0	0	0	0	0	0	0	0
短期	N_1/bD(kg/cm²)	6.0		5.4		11.6		9.9		8.2		8.1	
	N_2/bD(kg/cm²)	4.8		5.4		8.2		9.9		8.0		8.1	
	M/bD^2(kg/cm²)	7.6	6.3	5.4	5.3	5.8	7.4	5.8	7.9	6.1	5.8	6.0	5.9
	pt (%)	0.23	0.18	0.13	0.13	0.10	0.16	0.07	0.16	0.12	0.10	0.11	0.11
at (cm²)		7.0		3.9		5.8		5.8		3.6		3.3	
ag (0.8%)		(24.2)				(28.8)				(24.2)			
配　筋		10-D19				12-D19				10-D19			
ϕ　(cm)		24.0	18.0			24.0	24.0			24.0	18.0		
短期 Q/faj (cm)		6.7	6.7			8.6	9.8			7.3	7.5		
判　定		OK	OK			OK	OK			OK	OK		
短期 $fsbj$ (t)		25.3				30.3				25.3			
判　定		OK	OK			OK	OK			OK	OK		
柱の M_y	at (cm²)												
	$0.8at\cdot f_t\cdot D$												
	N/bDF_c												
	第2項 (t·m)												
	M_y (t·m)												
h' (m)													
Q_{D1} (t)													
梁による M_y	Σat (cm²)												
	M_y (t·m)												
Q_{D2}													
$\Delta Q/bj$													
pw (%)		0.2				0.2				0.2			
帯　筋		2-9φ-@10cm				2-9φ-@10cm				2-9φ-@10cm			

	BC2 (1階) x	BC2 (1階) y	cC1 (2階) x	cC1 (2階) y	cC1 (1階) x	cC1 (1階) y
位置（柱頭 | 柱脚）						
長期 $N(t)$	53.6	53.6	10.8	10.8	23.8	23.8
長期 $M(t \cdot m)$	0.8 | 0.1	0 | 0	3.9 | 3.2	2.4 | 1.9	1.8 | 0.9	1.1 | 0.5
長期 $Q(t)$	0.2	0	1.9	1.1	0.7	0.4
水平 $N(t)$	0.9	0	1.7	1.8	5.7	6.0
水平 $M(t \cdot m)$	12.8 | 17.4	13.2 | 18.0	6.0 | 4.7	6.5 | 4.9	8.9 | 13.6	9.3 | 14.2
水平 $Q(t)$	7.6(15.2)	7.8(15.6)	2.8(5.6)	3.0(6.0)	5.6(11.2)	5.9(11.8)
短期 N_1	54.5	53.6	12.5	12.6	29.5	29.8
短期 N_2	52.7	53.6	9.1	9.0	18.1	17.8
短期 $M(t \cdot m)$	13.6 | 17.5	13.2 | 18.0	9.9 | 7.9	8.9 | 6.8	10.7 | 14.5	10.4 | 14.7
短期 $Q(t)$	15.4	15.6	7.5	7.1	11.9	12.2
断面 b, D, j	60, 60, 48.1		55, 55, 43.8		60, 60, 48.1	
$b \times D(10^3 cm^2)$	3.60		3.03		3.60	
$b \times D^2(10^5 cm^2)$	2.16		1.66		2.16	
$f_c(kg/cm^2)$ 長	70		70		70	
$f_c(kg/cm^2)$ 短	140		140		140	
長期 $N/bD(kg/cm^2)$	14.9		3.6		6.6	
長期 $M/bD^2(kg/cm^2)$	0.4 | 0.05	0 | 0	2.3 | 1.9	1.4 | 1.1	0.8 | 0.4	0.5 | 0.2
長期 $p_t(\%)$	0 | 0	0 | 0	0.09 | 0.04	0.02 | 0	0 | 0	0 | 0
短期 $N_1/bD(kg/cm^2)$	15.1	14.9	4.1	4.2	8.2	8.3
短期 $N_2/bD(kg/cm^2)$	14.6	14.9	3.0	3.0	5.0	4.9
短期 $M/bD^2(kg/cm^2)$	6.3 | 8.1	6.1 | 8.3	6.0 | 4.8	5.4 | 4.1	5.0 | 6.7	4.8 | 6.8
短期 $p_t(\%)$	0.03 | 0.10	0.01 | 0.10	0.14 | 0.20	0.17 | 0.12	0.13 | 0.19	0.12 | 0.20
$a_t(cm^2)$	3.6	3.6	6.1	5.2	6.8	7.2
$A_g(0.8\%)$	(28.8)		(24.2)		(28.8)	
配筋	12-D19		10-D19		12-D19	
Ψ (cm)	24.0	24.0	24.0	18.0	24.0	24.0
短期 Q/f_aj (cm)	10.2	10.3	5.4	5.1	7.9	8.1
判定	OK	OK	OK	OK	OK	OK
短期 $f_sbj(t)$	30.3		25.3		30.3	
判定	OK	OK	OK	OK	OK	OK
柱の M_y ― $a_t(cm^2)$						
$0.8a_t \cdot f_t \cdot D$ (t·m)						
N/bDF_c						
第2項 (t·m)						
M_y (t·m)						
h' (m)						
Q_{D1} (t)						
梁による Σa_t (cm²)						
Σa_t M_y (t·m)						
Q_{D2}						
$\Delta Q/bj$						
$p_w(\%)$	0.2		0.2		0.2	
帯筋	2-9φ-@10cm		2-9φ-@10cm		2-9φ-@10cm	

4 章 鉄筋コンクリートの構造計算をマスターするための章

記号		cC2 (2階)				cC2 (1階)			
方向		x		y		x		y	
位置		柱頭	柱脚	柱頭	柱脚	柱頭	柱脚	柱頭	柱脚
長期	$N(t)$	16.4		16.4		35.6		35.6	
	$M(t \cdot m)$	0.6	0.3	3.1	2.6	0.3	0	1.6	0.7
期	$Q(t)$	0.2		1.5		0.1		0.6	
水	$N(t)$	0.3		2.0		0.9		6.5	
平	$M(t \cdot m)$	8.4	8.2	7.2	5.7	12.1	16.4	9.8	15.1
	$Q(t)$	4.4(8.8)		3.4(6.8)		7.1(14.2)		6.2(12.4)	
短	N_1	16.7		18.4		36.5		42.1	
	N_2	16.1		14.4		34.7		29.1	
期	$M(t \cdot m)$	9.0	8.5	10.4	8.3	12.4	16.4	11.4	5.8
	$Q(t)$	9.0		8.3		14.3		13.0	
断	b, D, j	55, 55, 43.8				60, 60, 48.1			
	$b \times D (10^3 cm^2)$	3.03				3.60			
面	$b \times D^2 (10^5 cm^2)$	1.66				2.16			
$f_c (kg/cm^2)$ 長		70				70			
短		140				140			
長	$N/bD (kg/cm^2)$	5.4				9.9			
	$M/bD^2 (kg/cm^2)$	0.4	0.2	1.9	1.6	0.1	0.0	0.7	0.3
期	$p_t (\%)$	0	0	0	0	0	0	0	0
	$N_1/bD (kg/cm^2)$	5.5		6.1		10.1		12.0	
短	$N_2/bD (kg/cm^2)$	5.3		4.8		9.6		7.8	
期	$M/bD^2 (kg/cm^2)$	5.4	5.1	6.3	5.0	5.7	8.0	5.3	7.3
	$p_t (\%)$	0.13	0.12	0.18	0.13	0.08	0.18	0.10	0.18
$a_t (cm^2)$		3.9		5.5		6.5		6.5	
$a_h (0.8\%)$		(24.2)				(28.8)			
配筋		10-D19				12-D19			
ϕ (cm)		24.0		18.0		24.0		24.0	
短期 Q/faj (cm)		6.5		6.0		9.4		8.6	
判定		OK		OK		OK		OK	
短期 $fsbj$ (t)		25.3				30.3			
判定		OK		OK		OK		OK	
柱	$a_t (cm^2)$								
	$0.8a_t \cdot ft \cdot D$ (t·m)								
の	N/bDF_c								
	第 2 項 (t·m)								
M_y	M_y (t·m)								
h' (m)									
Q_{D1} (t)									
梁によ	$\Sigma a_t (cm^2)$								
る M_y	M_y (t·m)								
Q_{D2}									
$\Delta Q/bj$									
$p_w (\%)$		0.2				0.2			
帯筋		2-9ϕ-@10cm				2-9ϕ-@10cm			

§6. 小ばりの設計

1) 応力計算

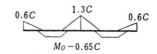

C：固定端モーメント
M_0：単純ばりとしての中央曲げモーメント

階 数	部材名	C (t·m)	M_0 (t·m)	曲げモーメント (t·m) 外端	中央	内端
R	B₁	4.9	7.7	−2.94	5.52	−6.37
2	B₂	6.1	9.8	−3.66	5.84	−7.94
2	B₃	0.8, 1.1	2.6	−0.48	2.08	−0.66
2	B₄	4.3, 5.6	7.5	−2.5	4.73	−6.8

はり記号 位置		B₁ 外端 中央 内端	B₂ 外端 中央 内端
M (t·m)	上 下	−2.94　　　−6.37 　　4.52	−3.66　　　−7.94 　　5.84
Q (t)		3.6　　4.77	4.5　　5.9
断面	$b×D$ (cm) d (cm) j $bd^2 (×10^5)$ $bd (×10^2)$	25×55 50 43.8 0.625 12.5	25×55 50 43.8 0.625 12.5
C γ p_t (%)		4.7　7.23　10.2 　　0.4 0.26　0.4　0.57	5.9　9.3　12.7 　　0.4 0.32　0.51　0.73
a_t (cm²)	上 下	3.25　(5.0)　7.13 　　5.0	(5.0)　9.13 　　6.38
配筋	上 下	2-D19　2-D19　3-D19 2-D19　2-D19　2-D19	2-D19　2-D19　4-D19 2-D19　3-D19　2-D19
ψ (cm) Q/f_aj (cm) 判　定		12　　　18 5.9　　　7.8 OK　　　OK	12　　　24 7.3　　　9.6 OK　　　OK
f_sbj 判　定		7.67 OK　　　OK	7.67 OK　　　OK
p_w (%) あばら筋		0.2 2-9φ@20cm	0.2 2-9φ@20cm

B₃, B₄はB₁と同一配筋とする。

§7. 床スラブの設計

7.1 一般スラブの設計

記号	方　位		短　辺　方　向		長　辺　方　向	
	位　置		両　端	中　央	両　端	中　央
S₁ R 階	辺　長　(m)		2.7		5.7	
	辺長比　λ		2.1		2.1	
	$\alpha=M/wlx^2$		0.079	0.053	0.042	0.028
	w (t/m²)		0.51		0.51	
	M (t·m/m)		−0.29	0.20	−0.16	0.10
	t (cm)		12		12	
	d (cm)		8		7	
	r (cm)		7.0		6.1	
	配　筋	計算	D10-@248	D10-@497	D10-@541	D10-@866
		設計	D10-@200	D10-@200	D10-@300	D10-@300
S₂ 2 階	w (t/m²)		0.67		0.67	
	M (t·m/m)		−0.39	0.26	−0.21	0.14
	t (cm)		12		12	
	d (cm)		8		7	
	配　筋	計算	D10-@254	D10-@382	D10-@412	D10-@619
		設計	D10-@200	D10-@200	D10-@300	D10-@300

記号	方　位		短　辺　方　向		長　辺　方　向	
	位　置		両　端	中　央	両　端	中　央
S₃ 2 階	辺　長　(m)		1.33		2.70	
	辺長比　λ		2.0		2.0	
	$\alpha=M/wlx^2$		0.078	0.052	0.042	0.028
	w (t/m²)		0.67		0.67	
	M (t·m/m)		−0.09	0.06	−0.05	0.03
	t (cm)		12		12	
	d (cm)		8		7	
	配　筋	計算	D10-@1104	D10-@1657	D10-@1732	D10-@2887
		設計	D10-@200	D10-@200	D10-@300	D10-@300

7.2 階段スラブの設計

i) 応力の計算

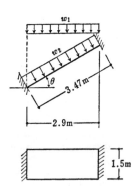

水平単位当り $w_1 = 1.03 \text{t/m}^2$

$w_2 = w_1 \cdot \cos^2\theta = 1.03\left(\dfrac{2.9}{3.47}\right)^2 = 0.72 \text{t/m}^2$

$C = \dfrac{w_2 l^2}{12} = \dfrac{0.72 \times 3.47^2}{12} = 0.72 \text{t·m/m}$

$M_0 = 0.72 \times 0.5 = 0.36 \text{t·m/m}$

$Q = \dfrac{w_2 l}{2} = \dfrac{0.72 \times 3.47}{2} = 1.3 \text{t/m}$

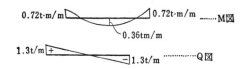

ii) 断面の計算

スラブ厚さ $t=12\text{cm}$, $d=9\text{cm}$, $j=7.8\text{cm}$

a) 端部 9ϕ, 13ϕ 交互の配筋とする。

$x = \dfrac{1.38 \times d}{M} = \dfrac{1.38 \times 9}{0.72} = 17.25\text{cm} \longrightarrow 9\phi, 13\phi\text{-}@150$

$T = \dfrac{1.3 \times 10^3}{100 \times 7.8} = 1.67 \text{kg/cm}^2 < 7.0 \text{kg/cm}^2 \cdots\cdots\cdots\cdots\cdots\cdots\cdots\cdots$ OK

$\psi = \dfrac{1.3 \times 10^3}{21 \times 7.8} = 7.94 \text{cm} < 13.8 \text{cm} \cdots\cdots\cdots\cdots\cdots\cdots\cdots\cdots\cdots$ OK

b) 中央 9ϕの配筋とする。

$x = \dfrac{0.9 \times a}{M} = \dfrac{0.9 \times 9}{0.36} = 22.5 \text{cm} \longrightarrow 9\phi\text{-}@150$

§8. 基礎および基礎ばりの設計

柱脚曲げモーメントは，すべて基礎ばりに伝え，基礎は直圧力のみによって

設計する。

1) 柱・基礎の記号及び柱からの直圧（基礎ばり上端まで）

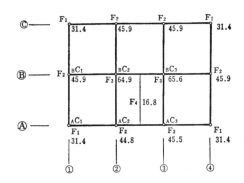

2) 基礎底面の直圧力 (p) および基礎底面形の算定

　i) 許容地耐力度　　長期 $fe = 15 t/m^2$

　ii) 土および基礎の重量は底面の根入れ深さ　1.0m

　　　土と基礎の平均重量　　$2 t/m^3$

$$W' = \frac{柱直圧力}{15 - 2 \times 1.0} \times 2 \times 1.0$$

基礎	柱	(t) 柱直圧力	基礎] (t) 土 } 重量 W'	(t) N	(m²) A=N/fe	基礎底面形	(t/m²) N/A
F_1	AC_1	31.4	4.8	36.2	2.41	1.6×1.6	14.1
F_2	AC_2	44.8	6.9	51.7	3.45	1.9×1.9	14.3
	AC_3	45.5	7.0	52.5	3.50	1.9×1.9	14.5
	BC_1	45.9	7.1	53.0	3.53	1.9×1.9	14.7
F_3	BC_2	64.9	10.0	74.9	4.99	2.3×2.3	14.2
	BC_3	65.6	10.1	75.7	5.05	2.3×2.3	14.3
F_4	階段	16.8	2.6	19.4	1.29	0.8×6.5	3.7

3) 基礎スラブの断面算定

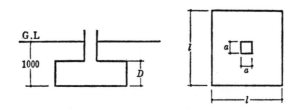

			F₁	F₂	F₃
	l	(cm)	160	190	230
	a	(cm)	60	60	60
	$D(d)$	(cm)	50(42)	60(52)	60(52)
	j	(cm)	36.75	45.5	45.5
	l/a		2.67	3.17	3.83
	N'	(t)	31.4	45.9	65.6
せん断	Q_F/N'		0.31	0.34	0.37
	Q_F (t)		9.73	15.61	24.27
	τ (kg/cm²)[1]		1.65<7.0	1.81<7.0	2.32<7.0
付着	ϕ (cm²)[2]		12.61	16.28	25.46
	n=ϕ/ϕ_0		3.15	4.07	6.37
曲げ	$M/N' \cdot a$		0.130	0.185	0.262
	M_F(t·m)		244.9	501.2	1031.2
	a_t (cm²):[3]		3.33	5.51	11.33
設　　計			8-D13	10-D13	12-D13

(1)　$\gamma = Q_F/l \cdot j$
(2)　$\phi = Q_F/f_a \cdot j$
(3)　$a_t = M_F/f_t \cdot j$

l_d の検定

F_1 が最も定着長さが短いので，F_1 についてチェックする．

$$l_d = \frac{\sigma_t \cdot a}{0.8 f_a \Psi} = \frac{2000 \times 1.27}{0.8 \times 21.0 \times 4.0}$$

$\qquad = 37.8\text{cm} < (l-a)/2 = (160-60)/2 = 50\text{cm}$ ……………OK

4章 鉄筋コンクリートの構造計算をマスターするための章 329

パンチングシヤーの検定

F_3が最もせん断力が大きいので，F_3についてチェックする。

$b_0 = 2(a+a') + \pi d$

$\quad = 2(60+60) + \pi \times 52 = 403\text{cm}$

b_0によって囲まれる面積

$A_0 = (60+52) - 52^2\left(1 - \dfrac{3.14}{4}\right) = 1.20\text{m}^2$

パンチングに対する設計用せん断力

$Q_{PD} - = N' \times \left(1 - \dfrac{A_0}{l^2}\right)$

$\quad = 65.6 \times \left(1 - \dfrac{1.20}{2.3^2}\right) = 50.8\text{t}$

パンチングに対する許容せん断力

$Q_{PA} = \alpha \cdot b_0 \cdot j \cdot f_s$

$\quad = 1.5 \times 403\text{cm} \times 45.5\text{cm} \times 7\text{kg/cm}^2$

$\quad = 201.7\text{t} > Q_{PD}\cdots\cdots\cdots\cdots\cdots\cdots\cdots\cdots\cdots\cdots\cdots\cdots\cdots$OK

F_4布基礎スラブの断面算定（単位長さ（m）当りの計算を示す）

$N' = 16.8\text{t}$ $\qquad\qquad\qquad$ D$=30$ $d=22$

$\sigma' = 16.8/(0.8 \times 6.5) = 3.23\text{t/m}^2$ $\qquad j = 19.25\text{cm}$

$Q_F = 3.23 \times 0.31 \times 1.0 = 1.0\text{t}$

$\tau = 1000/100 \times 19.25 = 0.52\text{kg/cm}^2 < 7.0\cdots\cdots\cdots\cdots$OK

$\Psi = 1000/21 \times 19.25 = 2.47\text{cm}$

$M_F = 1.0 \times 31/2 = 15.5\text{t/cm}$

$a_t = 15.5/(2.0 \times 19.25) = 0.4\text{cm}^2$ $\quad 1-\text{D}10$

設 計 $\quad$ D10・D13-@200

§9. 層間変形角の検定

方向	階	ΣD	h(cm)	$12EK_0/h^2$ (t·cm)	$\Sigma D \cdot 12EK_0/h^2$ (t·cm)	Q(t)	β(cm)	δ/h	判定
x	2	9.12	380	17.5	160	45	0.281	1/1352	OK
	1	16.36	400	15.8	258	78	0.302	1/1325	OK
y	2	8.56	380	17.5	150	45	0.300	1/1267	OK
	1	15.78	400	15.8	249	78	0.313	1/1278	OK

§10. 剛性率の検定

方向	階	γ_s	R_s	判定
x	2	1352	1.01	OK
	1	1325	0.99	OK
	$\bar{\gamma}_s$	1339		
y	2	1267	1.00	OK
	1	1278	1.00	OK
	$\bar{\gamma}_s$	1273		

$R_s = \gamma_s / \bar{\gamma}_s \geqq 0.6$

§11. 偏心率の検定

i) 2階の偏心率

重心位置

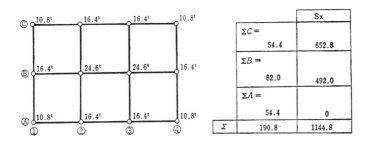

	Sx
$\Sigma C =$ 54.4	652.8
$\Sigma B =$ 82.0	492.0
$\Sigma A =$ 54.4	0
Σ 190.8	1144.8

	Σ1	Σ2	Σ3	Σ4	Sy
	38.0	57.4	57.4	38.0	
Σ	0	344.4	688.8	684.0	1717.2

$$g_x = \frac{\Sigma S_y}{\Sigma} = \frac{1717.2}{190.8} = 9.0$$

$$g_y = \frac{\Sigma S_x}{\Sigma} = \frac{1144.8}{190.8} = 9.0$$

偏心距離

ラーメンNO.	D_x	y	$D_x \cdot y$	$D_x \cdot y^2$
Ⓒ	2.92	12.0	35.04	420.48
Ⓑ	3.28	6.0	19.68	118.08
Ⓐ	2.92	0	0	0
Σ	9.12		54.72	538.56

ラーメン No	①	②	③	④	Σ
D_y	2.03	2.29	2.21	2.03	8.56
x	0	6.0	12.0	18.0	
$D_y \cdot x$	0	13.74	26.52	36.54	76.80
$D_y \cdot x^2$	0	82.44	318.24	657.72	1058.40

$$\begin{cases} l_x = \dfrac{\Sigma(D_y \cdot x)}{\Sigma D_y} = \dfrac{76.80}{8.56} = 8.97 \\ l_y = \dfrac{\Sigma(D_x \cdot y)}{\Sigma D_x} = \dfrac{54.72}{9.12} = 6.00 \end{cases}$$

$$\begin{cases} e_x = l_x - g_x = 0.03 \\ e_y = l_y - g_y = 0 \end{cases}$$

ねじり剛性

$$K_R = \Sigma(D_y \cdot x^2) + \Sigma(D_x \cdot y^2) - (\Sigma D_y \cdot \bar{x}_c^2 + \Sigma D_x \cdot \bar{y}_c^2)$$

$$= (1058.4 + 538.56) - (8.56 \times 8.97^2 + 9.12 \times 6.00^2)$$

$$= 579.89$$

弾力半径

$$r_{ex} = \sqrt{\frac{K_R}{\Sigma D_x}} = \sqrt{\frac{579.89}{9.12}} = 7.97 \text{m}$$

$$r_{ey} = \sqrt{\frac{K_R}{\Sigma D_y}} = \sqrt{\frac{579.89}{8.56}} = 8.23 \text{m}$$

偏心率

$$R_{ex} = \frac{e_y}{r_{ex}} = \frac{0}{7.97} = 0 \quad \cdots\cdots\cdots\cdots\cdots\cdots\cdots\cdots\cdots\cdots\cdots\cdots\cdots\cdots \text{OK}$$

$$R_{ey} = \frac{e_x}{r_{ey}} = \frac{0.03}{8.23} = 0.0036 \quad \cdots\cdots\cdots\cdots\cdots\cdots\cdots\cdots\cdots\cdots\cdots\cdots \text{OK}$$

ii) 1階の偏心率

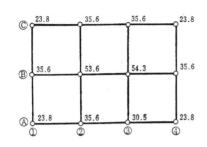

	$\Sigma 1$	$\Sigma 2$	$\Sigma 3$	$\Sigma 4$	
	83.2	124.8	120.4	83.2	Sy
Σ	0	748.8	1444.8	1497.6	3691.2

$$g_x = \frac{\Sigma S_y}{\Sigma} = \frac{3691.2}{411.6} = 8.97$$

$$g_y = \frac{\Sigma S_x}{\Sigma} = \frac{2500.2}{411.6} = 6.07$$

偏心距離

ラーメンNo	D_x	y	$D_x \cdot y$	$D_x \cdot y^2$
Ⓒ	5.34	12.0	64.08	768.96
Ⓑ	5.68	6.0	34.08	204.48
Ⓐ	5.34	0	0	0
Σ	16.36		98.16	973.44

ラーメン No	①	②	③	④	Σ
D_y	3.85	4.10	3.98	3.85	15.78
x	0	6.0	12.0	18.0	
$D_y \cdot x$	0	24.60	47.76	69.30	141.66
$D_y \cdot x^2$	0	147.60	573.12	1247.40	1968.12

$$\left\{ \begin{array}{l} l_x = \dfrac{\Sigma(D_y \cdot x)}{\Sigma D_y} = \dfrac{141.66}{15.78} = 8.98 \\[3mm] l_y = \dfrac{\Sigma(D_x \cdot y)}{\Sigma D_x} = \dfrac{98.16}{16.36} = 6.00 \end{array} \right.$$

$$\left\{ \begin{array}{l} e_x = l_x - g_x = 0.01 \\ e_y = l_y - g_y = 0.07 \end{array} \right.$$

ねじり剛性

$$K_R = \Sigma(D_y \cdot x^2) + \Sigma(D_x \cdot y^2) - (\Sigma D_y \cdot \bar{x}_c^2 + \Sigma D_x \cdot \bar{y}_c^2)$$

$$= 1968.12 + 973.44 - (15.78 \times 8.98^2 + 16.36 \times 6.00^2)$$

$$= 1080.09$$

弾力半径

$$r_{ex} = \sqrt{\frac{K_R}{\Sigma D_x}} = \sqrt{\frac{1080.09}{16.36}} = 8.13 \text{m}$$

$$r_{ey} = \sqrt{\frac{K_R}{\Sigma D_y}} = \sqrt{\frac{1080.09}{15.78}} = 8.27 \text{m}$$

偏心率

$$R_{ex} = \frac{e_y}{r_{ex}} = \frac{0.07}{8.13} = 0.0086 \cdots\cdots\cdots\cdots\cdots\cdots\cdots\cdots\cdots\cdots\cdots\cdots \text{OK}$$

$$R_{ey} = \frac{e_x}{r_{ey}} = \frac{0.01}{8.27} = 0.0012 \cdots\cdots\cdots\cdots\cdots\cdots\cdots\cdots\cdots\cdots\cdots\cdots \text{OK}$$

4章　鉄筋コンクリートの構造計算をマスターするための章　　335

§12. 壁量の検定

i) ルート①の検定

1階で検討する。

$A_w = 0$

$A_c = (60\text{cm} \times 60\text{cm}) \times 12\text{本} = 43200\text{cm}^2$

$\Sigma 25 A_w + \Sigma 7 A_c = 7\text{kg/cm}^2 \times 43200\text{cm}^2 = 302.4\text{t}$

$Z = 1$

$A_i = 1$

$W = 185\text{t} + 205\text{t} = 390\text{t}$

$ZWA_i = 1 \times 390\text{t} \times 1 = 390\text{t}$

$\therefore$　　$302.4\text{t} < 390\text{t}$ ………………………… NO

ii) ルート②-1の検定

$0.75ZWA_i = 0.75 \times 1 \times 390 \times 1 = 292.5\text{t}$

$\therefore$　　$302.4\text{t} > 292.5\text{t}$ ………………………OK

故に，本建物はルート②-1の計算でよいことが判る。

§13. 保有水平耐力の検定

本建物は，壁量の算定によりルート②-1で計算できるわけですが，ここでは保有水平耐力の検定についても検討してみる。

13.1　基本方針

保有水平耐力の算定は，つぎの方針で行う。

(1)　材料強度は下記の値を用いる。

鉄筋　　SD30A　　$\sigma_y = 1.1 \times 3.3\text{t/cm}^2$

SR24　　$\sigma_y = 1.1 \times 2.4 = 2.64\text{t/cm}^2$

コンクリート　　$F_c = 210\text{kg/cm}^2$

(2) はりにおけるスラブ筋は有効幅内の上端筋のみ考慮する。但し，階段部分については，影響が小さいので，一般のスラブ同様に扱う。

x方向（短辺方向）

スラブ片側	$b_a = 60$cm	3−D10
スラブ両側		6−D10

y方向（長辺方向）

スラブ片側	$b_a = 60$cm	2−D10
スラブ両側		2−D10

(3) 柱の軸方向力は，内柱では長期荷重時軸力を用い，外柱ではこれに梁のせん断力 $\Sigma M_u/l_o$ による付加軸力を加減した値を用いる。

(4) はり，柱の降伏位置は直交材の両位置とし，節点降伏時のモーメントは降伏位置でのモーメントの値を直線的に外挿して求める。

(5) はり，柱の節点でのモーメントの振り分けは下記のように行なう。

  i) 柱にヒンジが生ずる節点では，そのモーメントを剛比に応じて分割する。

  ii) はりにヒンジが生ずる節点では，そのモーメントを上下の柱に下表で算出した値で分割する。

階	位 置	1次設計用層 せん断力Q(t)	階 高 h (m)	反曲点高比	Qhy or $Qh(1-y)$	分割率
2	柱 脚	45	3.80	y 0.45	77	0.41→0.40
1	柱 頭	78	4.00	$(1-y)$ 0.35	109	0.59→0.60

  iii) 分配したモーメントが一方の部材端で曲げ終局モーメントを超過するときは，超過分を他方の部材端に加える。

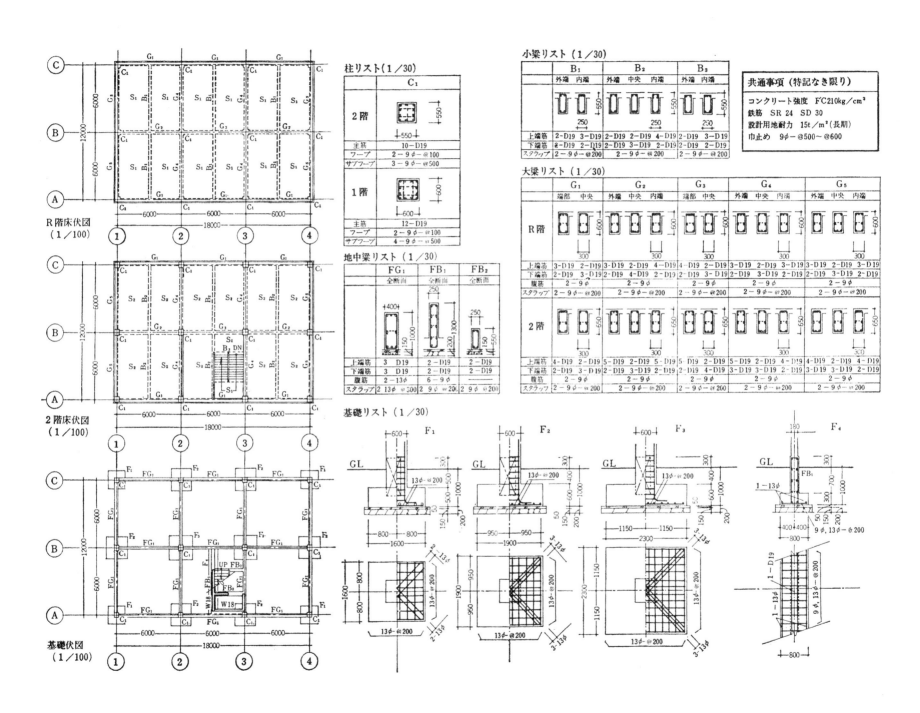

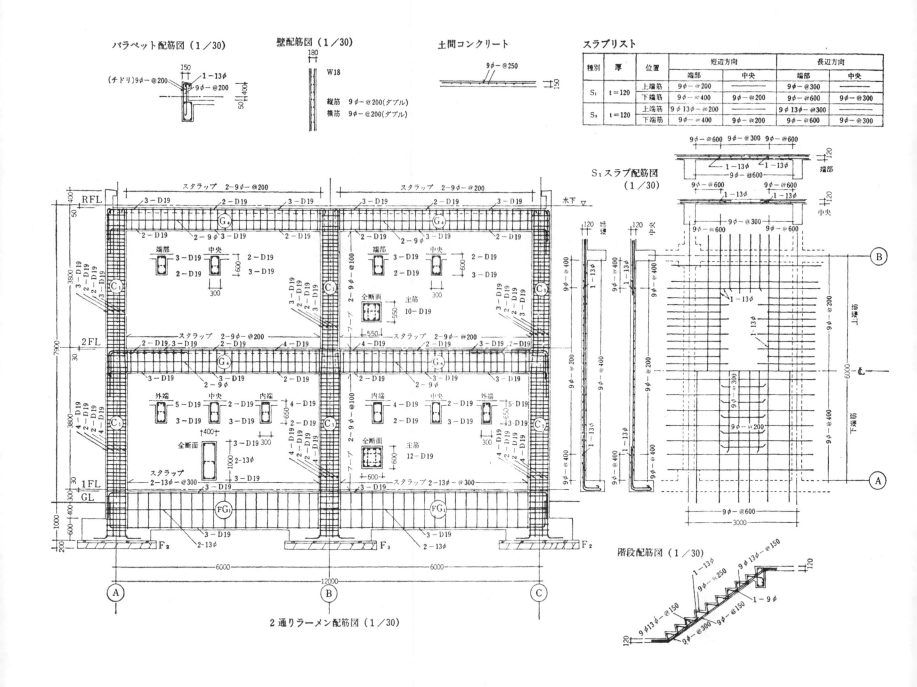

13.2 はり断面の曲げ終局強度および節点モーメント

階		R					2		
梁記号		cG1-2			cG2-3		cG1-2		
位置		1端	中央	2端	2,3端	中央	1端	中央	2端
寸法	$b \times D$ (cm)		30×60			30×60		30×65	
	d (cm)		55			55		60	
	$\Delta l, lo, \Delta l$ (cm)	27.5,	545,	27.5	27.5,	545, 27.5	30,	540,	30
配筋	上	3-D19		3-D19	3-D19		5-D19		4-D19
	スラブ	3-9D10		3-D10	3-D10		3-D10		3-D10
筋	下	2-D19		2-D19	2-D19		2-D19		2-D19
a_t (cm^2)	上	8.61		8.61	8.61		14.35		11.48
	スラブ	2.14		2.14	1.91		2.14		2.14
	下	5.74		5.74	5.74		5.74		5.74
$\Sigma a_t \sigma y$ (t)	上	35.5		35.5	35.5		54.4		44.9
	下	18.9		18.9	18.9		18.9		18.9
M_u (注1) (t·m)	上	17.6		17.6	17.6		29.4		24.2
	下	9.4		9.4	9.4		10.2		10.2
$\Sigma M_u/lo$		5.0		5.0	5.0		7.3		6.4
M_u' (注2) (t·m)	上	19.0		19.0	19.0		31.6		26.1
	下	10.7		10.7	10.7		12.1		12.4

階		2		F				
梁記号		cG2-3		cG1-2			cG2-3	
位置		2,3端	中央	1端	中央	2端	2,3端	中央
寸法	$b \times D$ (cm)		30×65		40×100			40×100
	d (cm)		60		93			93
	$\Delta l, lo, \Delta l$ (cm)	30,	540, 30	30,	540,	30	30,	540, 30
配筋	上	4-D19		3-D19		3-D19	3-D19	
	スラブ	3-D10						
筋	下	2-D19		3-D19		3-D19	3-D19	
a_t	上	11.48		8.61		8.61	8.61	8.61
	スラブ	2.41						
	下	5.74		8.61		8.61	8.61	
$\Sigma a_t \sigma y$ (t)	上	44.9		28.4		28.4	28.4	
	下	18.9		28.4		28.4	28.4	
M_u (t·m)	上	24.2		23.8		23.8	23.8	
	下	10.2		23.8		23.8	23.8	
M_u/lo		6.4		8.8		8.8	8.8	
M_u' (t·m)	上	26.1		26.4		26.4	26.4	
	下	12.1		26.4		26.4	26.4	

(注1) M_u：曲げ終曲モーメント（フェイスモーメント）
(注2) M_u'：節点モーメント

階		R						2		
梁 記 号		BG1-2			BG2-3			BG1-2		
位 置		1端	中央	2端	2,3端	中央		1端	中央	2端
寸法	$b\times D$ (cm)		30×60			30×60			30×60	
	d (cm)		55			55			60	
	$\Delta l, lo, \Delta l$ (cm)	27.5,	545,	27.5	27.5,	545,	27.5	30,	540,	30
配筋	上	3-D19		4-D19	4-D19			6-D19		6-D19
	スラブ	6-D10		6-D10	6-9D10			6-D10		6-D10
	下	2-D19		2-D19	2-D19			3-D19		3-D19
a_t (cm³)	上	8.61		11.48	11.48			17.22		17.22
	スラブ	4.28		4.28	4.28			4.28		4.28
	下	5.74		5.74	5.74			8.61		8.61
$\Sigma a_t \sigma y$ (t)	上	42.5		52.0	52.0			71.0		71.0
	下	18.9		18.9	18.9			28.4		28.4
M_u (t·m)	上	21.0		25.7	25.7			38.3		38.3
	下	9.4		9.4	9.4			15.3		15.3
$Q_{wu} = \Sigma M_u/lo$		5.6		6.4	6.4			9.9		9.9
M_u' (t·m)	上	22.5		27.5	27.5			41.3		41.3
	下	11.2		10.9	10.9			18.3		18.3

M_u：クエースモーメント

$M'u$；節点モーメント

階		2			F					
梁 記 号		BG2-3			BG1-2			BG1-3		
位 置		2端	中央	3端	1端	中央	2端	2,3端	中央	
寸法	$b\times D$ (cm)		30×65			40×100			40×100	
	d (cm)		60			93			93	
	$\Delta l, lo, \Delta l$ (cm)	30,	540,	30	30,	540,	30	30,	540,	30
配筋	上	5-D19		5-D19	3-D19		3-D19	3-D19		
	スラブ	6-9D10		6-9D10						
	下	2-D19		2-D19	3-D19		3-D19	3-D19		
a_t	上	14.35		14.35	8.61		8.61	8.61		
	スラブ	4.28		3.57						
	下	5.74		5.74	8.61		8.61	8.61		
$\Sigma Q_t \sigma y$ (t)	上	61.5		59.1	28.4		28.4	28.4		
	下	18.9		18.9	28.4		28.4	28.4		
M_u (t·m)	上	33.2		31.9	23.8		23.8	23.8		
	下	10.2		10.2	23.8		23.8	23.8		
$\Sigma M_u/lo$		8.0		7.8	8.8		8.8	8.8		
M_u' (t·m)	上	35.4		34.2	26.4		26.4	26.4		
	下	12.3		12.6	26.4		26.4	26.4		

階			R			2			F		
梁 記 号				1GA–B			1GA–B			1GA–B	
位 置			A端	中央	B端	A端	中央	B端	A端	中央	B端
寸法	$b \times D$ (cm)			30×60			30×65			40×100	
	d (cm)			55			60			93	
	$\Delta l, lo, \Delta l$ (cm)		27.5,	545,	27.5	30,	540,	30	30,	540,	30
配筋	スラブ	上	3-D19		3-D19	4-D19		4-D19	3-D19		3-D19
			2-D10		2-D10	2-D10		2-D10			
		下	2-D19		2-D19	3-D19		2-D19	3-D19		3-D19
a_t (cm²)		上	8.61		8.61	11.48		11.48	8.61		8.61
		スラブ	1.43		1.43	1.43		1.43			
		下	5.74		5.74	8.61		5.74	8.61		8.61
$\Sigma a_t \sigma_y$ (t)		上	33.1		33.1	42.6		42.6	28.4		28.4
		下	18.9		18.9	28.4		18.9	28.4		28.4
M_u (t·m)		上	16.4		16.4	23.0		23.0	23.8		23.8
		下	9.4		9.4	15.3		10.2	23.8		23.8
$\Sigma M_u / lo$			4.7		4.7	6.1		7.1	8.8		8.8
$M_u{}'$ (t·m)		上	17.7		17.7	24.8		25.1	26.4		26.4
		下	10.7		10.7	17.4		12.0	26.4		26.4

階			R			2			F		
梁 記 号				2GA–B			2GA–B			2GA–B	
位 置			A端	中央	B端	A端	中央	B端	A端	中央	B端
寸法	$b \times D$ (cm)			30×60			30×65			40×100	
	d (cm)			55			60			93	
	$\Delta l, lo, \Delta l$ (cm)		27.5,	545,	27.5	30,	54,	30	30,	540,	30
配筋	スラブ	上	3-D19		3-D19	5-D19		4-D19	3-D19		3-D19
			4-D10		4-D10	4-D10		4-D10			
		下	2-D19		2-D19	3-D19		2-D19	3-D19		3-D19
a_t		上	8.61		8.61	14.35		11.48	8.61		8.61
		スラブ	2.85		2.85	2.85		2.85			
		下	5.74		5.74	8.61		5.74	8.61		8.61
$\Sigma a_t \sigma_z$ (t)		上	37.8		37.8	56.8		47.3	28.4		28.4
		下	18.9		18.9	28.4		18.9	28.4		28.4
M_u (t·m)		上	18.7		18.7	30.7		25.5	23.8		23.8
		下	9.4		9.4	15.3		10.2	23.8		23.8
$\Sigma M_u / lo$			5.2		5.2	7.6		7.6	8.8		8.8
$M_u{}'$ (t·m)		上	20.1		20.1	33.0		29.8	26.4		26.4
		下	10.8		10.8	17.6		12.5	26.4		26.4

13.3 柱断面の曲げ終局強度

	2				1				2			
記号	cC2				cC2				BC3			
方向	x		y		x		y		x		y	
位置	柱頭	柱脚	柱頭	柱脚	柱頭	柱脚	柱頭	柱脚	柱頭	柱脚	柱頭	柱脚
寸法 $B×D$	55×55				60×60				55×55			
Δh上,h_o,Δh下	30, 320, 32.5				32.5, 315, 50				30, 320, 32.5			
配筋	10-D19				12-D19				10-D19			
引張鉄筋	4-D19		3-D19		4-D19		4-D19		4-D19		3-D19	
a_t	11.48		8.61		11.48		11.48		11.48		8.61	
$a_t \cdot \sigma_y$	37.88		28.41		37.88		37.88		37.88		28.41	
$B \cdot D \cdot F_c$	635.25				864.00				635.25			
$0.4 \cdot B \cdot D \cdot F_c$	245.10				345.60				245.10			
N (付加軸力)	16.4		11.2 (5.2) 21.6 (5.2)		35.6		22.8 (12.8) 48.4 (12.8)		24.6		24.6	
$0.8a_t \cdot \sigma_y \cdot D$	16.67		12.50		18.18		18.18		16.67		12.50	
$0.5ND \times \left(1 - \dfrac{N}{BDF_c}\right)$	4.39		3.0 5.8		10.24		6.6 13.6		6.50		6.50	
M_u	21.1		15.5 18.3		28.42		24.8 31.8		23.2		19.0	
$\Sigma M_u/h_a$	13.2		9.7 11.4		18.0		15.7 20.2		14.5		11.9	
M'_u	25.1	17.5	18.4 21.7	18.7 22.0	34.3	37.4	29.9 38.4	32.7 41.9	27.6	27.9	22.6	22.9

	1			
記号	BC3			
方向	x		y	
位置	柱頭	柱脚	柱頭	柱脚
寸法 $B×D$	60×60			
Δh上,h_o,Δh下	32.5, 315, 32.5			
配筋	12-D19			
引張鉄筋	4-D19		4-D19	
a_t	11.48		11.48	
$a_t \cdot \sigma_y$	37.88		28.41	
$B \cdot D \cdot F_c$	864.00			
$0.4 \cdot B \cdot D \cdot F_c$	345.60			
N (付加軸力)	53.6		53.6	
$0.8a_t \cdot \sigma_y \cdot D$	18.18		18.18	
$0.5ND \times \left(1 - \dfrac{N}{BDF_c}\right)$	15.0		15.0	
M_u	33.2		33.2	
M_u/h_o	21.1		21.1	
M_u'	40.1	43.8	40.1	43.8

階	\multicolumn 2				1			
記号	BC₁				BC₁			
方向	x		y		x		y	
位置	柱頭	柱脚	柱頭	柱脚	柱頭	柱脚	柱頭	柱脚
寸法 $B \times D$	55×55				60×60			
寸法 Δh上,h_o,Δh下	30, 320, 32.5				32.5, 315, 50			
配筋	10-D19				12-D19			
引張鉄筋	4-D19		3-D19		4-D19		4-D19	
a_t	11.48		8.61		11.48		11.48	
$a_t \cdot \sigma_y$	37.88		28.41		37.88		37.88	
$B \cdot D \cdot F_c$	635.25				864.00			
$0.4 \cdot B \cdot D \cdot F_c$	245.10				345.60			
N (付加軸力)	10.0 (6.4) 22.0 (5.6)		16.4		19.3 (16.3) 51.1 (15.5)		35.6	
$0.8 a_t \cdot \sigma_y \cdot D$	16.67		12.50		18.18		18.18	
$0.5ND \times \left(1 - \dfrac{N}{BDF_c}\right)$	2.70 5.87		4.39		5.62 14.3		10.42	
M_u	19.4 22.5		16.9		23.8 32.5		28.4	
$\Sigma M_u / h_o$	12.3 14.3		10.6		15.1 20.6		18.0	
$M_u{'}$	23.1 26.8	23.4 27.1	20.1 20.3	28.6 39.0	31.7 39.2	34.3 42.8	34.3	37.4

13.4 各ラーメンの崩壊形と崩壊時応力

左側から地震力を受けた場合について示す。

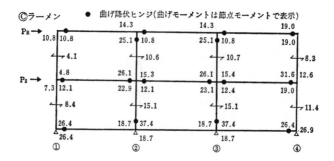

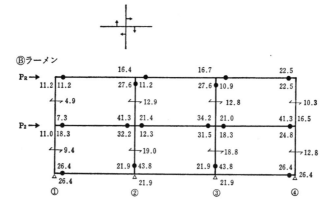

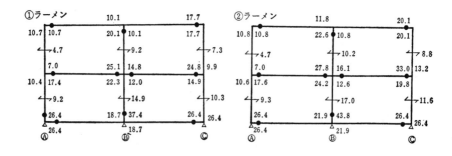

4 章　鉄筋コンクリートの構造計算をマスターするための章　　　343

13.5　保有水平耐力

13.4の崩壊時応力より，保有水平耐力は次のように求められる。

方向	階	柱・は　り		壁		保有水平体力
		内　　訳	計(t)	内　　訳	計(t)	$Q_u(t)$
x	2	$(A,C)\ B$ $33.7\times2+40.9$	108.3	──	0	108.3
	1	$50.0\times2+60.0$	160.0	──	0	160.0
y	2	$21.2\times2+23.7\times2$	89.8	──	0	89.8
	1	$34.4\times2+37.9\times2$	144.6	──	0	144.6

13.6　はり，柱部材のせん断破壊に関するチェック

【柱部材】

両材端　降伏時のせん断力を用いてチェックする。

最も不利な 1 階 $_BC_3$ について検討する。

$Q_{mu}=21.3t$

$a_t=11.48\mathrm{cm}^2$

$N=54.3t$

$F_c=210\mathrm{kg/cm}^2$

$\sigma_y=3000\mathrm{kg/cm}^2$

$M/Q=\dfrac{h_o}{2}=1.59\mathrm{m}\quad d=55\mathrm{cm}$

$\sigma_o=\dfrac{54.3t}{60\times60}=15.1\mathrm{kg/cm}$

$p_w=\dfrac{1.27}{60\times10}=0.21\%$

$p_t=\dfrac{11.48}{60\times60}=0.32\%$

60cm

├─60cm─┤

12-D19

2－9ϕ－@10cm

$$Q_{su}=\left|\ \frac{0.053p_t^{0.23}(F_c+180)}{M/Qd+0.12}+2.7\sqrt{p_w\sigma_y}+0.160\ \right|bj$$

$$=\left|\ \frac{0.053+0.32^{0.23}(210+180)}{M/Qd+0.12}+2.7\sqrt{0.0021\times2400}+0.1\times15.1\ \right|$$

$$\times60\times\frac{7}{8}\times55$$

$$=(5.3+6.1+1.5)\times2888=37.3t>21.3t\cdots\cdots\cdots\cdots\cdots\cdots\cdots\text{OK}$$

【はり部材】

$_BG_{1-2}$（2階はり）についてチェックする。

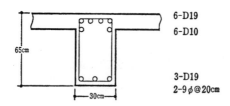

$Q_{mu}=9.9t$

$M/Qd=3$ として計算する。

$$p_t = \frac{8.61}{30 \times 60} = 0.48\% \qquad j = \frac{7}{8}d = 52.5\text{cm}$$

$$p_w = \frac{1.27}{30 \times 20} = 0.21\%$$

$$Q_{su} = \left| \frac{0.053 p_t^{0.23}(F_c+180)}{M/Qd+0.12} + 2.7\sqrt{p_w \sigma_y} \right| bj$$

$$= \left| \frac{0.053 \times 0.48^{0.23}(210+180)}{3 \times 0.12} + 2.9\sqrt{0.0021 \times 2400} \right|$$

$$\times 30 \times \frac{7}{8} \times 60$$

$$= (5.57+6.1) \times 1575$$

$$= 18.4t > 9.9t \quad \cdots\cdots\cdots\cdots\cdots\cdots\cdots\cdots\cdots\cdots\cdots\cdots\cdots\cdots \text{OK}$$

以上の計算より，はり，柱とも曲げ降伏型の部材であることが認められた。

13.7 必要保有水平耐力の算定と判定

本建物の場合，曲げ破壊型であり，はり，柱部材は下表に示したFAランクの条件を満足していると考えられる。

		FA ランク
柱	h_o/D の下限	2.5
の	σ_o/F_c の上限	0.35
条	p_t の上限	0.8%
件	τ_u/F_c の上限	0.1
はりの条件	τ_u/F_c の上限	0.15

FAランクを満足するかどうかをチェックしてみる。

【はり部材】

最も不利な$_BG_{1-2}$（2階はり）についてチェックする。

$Q＝9.9t$

$\tau_u＝9.9t/30\times\dfrac{7}{8}\times55＝6.9kg/cm^2＜0.15\times210kg/cm^2＝31.5kg/cm^2\cdots\cdots$OK

故に，FAランクの条件を満足している。

【柱部材】

それぞれの項目について最も不利な条件の柱についてチェックする。

h_o/D

$h_{omin}/D＝315/60＝5.25＞2.5$

σ_o/F_c

$\sigma_{omax}/F_c＝15.1/210＝0.072＜0.35$

p_t

$p_{tmax}＝a_{tmax}/BD＝11.48/(60\times60)＝0.00319＝0.319\%＜0.8\%$

τ_u/F_c

$Q_{max}＝19.0t$

$bj＝60\times48.1＝2886cm^2$

$\tau_{umax}＝19000/2886＝6.6kg/cm^2$

$\tau_{umax}/F_c＝6.6/210＝0.031＜0.1\cdots\cdots\cdots\cdots\cdots$OK

以上の結果より，本建物の場合表3·20におけるランクⅠの構造を満足しているので必要保有小平耐力は次のように求められる。

$Q_{un} = D_s \cdot F_{es} \cdot Q_{ud}$

$Q_{ud} = C_i W_i$

$C_i \parallel Z \cdot R_t \cdot A_i \times 1.0$

ここで　$Z = 1.0$

　　　　$R_t = 1.0$

　　　　$A_i = 1.0$

　　　　$F_{es} \parallel 1.0$（表3・21，表3・22より）

　　　　$D_s = 0.3$（表3・20より）

方向	階	B_u*	Q_{ud}(t)	D_s	必要保有水耐力 Q_{un}(t)
x	2	0	224	0.30	67
	1	0	390	0.30	117
y	2	0	224	0.30	67
	1	0	390	0.30	117

*β_uは耐震壁がないので0となる。

以上の結果より，保有水平耐力と必要保有水平耐力を比較し，安全性の判定は次のようになる。

方向	階	必要保水平耐力 (t)	必要保有水耐力 (t)	判　　定
x	2	108.4	67	OK
	1	161.4	117	OK
y	2	90.6	67	OK
	1	146.8	117	OK

4 章　鉄筋コンクリートの構造計算をマスターするための章　　　347

4.2　実施設計例の解説

§1.　一　般　事　項

1.1　建物の概要

　ここでは，工事名称，建設場所，建物用途，規模，構造種別（鉄筋コンクリート造，鉄骨造など），仕上などの概要を簡単にまとめて書いておきます。また，簡単な平面図を示しておくのがよい。

1.2　設計方針概要

　1)　構造計算をするに当って準拠した関連規準類（例えば，建築基準法，同施行令，鉄筋コンクリート構造計算基準など）を明記しておきます。

　2)　構造計算で考慮する荷重種別を明記しておきます。固定荷重，積載荷重，地震荷重，積雪荷重を考慮します。鉄筋コンクリート構造では，風荷重は地震荷重よりも小さくなるので通常は考慮する必要はありません（1.5 を参照）。

　3)　骨組を線材化する場合の仮定事項を明記しておきます。鉄筋コンクリート骨組の節点は通常剛節点として扱います。基礎は基盤ばりで連結し，独立基礎はピン支持として扱うのが普通です。

　4)　高次の不静定構造物の応力解析を手計算で行なう場合は，通常，鉛直荷重に対しては固定法を，水平荷重に対しては武藤式の略算法を用います。

　5)　はり，柱，部材端の設計用曲げモーメントは通常図4.2.1のように求めます。鉛直荷重時応力は節点位置の値（M_G）を用います。即ち，A の曲げモーメント図を B の位置まで平行移動したものを設計用曲げモーメント図とします。移動する曲げモーメント図は反曲点まででよい。水平荷重時応力は，はり面，柱面の位置の値（例えば M_{E2}）を用います。

ただし，本計算例では，鉛直荷重時応力，水平荷重時応力とも節点位置での値 (M_G, M_{E1}) を用いています。それ故，水平荷重時応力に対しては安全側の値を採用していることになります。

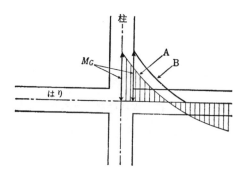

鉛直荷重時曲げモーメント図

M_G：節点位置の曲げモーメント
A：応力計算による曲げモーメント図
B：設計用の曲げモーメント図
　　（Aの曲げモーメント図を柱面位置
　　まで平行移動したもの）

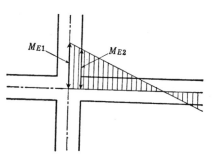

水平荷重時曲げモーメント図

M_{E1}：節点位置の曲げモーメント
M_{E2}：柱面位置の曲げモーメント

図4.2.1　設計用曲げモーメントの求め方

1.3　使用材料，材料の許容応力度

1) 使用するコンクリートおよび鉄筋の種類を明記する（表2.2.1，表2.2.2参照）。
2) 材料の許容応力度（圧縮，引張，せん断，付着）を書いておく（表2.3.1，表2.3.2，表2.3.3参照）。
3) 許容地耐力も示しておく。

許容地耐力はボーリングのN値の結果などを参考に決定します。もし地盤軟弱な場合などは杭打ちなどの処置をする必要があります。許容地耐力は「建築基礎構造設計基準・同解説」により求めます。

4章　鉄筋コンクリートの構造計算をマスターするための章　　349

1.4　伏図，ラーメン図

a．伏図の記号について

伏図とは，はり，柱，スラブ，耐震壁，基礎などの構造部材の全てを各階ごとに図示したものです。構造計算をする場合には，部材は全て記号で表現しなければなりません。

記号としては通常次のものを用います。

G……大ばり（Girder）

B……小ばり（Beam）

C……　柱　（Column）

S……スラブ（Slab）

F……基　礎（Footing）

部材番号の付け方は，構造計算に慣れた方などは同一部材（同一寸法，配筋）になりそうな部材は，例えば本計算例におけるスラブあるいは基礎などのように最初から同一番号にしておくのが普通です。しかし，構造計算を初めてやる方やあまり慣れていない方などは，どの部材が同一部材になるのか見当が付かないでしょうから，本計算例のはり，柱部材のように，部材ごとに番号をふり，設計の終った段階で同一部材を考慮して，もう一度部材番号のふりなおしを行なうのがよいでしょう。

本計算例のように，はり，柱部材の番号を次のようにラーメンの通り番号を利用して付けるのも一つの方法です。

例えば

　　　$_A C_1$……Ⓐ通りラーメンと①通りラーメンの交点の柱の番号

　　　$_1 G_{A-B}$……①通りラーメンで，Ⓐ通りラーメンとⒷ通りラーメンにはさまれたはりの番号

b．応力計算用の骨組寸法の決定

骨組の応力計算をするためには，骨組寸法を決定する必要があります。応力計

算用骨組寸法の決定を，骨組を線材化するといい，線材化ははり，柱断面の重心線を用いて行ないます。

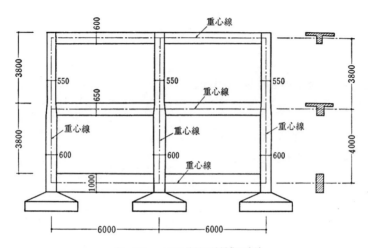

①～④ラーメンの骨組の線材化の方法

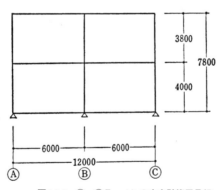

図4.2.2　①～④ラーメンの応力計算用骨組

　図4.2.2は本計算例の①～④ラーメン骨組の線材化の方法を示したものですが，1階および2階の柱長さは端数をまるめて決定した寸法です。
　前述したように，鉄筋コンクリート構造では基礎を基礎ばりで連結し，独立基礎は応力計算に当ってはピンと仮定します。

4章　鉄筋コンクリートの構造計算をマスターするための章　　351

c．断面寸法の仮定

鉄筋コンクリート構造は通常高次の不静定構造です。このような不静定構造の応力解析をするためには断面寸法が必要になります。断面寸法の仮定は大変むずかしい問題であり，断面寸法の決め方には特に決められた方法はありませんが，通常表4.2.1のような範囲の寸法に仮定するのがよいでしょう。

表4.2.1　断面寸法の仮定

	断 面 の 仮 定 寸 法
は　　り　　丈	$(1/8\sim1/12)\times$スパン長さ
は　　り　　幅	$(1/3\sim1/2)\times$はり丈　および　25 cm 以上
柱 の 断 面 積	柱の長期軸方向力$/(0.2\sim0.3)\,F_c$ あるいは 地震力$\times(1.5\sim2.0)/f_s$
ス ラ ブ 厚 さ	$(1/40\sim1/30)\times$短辺スパン長さ
耐　　震　　壁	18 cm 以上，普通の壁なら 12 cm 以上

以上のような方法を用いて断面寸法の仮定を行なうわけですが，十勝沖地震の被害調査などから，建物の床面積 1 m² 当りの壁の断面積率（A_w/A_f）が小さかったり，あるいは建物の一階においてベースシヤー係数を 1 とした場合の地震力（建物全重量が地震力として作用するとした場合）による柱，壁の断面積に加わる平均せん断応力度（$W/(A_c+A_w)$）の大きい建物などは，地震による被害が大きいことが認められています（図3.5.1参照）。このようなことからも耐震壁を沢山入れた建物にしたいものです。

本計算例では，構造計算のやり方をできるだけ容易に理解してもらうために，純ラーメンの骨組をとりあげましたが本当は耐震壁を入れたい建物です。

1.5　固定荷重，積載荷重の仮定

1)　建物に作用する荷重

建物に作用する荷重として考慮すべき主なものは表4.2.2のとおりです。

表4.2.2　建物に作用する荷重

荷　　重　　種　　別		荷重記号	荷　重　の　方　向
固　定　荷　重	Dead Load	G	
積　載　荷　重	Live Load	P	鉛　　直
積　雪　荷　重	Snow Load	S	
風　　荷　　重	Wind Load	W	壁面, 屋根面に対して直交, 全体として水平。
地　震　荷　重	Earthquake Load	K	水　　平

　a）固定荷重

　固定荷重とは建物の自重のことです。自重ですから，本計算例でも示したように各材料の重量をそれぞれひろって加算すればよいわけです。固定荷重の計算には（RC規準・1979）の仕上荷重表を用いるのがよい。鉄筋コンクリートの重量は2.4t/m³，モルタルの重量は2.0t/m³としてよい。

　b）積載荷重

　積載荷重とは，人間，家具，物品，機械設備その他の収納物の重量です。普通の建物であれば，その室の使用目的に応じて，採用すべき積載荷重の大きさが，建築基準法施行令で決められています。

　積載荷重の一部を施行令より抜粋して表4.2.3に示してあります。

　表4.2.3より，例えば居住室の積載荷重は180kg/m²（スラブ用）→130（ラーメン用）→60（地震用）と順次小さくなっていますが，その理由は次のとおりです。

　はり部材の場合は図4.2.10に示すようにその負担面積は相当に大きくなります。積載物はその面積中にすき間なくびっしりと作用しているわけではなく，積載物間にはすき間がありますから，負担面積に積載荷重を均してみるとスラブ用よりも小さくなるわけです。地震用の場合は建物全体が対象となりますから，建物全体を考えた場合には積載物の全然ない廊下とか，階段などのスペースがあり積載

4章 鉄筋コンクリートの構造計算をマスターするための章　　　353

重量をそれらの面積も含めて均してみるとラーメン用よりも当然小さくなるわけ
です。

表4.2.3　室の種類別積載荷重（建築基準法施行令）

（単位：kg/m²）

室　の　種　類		（1）床構造計算用	（2）大ばり・柱または基礎計算用	（3）地震力計算用	備　　　考
a	居　住　室　の　類	180	130	60	住宅の居室,住宅以外の建築物の寝室または病室
b	事　務　室　の　類	300	180	80	
c	教　室　の　類	230	210	110	
d	商　店　売　場　の　類	300	240	130	百貨店または店舗の売場
e	集会室の類　固定席の場合	300	270	160	劇場,映画館,演芸場,観覧場,公会堂,集会場などの客席または集会室
f	その他の場合	360	330	210	
g	自　動　車　車　庫　の　類	550	400	200	自動車通路を含む
h	廊下・玄関 または 階段	c,d,e,f,の室に連絡するものにあってはfの値による			
i	屋上広場またはバルコニー	aの数値による。ただし,学校または百貨店はdの数値による			

[注]　倉庫業を営む倉庫の床の積載荷重は実況による。ただし,積載荷重が 400kg/m² 未満の場合
　　　においても 400 kg/m² とする。

柱または基礎の鉛直荷重算定用積載荷重
柱または基礎の鉛直軸方向力を算定する場合は,その支持する床の数に応じ上表の（2）の数値を,
下表の数値を乗じた数値まで減らすことができる。

支持する床の数	2	3	4	5	6	7	8	9以上
表4.2.3の（2）の数値を減らすために乗ずべき数値	0.95	0.9	0.85	0.8	0.75	0.7	0.65	0.6

　本計算例の場合には，屋上に人が乗らないということになっているので，積載
荷重としては施工時の荷重などを考えて居住室の半分の積載荷重を採用していま
す。

　ラーメン用は130/2＝65kg/m²→70kg/m²として扱っています。

　c）積雪荷重

　積雪荷重とは積雪よる荷重のことです。

下式により算定します。

積雪荷重＝(設計用積雪深)×(雪の単位体積重量)

設計用積雪深………………地方の条令で決まっています。

雪の単位体積重量……
$\begin{cases} 一般地域　積雪深1cm当り2kg/m^2 \\ 多雪地域　積雪深1cm当り3kg/m^2 \end{cases}$

d）風荷重：暴風時に建物の壁面，屋根面に加わる圧力または吸引力。

$w = g \cdot C_f$

ここで，　w：風圧力（N/m²）

g：速度圧（N/m²）

C_f：風力係数

$g = 0.6EV_0^2$

ここで，　E：速度圧の高さ方向の分布を示す係数

V_0：その地方における基準風速（m/s）

EおよびV_0を求める告示が決まっている。（告示平12建告第1454号を参照。）

風力係数 C：建物の形，面の位置などできまる係数（建築基準法施行令で決まっている）

e）地震荷重：地震時に建物の振動によって引き起こされる慣性力

$F = \alpha \cdot m = \dfrac{\alpha}{g} mg = k \cdot W$

α：振動加速度　　g：重力加速度　　　W：建物重量

m：建物質量　　　k：水平震度

地震荷重は本章の「2.4　1次および2次設計用地震力の算定」を参考にして求める。

f）その他の荷重

構造物によっては，前記のほか土圧力，水圧力なども作用する場合があります。

g）荷重の組合せ

建物の設計をする場合には，表4.2.4の荷重の組合せについて検討する必要があります。

一般の知識では短期荷重としてはＧ＋Ｐ＋Ｋについて検討すればよい。

表4.2.4　荷重の組合わせ

設計用荷重の種類	設計用荷重について想定する状態	応力の組合わせ
長　期　の　荷　重	常　　　　時	G＋P＋(S)
短　期　の　荷　重	地　震　時	G＋M＋(S)＋K

暴風と地震は同時にはこない等の仮定を設けている。
（S）は特定行政庁が指定する多雪区域の建築物のみに考慮する

2)　はり，柱，パラペットなどの単位重量は以降の計算が容易になるように長さ１ｍ当りについて，また，間仕切，カーテンウォール，壁の単位重量は１ｍ²当りについて計算しておきます。はりの単位重量は図4.2.3のようにスラブ厚さを除いた斜線部分のはり断面について求めておきます。

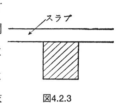

図4.2.3

3)　床単位荷重表おける $D.L$ は固定荷重，$L.L$ は積載荷重，$T.L$（Total Load）は合計荷重です。即ち，$T.L＝D.L＋L.L$ です。床スラブ用とは床スラブ，小ばりの設計に用いる荷重で，ラーメン用とは，はり，柱などの鉛直荷重時応力計算をする時に用いる荷重です。地震用とは地震力を算定する時に用いる荷重です。

§2.　準備計算

2.1　ラーメン材の剛比

骨組の応力計算をするためには，はり，柱部材の剛比が必要です。各部材の剛比は次のようにして求めます。

$K＝I/l$

$k＝K/K_0$

ここで，k：剛比

K：剛度

I：断面2次モーメント

l：材長

K_0：標準剛度（通常は$10^3 cm^3$にする）

図4.2.4のような場合には，はり，柱の剛比は次のようになります。

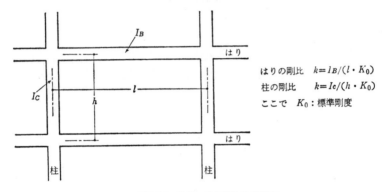

はりの剛比　$k = I_B/(l \cdot K_0)$

柱の剛比　$k = I_C/(h \cdot K_0)$

ここで　K_0：標準剛度

図4.2.4　はり，柱の剛比の求め方

〔はりの断面2次モーメントの求め方〕

通常のRC建物では床スラブとはりが一体となっていますので，はりと一緒にスラブも協力して曲げモーメントに抵抗します。その時のスラブの協力幅を有効幅といい，次のようにして計算します。即ち，スラブ付きのはりは，図4.2.5の斜線で示すようなT形断面（両側スラブ付きの場合），あるいはL形断面（片側スラブ付きの場合）ということになります。

ラーメン材および連続ばりの場合

$$b_a = \begin{cases} (0.5 - 0.6a/l)a & [a < 0.5l \text{ の場合}] \\ 0.1l & [a \geq 0.5l \text{ の場合}] \end{cases}$$

単純ばりの場合

$$b_a = \begin{cases} (0.5 - 0.3a/l_0)a & [a < l_0 \text{の場合}] \\ 0.2l_0 & [a \geq l_0 \text{の場合}] \end{cases}$$

ここに a：並列T形ばりでは側面から相隣る材の側面までの距離
単独T形材ではその片側のフランジ幅の2倍
l：ラーメン材または連続ばりのスパンの長さ
l_0：単純ばりのスパンの長さ

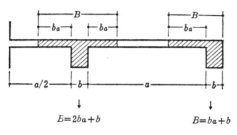

図4.2.5　スラブの有効幅

このようなT形断面，L形断面の断面2次モーメントは次の順序に従って求めればよいわけです。

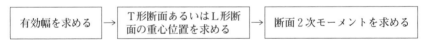

しかし，このような求め方では計算量が非常に多くなりますので，実際の構造計算では，本計算例でも示してあるように，次のような手順で「RC規準」の付図9・2を用いて断面2次モーメントを求めます。

ϕの値として，両側スラブ付きのとき$\phi=2$，片側スラブのとき$\phi=1.5$とする略算値も慣用されています。

2.2 鉛直荷重時の C, M_0, Q_0 の算定

a) C, M_0, Q_0 はなぜ必要なのか

高次の不静定構造物の鉛直荷重時応力を手計算で求める場合，通常固定法を用いますが，この固定法を解く時に C, M_0, Q_0 が必要になるわけです。

一般の鉄筋コンクリートの建物は高次の不静定構造物ですから，鉛直荷重時応力は固定法で求めることになり，当然 C, M_0, Q_0 が必要になります。C, M_0, Q_0 とは，図4.2.6に示すように，C は固定端モーメント，M_0 は単純ばりとした時の中央曲げモーメント，Q_0 は単純ばりとした時の材端のせん断力です。

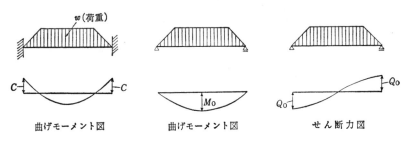

図4.2.6 C, M_0, Q_0 の意味

b) 鉛直荷重の分布形状について

建物に作用する鉛直荷重は一般に次の順序で流れていきます。

例えば，図4.2.7のように流れるわけです。

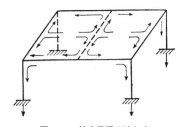

図4.2.7 鉛直荷重の流れ方

スラブが大ばりおよび小ばりと一体に作られているときには，スラブの支持条件は図4.2.8のように固定とみなせます。

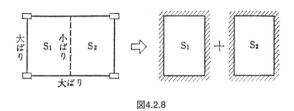

図4.2.8

4辺固定のスラブに等分布荷重が作用した場合，周辺のはりに生ずる反力は，図4.2.9(a)のように，長辺方向は台形，短辺方向は三角形分布に近似した形状を示します。通常は，この反力の分布形状を図4.2.9(b)のように，長辺方向は台形で，短辺方向は三角形で仮定しています。このことは，スラブに作用する荷重が，図4.2.9(c)のように，長辺方向のはりに台形の分の荷重が流れ，短辺方向のはりには三角形の分の荷重が流れることを意味しています。即ち，鉛直荷重の分布形状とてしは，図4.2.9(c)のように台形と三角形の分布と仮定し計算します。

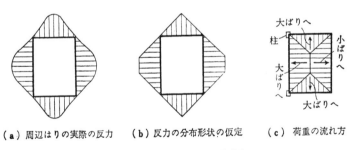

(a) 周辺はりの実際の反力　(b) 反力の分布形状の仮定　(c) 荷重の流れ方

図4.2.9　周辺のはりの反力分布

例えば，図4.2.10のような骨組の作用荷重の分布は図3.4.5(a)(b)のようになります。

また，本計算例の場合の $_BG_1-_2$，$_CG_1-_2$，$_2G_B-_C$ の各はりの荷重の分布形状が図4.2.11のようになることは判っていただけるものと思います。

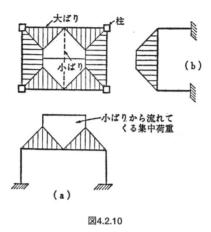

図4.2.10

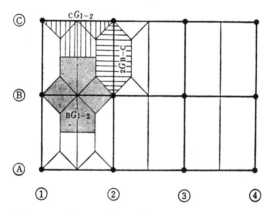

図4.2.11　$_BG_{1-2}$, $_CG_{1-2}$, $_2G_{B-C}$の鉛直荷重分布形状

c）C, M_0, Q_0の求め方

　前述したように，鉄筋コンクリート構造におけるはり部材の鉛直荷重の分布形状は台形，三角形，あるいはその組合せの分布形状となり，そのような荷重形状におけるC, M_0, Q_0の値を手計算で求めるのは非常に繁雑なので，通常は「ＲＣ規準」の付図12を用いて行ないます。計算手順は次の通りです。

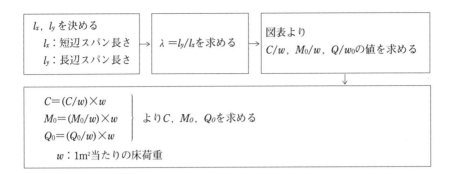

2.3 鉛直荷重時柱軸方向力

　鉛直荷重時柱軸方向力とは，常時柱に作用している軸方向力のことであり，柱部材の設計をするときに必要になるため，あらかじめここで求めておきます。大ばりは柱で支持されているわけですから，大ばりに作用している鉛直荷重 W は左右の柱が $W/2$ ずつ反力として負担することになります。

　例えば図4.2.12(a)のように本計算例の $_cC_1$ 柱の負担する軸力は $(W_1/2+W_2/2)$，$_cC_2$ 柱の負担する軸力は $(W_2/2+W_3/2+W_4/2)$ ということになります。

　また，これら $(W_1/2+W_2/2)$ あるいは $(W_2/2+W_3/2+W_4/2)$ の値は図4.2.12(b)の床面積AおよびBの床荷重の大きさと等しくなります。これらの床面積を通常，柱の負担面積といい，柱の軸方向力はこの負担面積をもとに計算します。

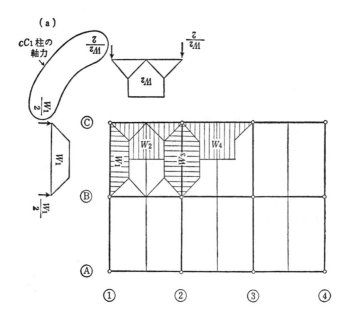
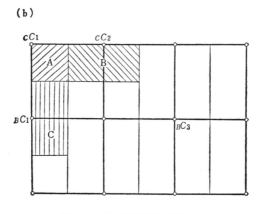

図4.2.12 柱の負担面積の考え方

2.4 1次および2次設計用地震力の算定

地震荷重は図4.2.13(a)のP_1, P_2, P_3のように，各階の床位置に集中して作用するものと仮定します。図4.2.13(b)のように，各階高の中央部分からなる範囲の建物全重量（固定荷重，積載荷重）をその階の重量とします。

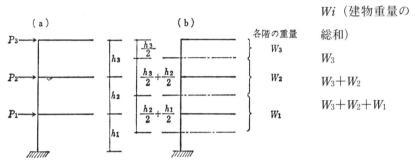

図4.2.13 地震荷重の計算方法

1次設計用と2次設計用（必要保有水平耐力）両者の地震力をここで求めておきます。

1次設計用も2次設計用も同じく下式で求めます。但し，1次設計用地震力は$C_0=0.2$，2次設計用（必要保有水平耐力）は$C_0=1.0$として求めます。

$Qi = CiWi$

$Ci = Z \cdot R_t \cdot A_i \cdot C_0$

求め方の詳細は3・4に示してありますからそちらを参照してください。

§3. 鉛直荷重時ラーメン応力の算定

鉛直荷重時応力は通常固定法により求めることは前述した通りです。固定法の詳しい解法については構造力学の本にゆずり、ここでは、固定法により材端曲げモーメントを求めた後、どのようにして、はり中央曲げモーメント、はり材端せん断力、柱のせん断力を求めるのかを述べておきましょう。

図4.2.14(a)(b)に示した本計算例の場合からも判るように、鉛直荷重はX方向およびY方向の全ての骨組により分担されて負担されます。このようなことから、例えば、本計算例の©ラーメンおよび①ラーメンに作用する荷重は図4.2.14(c)(d)のようになるわけで、このような荷重が作用した時のはり、柱材端曲げモーメントを固定法により求めることになります。応力計算に当っては、©ラーメンは左右対称骨組ですから、本計算例でも示してあるように、中央はりには有効剛比（k_e）を用いて応力を求めます。例えば©ラーメンのR階の$_cG_{3-4}$のはりの中央曲げモーメント、材端せん断力は2.2で求めたM_0，Q_0を用いて図4.2.14(e)のようにして求められます。

柱のせん断力は下式より求めます。

$$Q_柱 = (M_上 + M_下)/h$$

ここで　$M_上$：柱頭の曲げモーメント

　　　　$M_下$：柱脚の曲げモーメント

4章 鉄筋コンクリートの構造計算をマスターするための章　　　365

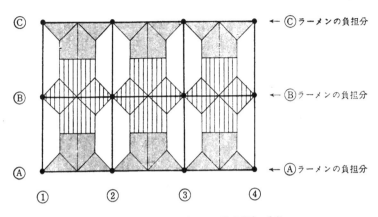

(a) ⒶⒷⒸラーメンが負担する鉛直荷重の分布

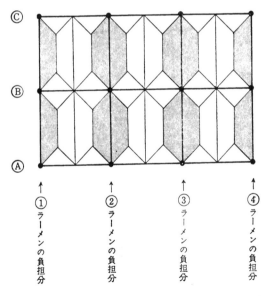

(b) ①②③④ラーメンが負担する鉛直荷重の分布

図4.2.14　鉛直荷重の分布

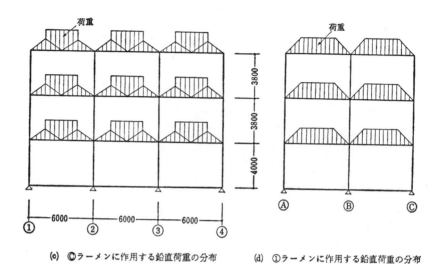

(c) ⓒラーメンに作用する鉛直荷重の分布　　(d) ①ラーメンに作用する鉛直荷重の分布

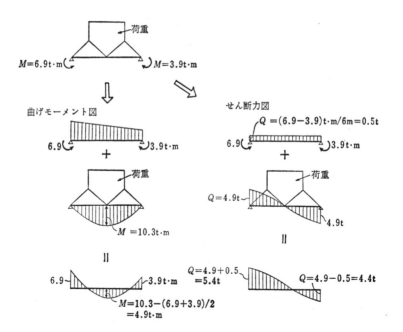

(e) はり中央曲げモーメント，材端せん断力の求め方（cG_{3-4} の計算例）

§4. 水平荷重時ラーメン応力の算定

ここでは1次設計用地震力によって骨組に生ずる曲げモーメント，せん断力，軸方向力を求めます。

簡単な（不静定次数の少ない）ラーメン骨組の場合には，固定法を用いて水平荷重時の応力を比較的容易に求めることができますが，本計算例のように不静定次数の多い骨組では，固定法を用いて手計算で解くのは大変な計算量を必要とします。それ故，通常は水平荷重時応力は武藤式略算法を用いて求めることになります。武藤式略算法の詳細については「ＲＣ規準」を参照していただきたい。

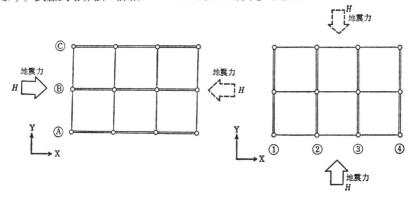

(a) X方向の地震力に対しては
　　Ⓐ︎ⒷⒸラーメンが抵抗する

(b) Y方向の地震力に対しては
　　①②③ラーメンが抵抗する

図4.2.15　地震力に対する抵抗

水平荷重とは当該地震力を意味し，地震力は図4.2.15(a)(b)に示すように，X方向とY方向の両方向から別々に作用しますから，設計に当ってはそれら両方向の地震力を考慮する必要があります。ただし，地震力はX方向，Y方向同時には作用しないものと仮定します。

本計算例の場合には，図4.2.15(a)に示すようにX方向の地震力に対してはⒶⒷⒸラーメンが抵抗し，Y方向の地震力に対しては①②③④ラーメンが抵抗します。

武藤式略算法による水平荷重時応力の求め方の手順は次の通りです。

● 各柱の横力分布係数 D および反曲点高さ比 y を求める。

↓

● 各柱の負担せん断力を求める。

$$Q_C = \frac{D}{\Sigma D} Q$$

Q_C：各柱の負担せん断力

D：各柱の横力分布係数

ΣD：各階の横力分布係数の合計

Q：各階の地震力

↓

● 柱の柱頭（$M_上$），柱脚（$M_下$）の曲げモーメントを求める。

$$M_上 = Q_C \cdot h \cdot (1-y)$$

$$M_下 = Q_C \cdot h \cdot y$$

h：階高

y：反曲点高さ比

↓

● 最下層の柱脚の固定度を考慮して曲げモーメント図を修正してやる。

↓

● はりの材端曲げモーメントを求める。

$$M = \frac{k}{\Sigma k} \ (M_上 + M_下)$$

k：各はりの剛比 $M_上$：柱頭曲げモーメント

Σk：節点に接続するはりの剛比の合計 $M_下$：柱脚曲げモーメント

↓

● はりのせん断力を求める。

● 水平荷重による柱の軸方向力を求める。

---

§5.　はり，柱の断面算定

はり，柱の断面算定は2章2.4～2.7節に従って行ないます。はり，柱の断面算定は通常，構造計算書の中では計算例のように計算一覧表を作って行ないます。

本計算例のはり，柱のせん断補強筋は全て$p_w=0.2\%$の最小配筋で決まっています。せん断破壊は非常に脆性的破壊ですから地震の時には最もさけたい破壊形式です。そのため，せん断力に対しては強度的に十分余裕のあるように設計にしておくべきです。

§6. 小ばりの設計

小ばりの曲げモーメント図は通常図4.2.16のように仮定します。外端の曲げモーメントが0.6Cと小さくなっているのは下図のように大ばりのねじれ変形による材端の固定度のゆるみを考慮したものです。

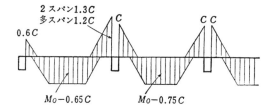

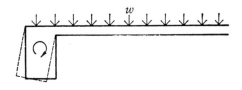

外端の大ばりは破線のようにねじれる。

図4.2.16 小ばりの曲げモーメント図

小ばりは長期荷重のみを考慮して設計すればよい。

断面算定の方法は大ばりの場合とまったく同一ですから大ばりの断面設計を参照してください。但し，前述したように長期応力のみに対して設計すればよいわけです。

§7. 床スラブの設計

床スラブの設計は2章2.8節に従って行ないます。床スラブは長期荷重に対してのみ設計すればよい。

本設計例の床スラブは全て周辺固定スラブです。また，本計算例の階段はB_3の小ばりと物置の壁とで両端支持された，両端固定スラブとして設計すればよい。

階段は，図4.2.17のように，踏面とけ上げのために段々になっているため，厚みが一定である普通の床スラブと一見ちがうように見えますが，しかし，ただ段々がついて厚みが部分的にちがっているだけですから，応力計算，配筋の計算など

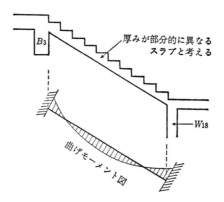

図4.2.17　階段スラブの設計の考え方

設計上の考え方は一般の床スラブとまったく同一でよい。

§8. 基礎の設計

基礎の設計は2章2.10節に従って行ないます。基礎ばりの断面算定の方法は，大はりとまったく同一ですから大ばりの断面設計を参照してください。

また，基礎のチェックとして特有のパンチングシヤーの検討がありますから忘れないようにしてください。

4章　鉄筋コンクリートの構造計算をマスターするための章　　　371

§9.　層間変形角の検定

　層間変形角の検定は地震時に建物にあまり大きな水平たわみが出ないように建物の剛性の大きさを検討するものです。

　　検討方法は3.6節を参照してください。

§10.　剛性率の検定

　剛性率の検定は地震時に，建物の特定階に大きな水平たわみが集中して出ないように，建物全階の剛性のバランスを検討するものです。

　検定方法は3.7節を参照してください。

§11.　偏心率の検定

　偏心率の特定は，地震時に，建物が大きくねじれて局部的破壊を起さないよう，建物のねじれ具合を検討するものです。検討方法は3.8節を参照してください。

§12.　壁量の算定

　壁量の大きい建物は地震に強いので，耐震壁を沢山入れることは非常に有効である。設計上は3.5節に示してあるように壁量の大きいものは地震に強いという過去の経験から，構造計算を簡略化してもよいことになっています。

　詳細は3.5節を参照してください。

§13.　保有水平耐力の検定

　3.5節の表3.5.1において設計ルート③に該当する建物は全て保有水平耐力の検定が必要である。保有水平耐力とは自分の設計している建物がどの程度水平力で破壊するのかを計算により求めることであり，その求め方については3.9節に詳細に述べられていますからそちらを参照してください。

付録
演習問題

〔**問1**〕 コンクリートで作られた角柱が下図のように圧縮力，および引張力を受けている。次の問に答えよ。

ただし，コンクリートの圧縮強度は20N/mm^2，引張強度は2N/mm^{2}とする。コンクリートは弾性体であると仮定し，ヤング係数$E_c=2.0\times10^4$N/mm^2（圧縮，引張共通）とする。

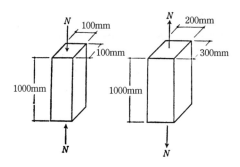

(1) $N=100$kNの圧縮力および引張力が作用した時の圧縮応力度および引張応力度を求めよ。

(2) 上記の圧縮力および引張力が作用した時の柱の縮み量および伸び量を求めよ。

(3) 圧縮破壊および引張破壊する時のNの大きさを求めよ。

(4) 上記の角柱が鉄で作られているとしたら，$N=100$kNの時の縮み量および伸び量はいくらか。

ただし，鉄のヤング係数を$E_s=2.0\times10^5$N/mm^{2}とする。

〔**問2**〕 下図のような応力度－ひずみ度曲線（σ-ε曲線）をもつ材料A，Bがある。次の問に答えよ。

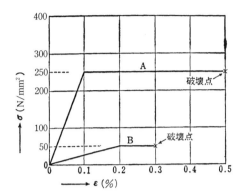

(1) A，B両材料の弾性時のヤング係数を求めよ。
(2) A，B両材料で作られた右図のような重ね合った短柱がある。P＝250kN作用した時のA材，B材それぞれの応力度，ひずみ度，縮み量を求めよ。また，短柱は何トンで破壊するか。
(3) A，B両材料で作られた下図のような短柱に，P＝100kN作用した時のA，B両材料の応力度および短柱の縮み量を求めよ。

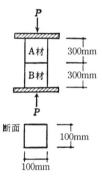

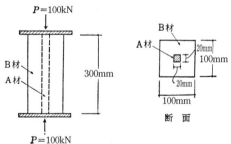

〔問3〕 コンクリートで作られた下図のような2点集中荷重を受けるはりがある。次の問に答えよ。ただし，はりの自重は無視してよい。コンクリートは弾性

体と仮定する。

　　コンクリート圧縮強度　$F_c = 21\text{N/mm}^2$
　　　　〃　　引張強度　$F_t = 2\text{N/mm}^2$
　　　　　ヤング係数　$E_c = 2.1 \times 10^4 \text{N/mm}^2$

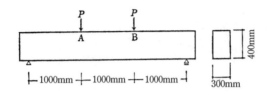

(1) $P = 10\text{kN}$が作用した時のはり中央断面の圧縮縁応力度および引張縁応力度を求めよ。

(2) はりの破壊荷重はいくらか。また，その時のはり中央たわみはいくらか。

(3) はりの破壊時のＡＢ区間の圧縮縁における縮み量はいくらか。

(4) $X-X$軸に関する断面2次モーメントおよび断面1次モーメントを求めよ。

〔問4〕　次の斜線部分の断面の$X-X$軸に関する断面2次モーメントおよび断面1次モーメントを求めよ。

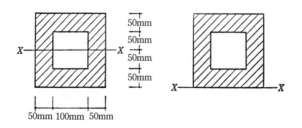

〔問5〕 問4と同型断面の鉄で作ったはりが下図のような荷重を受けた時の, はり中央断面のC点における応力度, ひずみ度およびはり中央のたわみを求めよ。ただし, 鉄のヤング係数は$E_s = 2.1 \times 10^5 \text{N/mm}^2$とする。

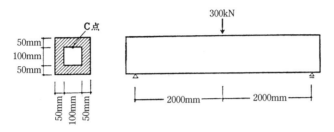

〔問6〕 下図のような逆L形のフレームのはり先端に100kNの荷重が作用している。次の問に答えよ。

はり, 柱とも弾性体とする。ただし, はり, 柱の自重は無視してよい。応力計算は断面の重心線を用いて行なうこと。

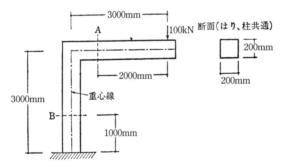

(1) はりのA断面および柱のB断面における圧縮および引張縁応力度を求めよ。
(2) はりのA断面の最大せん断応力度を求めよ。
(3) はりのA断面の引張縁から50mmの位置における断面の主応力度を求めよ。

〔問7〕 下図のような短期荷重を受ける鉄筋コンクリートばりの主筋の設計をし, 配筋図を示せ。はり自重も考慮すること。

ただし，設計は曲げモーメントに対する検討のみでよい。

使用材料　コンクリート　$F_c=21\text{N/mm}^2$
　　　　　鉄　　筋　SD295A

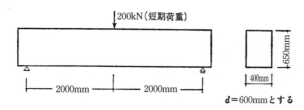

〔問 8〕　問 7 で実際に設計した（配筋した）はり部材に関して次の問に答えよ。ただし，ヤング係数比 $n=15$ とする。
 (1) はり中央断面の中立軸位置を求めよ。
 (2) はり中央断面の引張鉄筋応力度およびコンクリート圧縮縁応力度を求めよ。

〔問 9〕　鉄筋コンクリートのはりに下図のような荷重が作用している。次の問に答えよ。

使用材料　コンクリート　$F_c=21\text{N/mm}^2$
　　　　　主　　筋　SD295A
　　　　　ヤング係数比　$n=15$

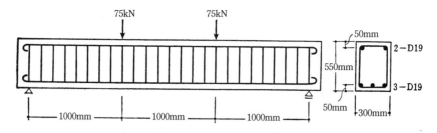

 (1) 引張鉄筋比，圧縮鉄筋比，複筋比はいくらか。

(2) はり中央断面の中央軸位置を求めよ。

(3) はり中央断面のコンクリート圧縮縁応力度，引張鉄筋応力度，圧縮鉄筋応力度を求めよ。

〔問10〕 下図の鉄筋コンクリートばりが長期荷重として$P=60$kN，短期荷重として$P=80$kNを受けた場合，主筋量を決定し，付着の検定も行なえ。

ただし，はりの自重は無視してよい。

使用材料　コンクリート　$F_c=21$N/mm^2

　　　　　鉄　　　筋　SD295A

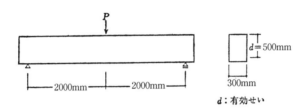

d：有効せい

〔問11〕 ラーメン骨組の一部である大ばり（スパン6000mm）が，鉛直荷重および水平荷重により下図のような応力をうけている。次の問に答えよ。

ただし，はりの自重による応力は鉛直荷重時応力に含まれているものとする。

使用材料　コンクリート　$F_c=21$N/mm^2

　　　　　主　　　筋　SD295A

　　　　　あばら筋　SD295A

(1) 短期荷重時の曲げモーメント図，せん断力図を求めよ。

(2) はりの主筋量を決定し，付着の検定を行なえ。

(3) はりのせん断補強の算定を行なえ。

(4) はりの配筋図を示せ。

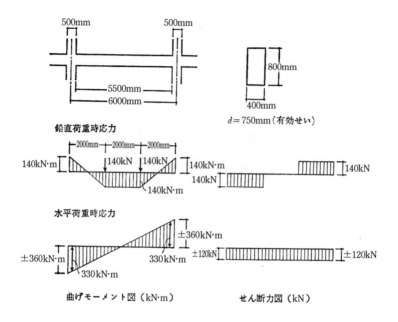

〔問12〕 下図のような曲げモーメントと軸力を受ける鉄筋コンクリート柱部材がある。次の問に答えよ。

使用材料　コンクリート　$F_c=21\text{N/mm}^2$
　　　　　主　　　筋　　SD295A
　　　　　ヤング係数比　$n=15$

(1) 引張鉄筋比はいくらか。

(2) A断面における中立軸位置，コンクリート圧縮縁応力度，引張鉄筋応力度を求めよ。
　　また，軸力のみが800kNに変化した場合にはどのようになるかも検討せよ。

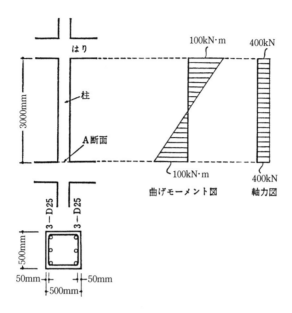

〔問13〕 ラーメン骨組の一部である柱（長方形断面）が，下図のような長期および水平荷重時応力を受けている。次の問に答えよ。ただし，水平荷重時の柱軸方向力は下図の状態の時圧縮であるものとする。

使用材料　コンクリート　$F_c = 21 N/mm^2$
　　　　　主　　　筋　SD295A
　　　　　あばら筋　SD295A

(1) 短期荷重時の応力図を求めよ。
(2) 柱の主筋量を決定し，付着の検定を行なえ。
(3) 柱のせん断補強の算定を行なえ。
(4) 柱の配筋図を示せ。

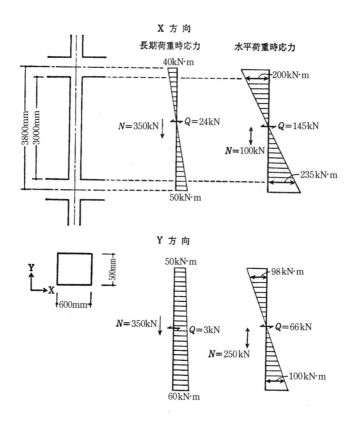

〔問14〕 下図のような長期および水平荷重を受ける鉄筋コンクリート構造物がある。応力計算を行ない，はり，柱部材を設計せよ。ただし，はり，柱の自重およびはりの軸方向力は無視してもよい。

使用材料　コンクリート　$F_c = 21\text{N/mm}^2$
　　　　　主　　筋　SD295A
　　　　　あばら筋　SD295A

付録　演習問題　　383

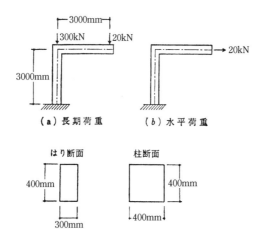

(a) 長期荷重　　(b) 水平荷重

〔問15〕　下図のようなはり，柱断面およびフレーム寸法をもつ鉄筋コンクリート門形骨組の応力計算をしたところ，次のような応力図を得た．次の問に答えなさい．

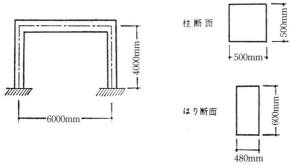

鉛直荷重時応力　　　　　水平荷重時応力

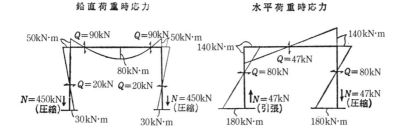

使用材料　コンクリート　$F_c=21\text{N/mm}^2$
　　　　　主　　　筋　SD295A
　　　　　あばら筋　SD295A

(1) はりの主筋量を決定し，付着の検討を行なえ。
(2) はりのせん断補強筋の算定を行なえ。
(3) 柱の主筋量を決定し，付着の検討を行なえ。
(4) 柱のせん断補強筋の算定を行なえ。
(5) はり，柱の配筋図を示せ。

〔**問16**〕　次の周辺固定スラブの設計を行なえ。床荷重は$w=6000\text{N/m}^2$とする。
使用材料　コンクリート　$F_c=21\text{N/mm}^2$　スラブ厚さ　t=120mm
　　　　　鉄　　　筋　SD295A

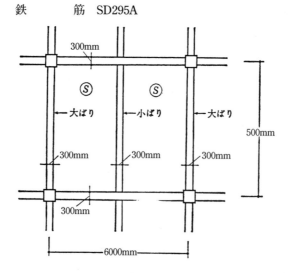

〔**問17**〕　下図のスラブを設計せよ。スラブ厚も決定すること。床荷重はw=6000N/m²とする。
使用材料　コンクリート　$F_c=21\text{N/mm}^2$
　　　　　鉄　　　筋　SD295A

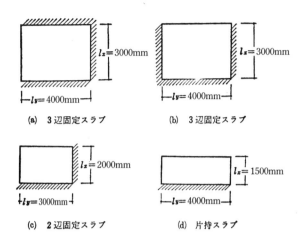

(a) 3辺固定スラブ (b) 3辺固定スラブ

(c) 2辺固定スラブ (d) 片持スラブ

〔**問18**〕　下図の小ばりの設計を行なえ。

設計条件

　床荷重　$w=6000N/m^2$（小ばり自重を含む）

　断面寸法　$b×d=300mm×500mm$

　コンクリート　$F_c=21N/mm^2$

　主　　筋　SD295A

　あばら筋　SD295A

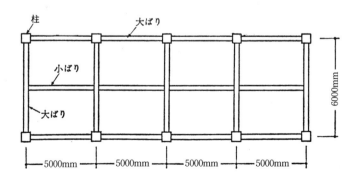

〔問19〕 右図に示した独立基礎の設計を行なえ。
使用材料　コンクリート　$F_c=21\text{N/mm}^2$
　　　　　鉄　　筋　SD295A
許容地耐力は,「建築基礎構造設計規準・同解説」
による。

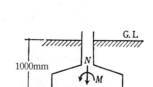

　　$f_e=200\text{kN/m}^2$（長期）
　　$f_e=350\text{kN/m}^2$（短期）

	長期	短期
柱軸方向力	800kN	1000kN
モーメント	70kN・m	150kN・m

〔問20〕 下図のような短期荷重時応力を受ける無開口耐震壁の設計を行なえ。
使用材料　コンクリート　$F_c=21\text{N/mm}^2$
　　　　　鉄　　筋　SD295A

（はり）　　　　　　（柱）　　　　　　　（壁）
$bD=450\times800\text{mm}$　　$BD=600\times500\text{mm}$　　壁厚　180mm
$d=750\text{mm}$　　　　　　$d=450\text{mm}$
$j=656\text{mm}$　　　　　　$j=394\text{mm}$

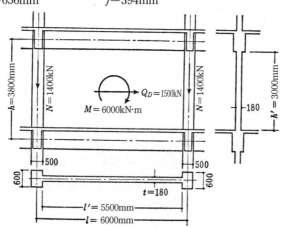

著者略歴　田中 礼治（たなか れいじ）
　1940年　秋田県能代市に生まれる
　1968年　明治大学工学研究科大学院
　　　　　博士課程修了　工学博士
　1986年　東北工業大学工学部建築科　教授
　2011年　東北工業大学　名誉教授
　2012年　四川大学　外国人特別招聘教授

改訂新版
鉄筋コンクリートの構造設計入門

発行日	2016年5月26日　初版第一刷発行
	2024年3月31日　初版第五刷発行
編著者	田中 礼治
発行人	仙道 弘生
発行所	株式会社 水曜社
	〒160-0022 東京都新宿区新宿1-31-7
	TEL03-3351-8768　FAX03-5362-7279
	URL suiyosha.hondana.jp
印　刷	日本ハイコム 株式会社

©REIJI Tanaka 2016, Printed in Japan
ISBN978-4-88065-386-0 C3052

本書は『改訂新版 鉄筋コンクリートの構造設計入門』(相模書房2003年)を復刊したものです。
本書の無断複製（コピー）は、著作権法上の例外を除き、著作権侵害となります。
定価はカバーに表示してあります。落丁・乱丁本はお取り替えいたします。